甲午

第二辑

中国甲午战争博物院　编

北京出版集团
北京出版社

图书在版编目（CIP）数据

甲午. 第二辑 / 中国甲午战争博物院编. -- 北京：
北京出版社，2025. 5. -- ISBN 978-7-200-18837-0

Ⅰ. K256.309

中国国家版本馆CIP数据核字第2024G86C98号

甲午　第二辑

JIAWU DI-ER JI

中国甲午战争博物院　编

出　版　北京出版集团
　　　　北 京 出 版 社
地　址　北京北三环中路6号
邮　编　100120
网　址　www.bph.com.cn
总发行　北京伦洋图书出版有限公司
印　刷　河北鑫玉鸿程印刷有限公司
开　本　787毫米×1092毫米　1/16
印　张　18
字　数　380千字
版　次　2025年5月第1版
印　次　2025年5月第1次印刷
书　号　ISBN 978-7-200-18837-0
定　价　138.00元

如有印装质量问题，由本社负责调换
质量监督电话：010-58572393

编 委 会

编 辑 部

目　录

CONTENTS

Monographic Study

Ancient Coastal Defense

Overseas Perspectives

Compilation of Historical Materials

Interpretation of Historical Photographs

专题研究

甲午战争领域前沿热点国际研究可视化分析①
——基于 Web of Science 数据库的 CiteSpace 文献计量分析

韩巧霞　　杨宝仪

【摘要】2024年是甲午战争爆发130周年，对国外甲午战争领域的研究进行深入分析，旨在揭示该领域的研究热点和趋势，有助于全面理解甲午战争的史实和深远影响，对推动国内外相关学术研究的深入发展具有重要价值。通过文献计量分析工具，对1994—2023年国外甲午战争领域的相关文献进行关键词共词聚类分析，形成了330个高频关键词，并生成了32个聚类和战略坐标图，直观地展现了研究热点和趋势。研究发现，国外对甲午战争的关注广泛且深入，主要聚焦于中日甲午战争的态度变迁与影响、对中日关系和东亚格局的影响以及甲午战争与日本军国主义的兴起等方面。这些研究采用跨学科视角，方法多样，不仅探讨了战争的基本史实，还涉及战争与全球化、媒体传播等新兴议题。国外学者对这些领域的关注，不仅深化了对甲午战争历史真相和深层意义的理解，也为当今国际关系、国家安全以及全球治理等议题提供了历史借鉴。

【关键词】甲午战争　共词聚类分析　战略坐标

近年来，国外有关甲午战争的论文成果在研究视角、研究思路和研究方法上表现出多样性与创新性的特点。随着甲午战争爆发130周年的到来

---

①　本文系国家社会科学基金重大项目"我国社会科学国际影响力评估与学术话语权建设研究"（项目号：22&ZD194）阶段性成果。

以及国际学术交流的活跃和学科交叉的加深，对甲午战争的研究不再局限于传统的历史分析框架，而是融入了更多跨学科的视角和方法，如政治学、社会学、心理学等，形成了丰富多元的研究体系。动态追踪国外关于甲午战争领域的前沿热点，可以更深入地了解甲午战争的历史背景、对当代社会的影响及其意义，并为今后的研究提出新的思路和方向。CiteSpace作为文献计量软件，能够帮助我们识别和提取文献中的关键词、作者、机构、参考文献等重要信息，并通过可视化方式展现出来。这种直观、清晰的呈现方式极大地促进了我们对不同文献之间的内在联系以及研究热点的发展趋势的把握，从而助力发掘新兴的研究焦点与领域。通过CiteSpace的深度分析，可以发现国外关于甲午战争的研究主题涵盖了多个方面，既包括战争基本史实研究，如战争的原因、过程、结果、影响等，又囊括了甲午战争与其他学科的交叉融合研究。同时，这些研究还采用了多元化的方法，如历史分析法、文献综述法、实证研究法等，旨在从不同的角度揭示甲午战争的历史真相和深层意义。此外，我们还可以发现一些新兴的研究视角和领域，如战争与全球化、战争与媒体传播等，这些研究为我们提供了新的思路和启示。

一、数据库的选择和数据统计

研究选择的文献数据来源于Web of Science数据库，选择Web of Science Core Collection，以期刊为检索类目，确定主题="Sino-Japanese War of 1894–1895" or "the Jia-Wu War" or "Jiawu" or "the First Sino-Japanese War"，文献搜索日期截至2024年3月31日，共检索98篇文献，为使检索文献更准确地反映样本文献的主要内容，为保证期刊论文的精准性、权威性，排除主持人语、期刊选题、会议介绍等内容，共收集86篇样本文献。国外关于甲午战争研究的发文趋势图（图1）能够比较清晰、直观地反映学界关于该问题研究的热度。通过发文趋势图可以直观地看出，1994—2023

年，学界关于甲午战争研究的发文量整体呈现上升趋势。1994—2017年，发文量较少且相对平稳。2018年发文量显著上升，2019年达到峰值的11篇。究其原因，考虑到2019年为甲午战争爆发125周年，对于甲午战争的研究属于热点领域，激发了学术界和公众对相关历史事件的研究兴趣，因此，2019年发表的论文数量大幅增加。2020年以后发表的论文数量有所减少，但相对稳定。

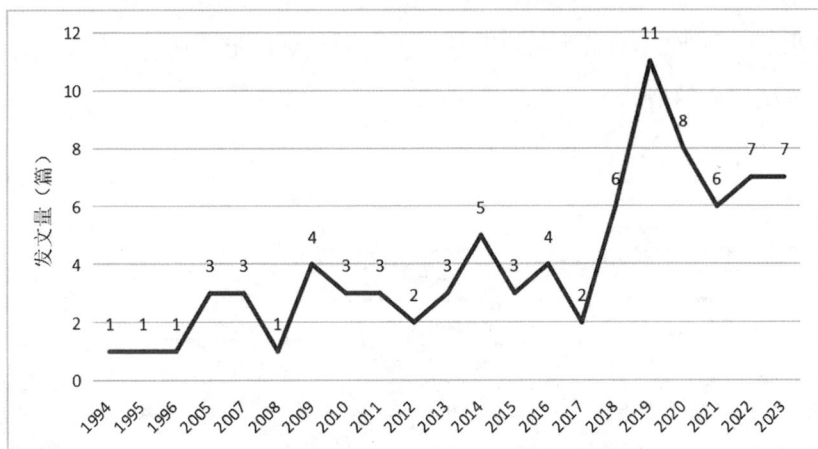

图1　国外关于甲午战争研究的发文趋势图

二、关键词共词聚类分析及战略坐标图绘制

（一）关键词共现矩阵

CiteSpace可视化软件的主要功能是对输入的文献数据进行可视化分析和矩阵的生成，据此获得关键词共现矩阵。[1]运行结果共获得330个高频关键词，生成关键词共现知识图谱，图谱中关键词节点的大小对比，反映

---

① 罗润东、徐丹丹：《我国政治经济学研究领域前沿动态追踪——对2000年以来CNKI数据库的文献计量分析》，《经济学动态》2015年第1期。

出其在数据库中出现的相对频次，连线则表示节点间共现关系的强弱，决定了关键词间形成聚类的可能（图2）。其中，"Sino-Japanese War"（甲午战争）、"Meiji Japan"（明治日本）、"First Sino-Japanese War"（第一次中日战争）是共现频次最高的3个关键词。另外，共现频次居前列的还有"Sino-Japanese Relations"（中日关系）、"Modern China"（现代中国）、"Japanese Woodblock Prints"（日本木版画）、"Public Health"（公共卫生）、"Historical Memory"（历史记忆）、"China"（中国）等。高频关键词所表示的研究内容反映出1994—2023年期间国外甲午战争研究领域的核心内容，构成该学科研究领域知识网络的主要路径。

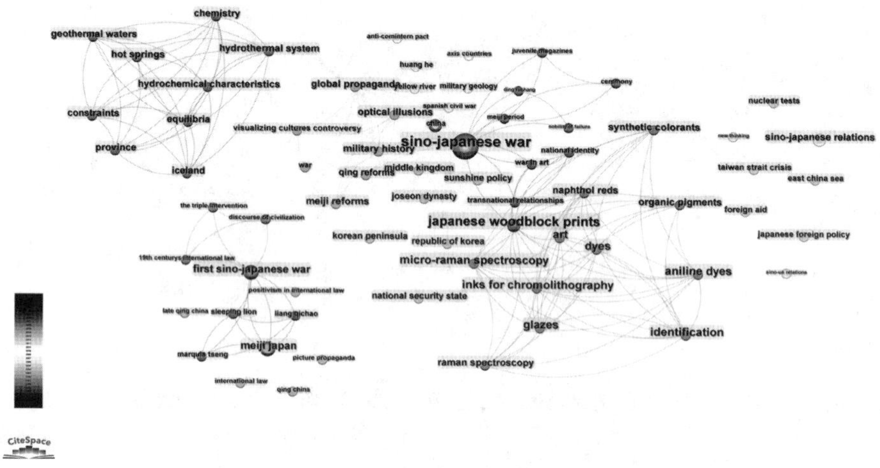

图2　国外甲午战争研究领域的关键词共现知识图谱

（二）共词聚类分析

在进行聚类分析时借鉴了卡龙等（Callon，Courtial & Laville，1991）的聚类原则进行聚类划分，通过构造余弦指数来识别研究的大类和内容，由此将330个关键词划分出32个有效聚类（表1）。

表1　聚类名称及构成内容

聚类号	聚类名称	聚类成员
1	Introduction	Aniline Dyes、Identification、Glazes、Synthetic Colorants、Organic Pigments、Art、Micro-Raman Spectroscopy、Japanese Woodblock Prints、Raman Spectroscopy、Naphthol Reds
2	Far East Military	Nikolai i Grodekov、China Campaign of 1900−1901、Mobilization Readiness、Aleksey n Kuropatkin
3	the Impact of War	the Opening of Korea、Venereal Disease、Licensed Prostitution、Japanese Settlement、the Great Han Empire、Vd Patients
4	Decipher	Li Hongzhang、Sino-Japanese War of 1894−1895、Nagasaki Incident
5	Power Transitions	Anxiety、Decision、Risk、Prospect theory
6	Discourse of Civilization	Sleeping Lion、Meiji Japan、Marquis Tseng、First Sino-Japanese War、Liang Qichao
7	Western Science	History、Yan Fu、Science as Cultural Authority、Tianyanlun（on heavenly evolution）、Western Civilization、Zhang Zhidong
8	Cultures Controversy	Military History、Meiji Reforms、Qing Reforms、Sino-Japanese War、War、Global Propaganda、Optical Illusions、Visualizing Cultures Controversy
9	Propaganda	Meiji Japan、Marquis Tseng、First Sino-Japanese War、Liang Qichao、Qing China、Picture Propaganda、International Law、Late Qing China、Positivism in International Law
10	International Relations	Discourse of Civilization、19th Century's International Law、First Sino-Japanese War、the Triple Intervention
11	Media	Gaimusho Johobu、Department of Information、Ministry of Foreign Affairs
12	Moral Crisis	Cheng Yu、Confucian China、Moral Crisis
13	Acceptance of Western	Timothy Richard、Liang Fa、the Christian Literature Society、the Religious Tract Society
14	Westernization	Western Medicine、Medical Terminology、Medical Missionary、Germany-Japan Faction、Britain-America Faction

续表

聚类号	聚类名称	聚类成员
15	Sino-Japanese Relations	War in Art、Transnational Relationships、Sino-Japanese War、Japanese Woodblock Prints、National Identity
16	International Law Discourse	19th Century's International Law、First Sino-Japanese War、the Triple Intervention
17	Memory	Qing China、Picture Propaganda、International Law
18	East Asian War	Defensive Fortifications、Infantry Operation
19	Colonial	Juvenile Magazines、Meiji Period、Ceremony、Sino-Japanese War
20	Security Relations	Foreign Aid、East China Sea、Japanese Foreign Policy、Nuclear Tests、Taiwan Strait Crisis、Sino-Japanese Relations
21	Cultural Influence	Physical Exercise of Women、Modern British Ladies、Japanese Bushido、the Anglo-Japanese Alliance
22	Japanese Policy	Relations Between Japan and the US、Toa Dobun-Kai、Versailles-Washington System、Theory of Sino-Japanese Coexistence
23	Neologisms	Lexical Creation、Scientific Terms、Loan Word、South-East Asia
24	Attitude	Ding Ruchang、Nobility of Failure、Sino-Japanese War
25	Military History	Priamur Military District、Nikolai i Grodekov、Kawakami Soroku、Japanese Army
26	Education	Curriculum and Admissions Reforms、Self-Strengthening Movement、Institutional Weakness、Tongwen Guan
27	Cultural Politics	Movement、Music Education、Tradition、Nation、Cultural Politics
28	Institutional Reform	Nationalist Government、Feng Yu-Kun、August Vollmer
29	Positivism	First Sino-Japanese War、the Triple Intervention、Late Qing China、Positivism in International Law、Liang Qichao
30	East Asian Relations	National Security State、Sino-Japanese War、Sunshine Policy、Joseon Dynasty、Republic of Korea、Middle Kingdom、Korean Peninsula
31	Imperialism	Kim Ok-Gyun、Sino-Japanese War of 1894–95、Japan
32	Oriental Despotism	Conceptual History、Modern Japanese Political Thought

（三）战略坐标图的绘制与分析

战略坐标图是以各聚类的新颖度和关注度指标数值为依据绘制的二维平面图（图3），4个象限内各聚类的分布位置反映出其所代表领域的研究现状分区及未来的可能变化。其中，新颖度指标反映每个聚类关键词的平均共现时间与全部关键词的平均共现时间的离均差，负值表示该聚类研究起始时间较早，正值表示该聚类研究起始时间较晚；关注度指标反映每个聚类关键词的平均共现频次与全部关键词的平均共现频次的离均差，负值表示该聚类研究内容受关注程度较低，正值表示该聚类研究内容受关注程度较高。[①]

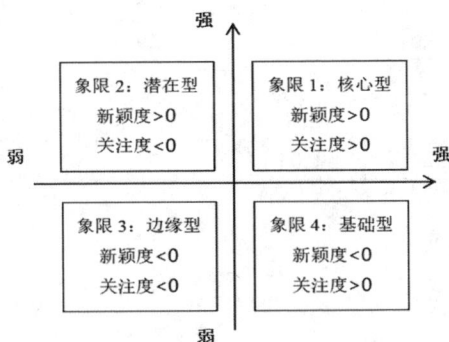

图3　研究领域聚类战略坐标图

根据CiteSpace生成的数据进行关注度和新颖度计算可得出如表2中所示的指标数值，将新颖度（纵轴）和关注度（横轴）绘制成战略坐标图，各聚类的二维坐标决定其在战略坐标图上的象限位置（图4）。在战略坐标图中，32个聚类中有3个聚类分布于第一象限、15个聚类分布于第二象限、7个聚类分布于第三象限、7个聚类分布于第四象限。

---

① 沈君、王续琨、梁俊伟：《战略坐标视角下的专利技术主题分析——以第三代移动通信技术为例》，《情报杂志》2012年第11期。

表2 各聚类的关注度和新颖度指标

聚类号	关注度	新颖度	聚类号	关注度	新颖度
1	−0.25	1.28	17	−0.35	−2.72
2	−0.35	2.28	18	−0.35	3.28
3	−0.35	−8.72	19	1.4	−0.22
4	−0.35	1.28	20	−0.18	−11.72
5	−0.35	1.28	21	−0.35	−2.72
6	0.45	1.48	22	−0.35	7.28
7	−0.35	4.28	23	−0.35	−0.72
8	0.525	−2.595	24	1.98	−1.05
9	0.09	−1.16	25	−0.35	3.28
10	0.15	0.28	26	−0.35	0.28
11	−0.35	6.28	27	−0.35	−4.72
12	−0.35	6.28	28	−0.35	5.28
13	−0.35	6.28	29	0.05	−0.52
14	−0.35	−0.72	30	0.65	−4.29
15	1.25	1.28	31	−0.35	6.28
16	0.32	−0.05	32	−0.35	6.28

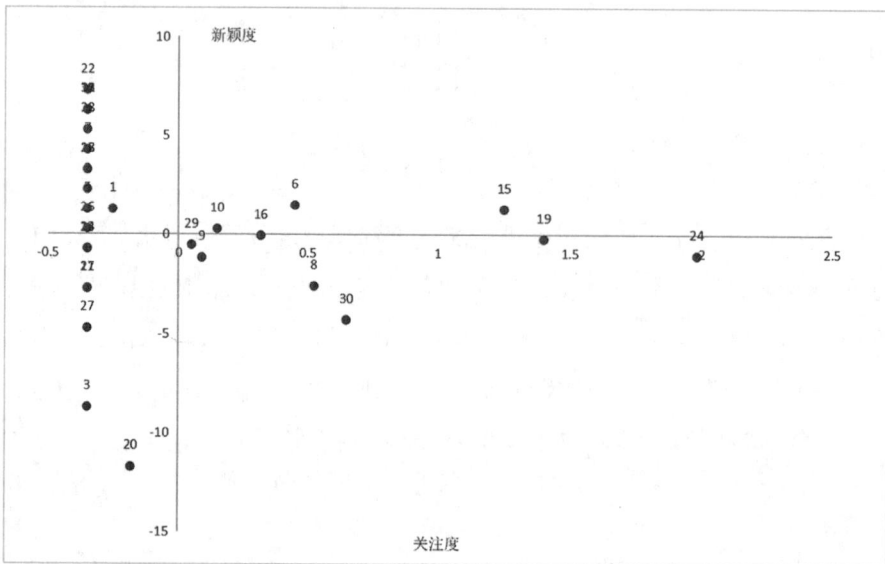

图4 Web of Science数据库中甲午战争研究领域的战略坐标图

位于第一象限的3个聚类的关注度和新颖度均＞0，位于研究核心型区域，表明其所代表的内容是1994—2023年期间在国外甲午战争领域研究较为成熟，即属于国外甲午战争领域的热点和核心内容。具体包括"Discourse of Civilization"（文明话语）、"International Relations"（国际关系）、"Sino-Japanese Relations"（中日关系）等相关内容。其中，以"Discourse of Civilization"（文明话语）聚类成员为关键词的Web of Science核心数据库来源期刊文章共计1220篇，以"International Relations"（国际关系）聚类成员为关键词的Web of Science核心数据库来源期刊文章共计310633篇，以"Sino-Japanese Relations"（中日关系）聚类成员为关键词的Web of Science核心数据库来源期刊文章共计307篇。要持续关注这类基本问题的研究。

位于第二象限的15个聚类的关注度＜0，而新颖度＞0，位于研究潜在型区域，表明其所代表的内容是1994—2023年期间国外甲午战争研究领域出现的学术研究热点，但是关注度还不高。这些研究热点或将成为以后研究关注的重点领域，具体包括"Introduction"（简介）、"Far East Military"（远东军事）、"Decipher"（解密）、"Power Transitions"（权力转型）、"Western Science"（西方科学）、"Media"（媒体）、"Moral Crisis"（道德危机）、"Acceptance of Western"（接受西方）、"East Asian War"（东亚战争）、"Japanese Policy"（日本政策）、"Military History"（军事历史）、"Education"（教育）、"Institutional Reform"（制度改革）、"Colonial"（殖民地）、"Oriental Despotism"（东方专制主义）等相关内容。研究这些潜在领域对于全面了解甲午战争的历史背景、战争进程、战略决策和战争后果都具有重要意义。这不仅包括对战争本身的多维度分析，还包括战争与当时国内、国际的政治、经济、文化等各方面的互动关系。对这些潜在领域的探索不仅能加深我们对甲午战争历史事实的了解，还能总结历史教训，为当今和未来国际关系的发展提供有益的指导。因此，加强这些领域的研究对于推动国外甲午战争研究的发展具有重要意义。

位于第三象限的7个聚类的关注度和新颖度均＜0，位于研究边缘型区域，表明其所代表的内容是1994—2023年期间国外甲午战争研究领域关注度不高，且在时间上研究较为靠前、近些年研究较少的领域。具体包括"the Impact of War"（战争的影响）、"Westernization"（西化）、"Memory"（记忆）、"Security Relations"（安全关系）、"Cultural Influence"（文化影响）、"Neologisms"（新词）、"Cultural Politics"（文化政治）等相关内容。这些边缘型研究区域的聚类同样可以细分为两种情况。第一种情况，这些聚类在过去可能是具有潜在价值的研究方向，如"the Impact of War"（战争的影响）和"Westernization"（西化）等，它们在早期的研究中可能被视为理解甲午战争对中日两国及全球格局产生深远影响的重要视角。然而，随着研究领域的不断拓展和深化，这些话题的研究逐渐淡出主流视野。第二种情况，这些聚类在1994—2023年期间一直未能引起广泛的重视和深入的研究。例如，"Memory"（记忆）和"Cultural Influence"（文化影响）等话题，它们对于理解甲午战争后中日两国在文化和记忆层面上的互动具有重要意义。而目前国外有关甲午战争的研究仍然侧重于基础类问题，如甲午战争相关史实以及战后国际政治、经济格局的变化等领域。而对于集体记忆的塑造以及战后所带来的文化影响等领域的探索，可能由于研究方法和资料获取的限制，一直未能取得显著的进展。对于这些处于研究边缘型区域的聚类，后续可以从以下几方面进行拓展：首先，继续强化基础性研究，建立完善的研究框架；其次，开展创新性研究，寻找新的视角和方向；最后，加强跨学科的合作与交流，从不同角度深化相关领域的研究。

位于第四象限的7个聚类的关注度＞0，而新颖度＜0，位于研究基础型区域，表明其所代表的内容在1994—2023年期间虽不是新的研究热点，但受关注度一直较高。具体包括"Cultures Controversy"（文化争议）、"Propaganda"（宣传）、"International Law Discourse"（国际法话语）、"Imperialism"（指军国主义）、"Attitude"（态度）、"Positivism"（实证主义）、"East Asian Relations"（东亚关系）等相关内容。这些位于研究基础型区域的聚类虽然在新颖度上稍显不足，但它们在理解甲午战争及其背后的历史、文化、社会等方面具有重要意义，因此始终保持着较高的关注度。未来的研究可以进一步挖掘这些领域的深度和广度，为理解甲午战争及其影响提供更全面的视角。

三、国外甲午战争研究热点分析

通过聚类分析和量化测算聚类的关注度，获得了1994—2023年国外甲午战争领域的研究热点。为更细致地探究1994—2023年国外甲午战争领域的研究热点，针对关注度较高的聚类，在Web of Science数据库中分别检索以其聚类名称为关键词的核心期刊文献，整理和分析所获的文献数据，利用CiteSpace软件展示其关键词共现知识图谱。[①]

（一）中日甲午战争的态度变迁与影响研究

近年来，有关甲午战争态度的研究侧重于分析中日两国政府和民众对战争的态度和反应。这些研究通常探讨战争前后的社会心理变化以及战争对两国关系的影响。该领域关键词共现知识图谱如图5所示，其中，"Sino-Japanese War"（甲午战争）、"Public Opinion"（公众舆论）、"Nationalism"（民族主义）是共现频次最高的3个关键词。另外，共现频次居前列的还有 "China's Image"（中国形象）、"Heritage Sites"（遗址）、"Experiences"（经验）、"Historical Memory"（历史记忆）、"Foreign Policy"（对外政策）等。高频关键词所表示的研究内容反映出1994—2023年期间 "中日甲午战争的态度变迁与影响" 这一研究领域的核心内容，具体而言，其相关研究主要围绕以下3个方面展开。

1.爱国主义与国家认同

在中日甲午战争期间，民族主义情绪高涨，这种情绪在塑造人民对各自国家和民族的认同方面发挥了重要作用。正如梁启超所言："甲午以前，

---

① 罗润东、李琼琼、谢香杰：《2020年中国经济学研究热点分析》，《经济学动态》2021年第3期。

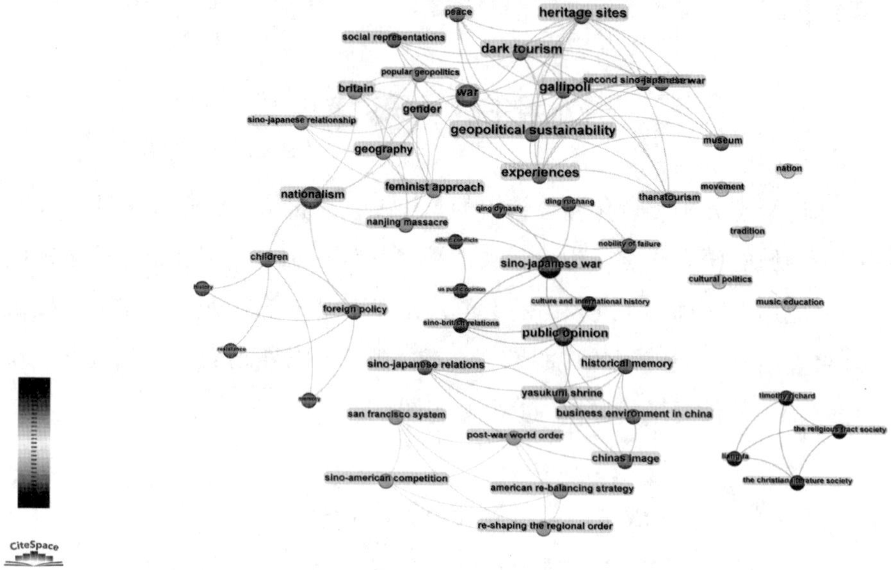

图5　中日甲午战争的态度变迁与影响研究领域的关键词共现知识图谱

　　吾国之士夫，忧国难，谈国事者，几绝焉。自中东一役，我师败绩，割地偿款，创巨痛深，于是慷慨忧国之士渐起，谋保国之策者，所在多有。非今优于昔也。昔者不自知其为国，今见败于他国，乃始自知其为国也。"[1]在甲午战争之前，中国尚未完全意识到自身的国家地位和面临的危机。然而，随着甲午战争的失败，洋务运动也宣告终结，再加上战后的割地赔款，给中国带来了巨大的创伤和痛苦，但这也激发了中国民众的爱国情感，人民开始觉醒，寻找着救亡图存的道路。在对文献的梳理中，相关研究指出，甲午战争是近代亚洲国家间最早的重要冲突之一。在战争过程中，日本的媒体开始广泛报道战争，如对所谓战争英雄的崇拜、新戏剧的发展以及公众庆典和仪式等。这种报道方式不仅提高了日本民众对战争的关注度，还加强了他们对自己国家的认同感。[2]此外，中日甲午战争不仅是中日两国之

---

　　① 梁启超著:《饮冰室文集》第三卷，云南教育出版社，2001年，第66页。

　　② Matsuda，K，"The Sino-Japanese War and the Birth of Japanese Nationalism"，*Journal of Japanese Studies*，Vol.39，No.1，2013，pp.147–151.

间的冲突，也有文献指出，作为列强争夺殖民地和势力范围的一部分，德国在这场战争中采取了干涉政策，以扩大其在亚洲的影响力，这种干涉不仅对中日两国产生了巨大的直接影响，而且加剧了东亚地区的紧张局势。①因此，甲午战争既是决定中日两国命运的重要战争，还使远东国际形势的格局发生了深刻的变化。目前，国外对于这一领域，重点研究了中日两国人民对自己国家不同侧重点的认同。一方面，对于中国来说，甲午战争让人民深刻认识到国家的独立、主权和尊严的重要性，激发了中华民族强烈的爱国情怀，呈现出前所未有的民族觉醒。这种情感的觉醒，成为推动国家近代化、团结民众、抵御外侮的重要动力。另一方面，对于日本来说，甲午战争的胜利，加强了日本人对自己国家的认同感，日本人民更加支持战争，这也对日本社会产生了很大的影响，甲午战争因此成为一个重要的历史转折点，它在很大程度上塑造了后世的政治、经济以及文化格局。

2.公众舆论与媒体角色

国外关于甲午战争的研究深入剖析了公众舆论与媒体角色，并把它们作为了解战争期间及战后社会心态和对外观念演变的关键。有研究指出，自战争开始以来，基于中国民众希望了解战争新闻的迫切心情，以《申报》为代表的商业性中文报纸向读者更多传递了一些正面的消息，并试图用有力的正面标题将痛苦的真相埋藏在长篇大论中，在一定程度上影响了中国民众对于战争的看法。《申报》是英国商人于1872年在上海创办的商业报纸。在甲午战争开始后，《申报》密切关注战争状况，并努力刊登更多正面信息，如在报道鸭绿江江防之战时，《申报》以其一贯欢快的标题风格来报道，标题为 "A Detailed Description of the Battle of Yalu River, A Confirmed Victory over the〔Japanese〕Dwarves"（详述鸭绿江胜倭确信）以及 "The Dwarves Avoided Mentioning Their Defeat"（倭奴溃败），以满足

---

① Becker, J. L, "To Grab, When the Grabbing Begins' German Foreign and Colonial Policy during the Sino-Japanese War of 1894/95 and the Triple Intervention of 1895", *International History Review*, Vol.44, No.1, 2022, pp.1–20.

中国读者渴望中国胜利的心情。①但实际上，鸭绿江江防之战是甲午战争期间日军侵入中国领土的第一次战役，清军由于兵力不足、装备稀缺以及战略的失败，最后以鸭绿江防线全线崩溃而告终。与此同时，日本的报纸和杂志等媒体也关注了战争进程，它们不仅报道了战争的进展，还通过现代摄影和传统的日本木刻画来传播信息。这些媒体通常宣传勇敢的日本士兵形象，强调为国家牺牲的荣耀，从而增强了对日本侵略扩张的认同感。②而从参战方之外的西方人视角来看，西方媒体对于甲午战争的态度从战争初期指责日本，而后转变为嘲笑中国。战争刚爆发时，《伦敦新闻画报》多次刊载中国军队的消息，而且在新闻画报上出现的中国军人相貌堂堂、纪律严整。而后发生的旅顺大屠杀令西方媒体给日本打上了野蛮的标签，但随着日本在战争中的胜利以及对于野蛮行为的"公关"，西方舆论则开始倒向胜利者一边，各类媒体常刊登文章嘲笑中国的失败、赞扬日本的胜利。同样，美国媒体在甲午战争期间的态度也从开始对弱者的同情转变为对胜利者的敬佩，这一转变反映了当时西方社会对于战争、国家利益和亚洲民族主义的复杂看法，加深了西方社会对中日两国的刻板印象。③实际上，媒体在报道战争时，其理论素养、新闻伦理、客观公正等是舆论引导的重要支撑，而人民对战争的认识、情感和态度是形成舆论的基础。然而，目前的相关研究显示：在甲午战争期间，中国媒体更加注重读者期望，侧重于传达正面消息；日本媒体更加擅长利用"文明"话语为自身的殖民扩张服务；西方媒体则通过一系列报道与态度转变构建出中国落后、日本先进的形象。其中，部分媒体可能存在对战争性质的报道失之偏颇、对战争双方形象的刻板印象、过度宣传和美化本国的立场、淡化战

---

① Tsai, W, "the First Casualty: Truth, Lies and Commercial Opportunism in Chinese Newspapers during the First Sino-Japanese War", *Journal of the Royal Asiatic Society*, Vol.24, No.1, 2014, pp.145–163.

② Matsuda, K, "The Sino-Japanese War and the Birth of Japanese Nationalism", *Journal of Japanese Studies*, Vol.39, No.1, 2013, pp.147–151.

③ Hardin, T. L, "American Press and Public Opinion in First Sino-Japanese War", *Journalism Quarterly*, Vol.50, No.1, 1973, pp.54–59.

争中的受害者等问题。这些都会导致公众对战争性质、带来的灾难影响产生误解和偏见，甚至淡化苦难。因此，通过在甲午战争期间及战后对公众舆论与媒体角色的深入剖析，可以观察到媒体在塑造公众对战争认知、情感及态度方面扮演着至关重要的角色。不同国家的媒体基于各自的立场和视角，通过报道战争进展、呈现敌我形象及传达国家立场，对国内外公众舆论产生了深远影响。

3.社会心理变化

中日甲午战争期间及战后，中日两国的社会心理变化成为学界关注度较高的议题。两国民众对于甲午战争所持的立场、对本国政府政策的支持或反对等都在这场战争中发生了显著变化。一方面，对于中国来说，在战争期间，由于信息闭塞，国内民众对于甲午战争的实际情况并没有清楚的认知，且对于战争本身始终存在恐惧和忧虑。而在战争失败后西方列强掀起瓜分中国的狂潮，中国民族危机空前严重。有学者指出，此时，中国人民在经历战争失败后，开始对西方文明的看法发生重大转变，逐渐由拒绝到接受，①也意识到了现代化的必要性，以便在优胜劣汰的帝国秩序中生存。②于是社会各界人士在战后开始进行反思，并以不同的方式开展了救亡图存的斗争，如维新派开展"公车上书"和维新变法运动，商人抵制洋货和提倡国货的运动等。另一方面，对于日本来说，战争爆发前日本民众的态度还较为谦卑。战争爆发后，有研究发现，日本对战争的主要对手——中国北洋舰队提督丁汝昌的态度，并非普遍轻蔑，而是在战前、战中甚至战后都给予了极大的尊重。他在日本仍然受到了英雄般的崇拜。这一现象反映了当时日本社会鼓吹勇敢牺牲的态度。③随着战争的胜利，极大地提

---

① Bao，XW，"On Protestant Missionaries and their Chinese Assistants' Book-distribution around Imperial Civil Examination Halls"，*Journey For the Study Of Christian Culture*，Vol.50，2023，pp.54–59.

② Jo，J，"Cooperation and Conflict：Faction Problem of Western Medicine Group in Modern China"，*Korean Journal of Medical History*，Vol.25，No.2，2016，pp.241–272.

③ O'Reilly，S，"The Noble Enemy：Bravery，Surrender and Suicide in the First Sino-Japanese War"，*Journal of Chinese Military History*，Vol.8，No.2，2019，pp.159–190.

升了日本国民的自信心，日本民众的态度也逐渐变得傲慢。媒体的大力宣传和报道也进一步煽动了民族主义情绪。由此可见甲午战争前后中日两国民众在战争观念以及社会心理上的差异。为了应对社会心理的变化，两国政府都采取了一系列措施。不同的是，日本政府积极宣传战争胜利的意义，提高民众对于相关政策的支持，同时主动深化国内改革，提升国家实力。而清政府迫于战争压力与民众的强烈不满，不得不被动进行一系列改革，以恢复民众对政府的信任。

（二）甲午战争对中日关系及东亚格局的影响

关于中日关系的研究，主要集中在分析战争期间及战后两国之间的政治、经济和军事关系。这些研究有助于理解战争如何影响东亚地区的国际关系格局。该领域关键词共现知识图谱如图6所示，其中，"Sino-Japanese Relations"（中日关系）、"Sino-Japanese War"（甲午战争）、"China"（中国）是共现频次最高的3个关键词。另外，共现频次居前列的还有"Foreign Policy"（对外政策）、"Politics"（政治）、"East Asia"（东亚）、"Power"（权力）、"International Relations"（国际关系）等。高频关键词所表示的研究内容反映出1994—2023年期间"甲午战争对中日关系及东亚格局的影响"这一研究领域的核心内容，具体而言，其相关研究主要围绕以下3个方面展开。

1. 政治视角

中日甲午战争深刻改变了国际政治格局。一方面，对于清朝而言，1894—1895年的甲午战争是中国近代史乃至世界近代史上的一个开创性事件。此后，中国和国际形势都经历了一系列戏剧性的动荡，其中就包括戊戌变法。[1]由康有为、梁启超等维新派人士发起的政治改良与思想启蒙运动，

---

[1] Wang, G., "In search of change: the reform of the Qing government after the First Sino-Japanese War, 1895–1899", *Journal of Modern Chinese History*, Vol.15, No.1, 2021, pp.132–134.

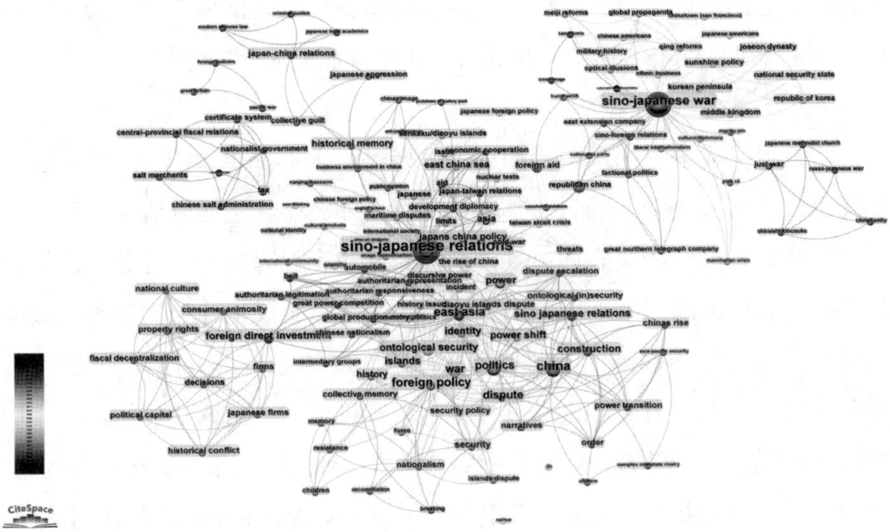

图6　甲午战争对中日关系及东亚格局的影响研究领域的关键词共现知识图谱

旨在挽救民族危机，将中国转变为一个强大的现代民族国家。① 这场变法维新运动历时103天，但因种种原因和不可避免的阻力，并未达到预期的效果，以失败告终。这场维新运动虽然失败了，但它符合当时历史发展的潮流，在中国近代史上影响巨大。维新派提出的一系列挽救民族危亡的爱国、进步主张，推动了近代中国社会的思想启蒙，加速了中华民族的觉醒，也为后续的革命奠定了基础。另一方面，对于日本来说，甲午战争的胜利加速了日本现代化的进程，确立了其在东亚的强国地位。日本的国际地位的提升也吸引了西方列强对日本的关注，它们对于日本在战争中的军事行动表现出极大的兴趣，为后续日本获得西方列强的资金支持与缔结军事合作奠定了基础。同时，甲午战争胜利也使日本民众对明治维新后的中央集权政府充满信心，这种信心的增长对于日本想要快速跻身现代民族国家的行列起到了不可估量的作用，也推动了日本进一步学习西方先进技术，并进行了一系列政治改革，使得其国力、军力迅速增强，逐渐走上了军国主义

---

① Yao，D，"Cheng Yu's Response to the Moral Crisis and the Modern Fate of Confucian China"，*Religions*，Vol.14，No.8，2023，p.956.

对外扩张之路。甲午战争也因此成为改变东亚历史走向的重要标志，它不仅揭示了清朝的腐朽和落后，也让日本迅速崛起成为新的强权。①

2.经济视角

中日甲午战争对中日两国的经济发展也产生了重要影响。通过梳理相关文献，有研究表明，经过8个月的血战，甲午战争最终以清军惨败、北洋海军全军覆没、清政府被迫签订割地赔款和丧权辱国的《马关条约》而告终，此后中国的国际地位急剧下降，中国的半殖民地化大大加深。根据该条约，中国割让台湾、澎湖列岛及其附属岛屿给日本，同时增开苏州、杭州、重庆、沙市为通商口岸供日本出口和投资，还赔款2亿两白银，加"赎回"辽东半岛费3000万两，共计2.3亿两白银，这笔赔款金额连本带利，再加上掠夺中国财物的价值，总量相当于日本政府近6年财政收入的总和。通过从中国获得的赔款和资源，日本得以进一步推动国内的政治和经济发展，加速了工业化进程，促进了其经济的快速发展。②虽然清政府在经历一系列的割地赔款后，在经济上一度陷入困境，但甲午战争的失败也激励部分先进分子寻求变革来恢复经济发展。例如，有研究指出，在甲午战争后，清政府官员学习并吸收了日本式的工业化模式，这种模式通过信息和创新激励中国经济增长，有助于克服资本限制，展现了中国和日本在全球半边缘地位的共同立场，以及专注于提高劳动力质量的劳动密集型工业化追求对中国经济发展的重要作用。③总而言之，中日两国在近代化的进程中存在着复杂的相互作用和影响，共同推动国际经济关系的发展。这场战争带来了诸多教训和历史启示。从经济视角来说，经济实力直接影响一个国家的实力、国际地位、社会稳定和人民的生活质量。因此，战后中日两国在近代化进程中相互作用、相互影响，都不断推动经济的变革与发展。

---

① Skrivan, A, Sr. and A. Skrivan, Jr, "The SITUATION IN the FAR EAST BEFORE the FIRST SINO-JAPANESE WAR", *Nuova Rivista Storica*, Vol.101, No.1, 2017, pp.83–102.

② Dong, B. and Y. Guo, "The impact of the first Sino-Japanese war indemnity: Transfer problem reexamined", *International Review of Economics & Finance*, Vol.56, 2018, pp.15–26.

③ Lee, Joyman, "Where Imperialism Could Not Reach: Chinese Industrial Policy and Japan, 1900–1940", *Enterprise & Society*, Vol.15, No.4, 2014, pp.655–671.

3.技术视角

在军事技术领域，中日甲午战争也产生了重要影响。清朝在军事方面尽管成立了北洋海军等新式海军，但装备与训练水平仍然大幅度落后于日本，因此在甲午战争中难以与之抗衡。实际上，在第二次鸦片战争后，晚清洋务派就重提"师夷长技以制夷"的观点，重点关注国防和军队的现代化建设，掀起了学习西方军事技术的洋务运动。但是，由于中国军火工厂生产的产品与欧洲军火工厂的产品标准不同，中国造船厂无法建造与西方军舰质量相媲美的军舰。因此，中国面临着一个根本性的困境——缺乏先进的武器和技术。[①]甲午战争的失败又进一步揭示了清政府的无能、军事技术的滞后以及军队的腐败现象，这也对当时中国的国防建设提供了重要的历史教训，促使后来的改革者重视军事的变革和现代化。他们深刻地认识到，只有引进和研发先进的军事技术，把军队建设摆在国家建设的突出位置，才能维护国家的安全与尊严。与清政府相反，日本在经历明治维新后，军事实力大幅提升，在甲午战争中装备了现代化的军事武器，采用了现代化的战术与策略，并最终取得了战争的胜利。甲午战争充分证明了日本国防和军事现代化建设的重要性，并促使日本政府更加认定，要成为世界军事强国，必须不断加强军事现代化的建设。在对文献的梳理中，有学者指出，在甲午战争之后，日本更加注重远东地区的军事力量的当前状况、军事运输和港口基础设施的发展、区域殖民化的水平、军事训练和战斗准备的问题、新型火炮系统、轻武器以及冬季装备等方面。[②]这也为日本后来的殖民扩张提供了技术上的支持。

---

① Skrivan, A, Sr. and A. Skrivan, Jr, "The Firm Fried. Krupp in the Chinese Market prior to the First Sino-Japanese War of 1894/95", *German History*, Vol.40, No.3, 2022, pp.361–383.

② Avilov, R. S, "The Visit of the Vice-Chief of the Japanese Army's General Staff Kawakami Soroku to Priamur Military District（1897）", *Rudn Journal of Russian History*, Vol.19, No.4, 2020, pp.934–951.

（三）甲午战争与日本军国主义的兴起

在军国主义视角下的研究，主要探讨了日本在甲午战争后的殖民扩张政策，以及这些政策对朝鲜和中国部分地区的影响。这些研究有助于理解殖民侵略在东亚近现代历史中的作用。该领域关键词共现知识图谱如图7所示，其中，"Sino-Japanese War"（甲午战争）、"Imperialism（Sino-Japanese War）"（指甲午战争时期的军国主义）、"Meiji Period"（明治时期）是共现频次最高的3个关键词。另外，共现频次居前列的还有"Population Problem"（人口问题）、"Factional Politics"（派系政治）、"Extreme Intertextuality"（极端互文性）、"Japanese Nativism"（日本本土主义）、"Colonial Tourism"（殖民旅行）等。高频关键词所表示的研究内容反映出1994—2023年期间"甲午战争与日本军国主义的兴起"这一研究领域的核心内容，具体而言，其相关研究主要围绕以下3个方面展开。

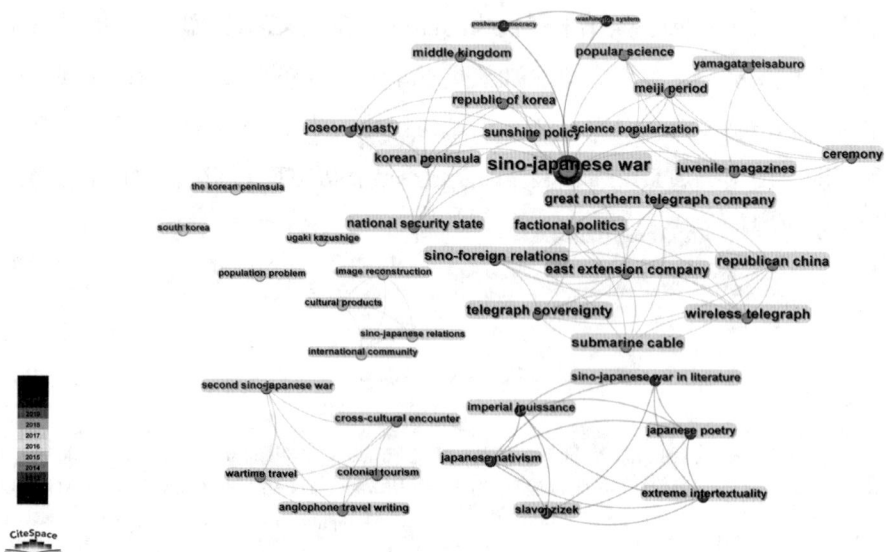

图7 甲午战争与日本军国主义的兴起研究领域的关键词共现知识图谱

1. 殖民统治的兴起

伴随着甲午战争的胜利，日本的军国主义思想逐渐泛滥，并开始实施殖民统治政策。首先，从政治视角来看，日本殖民统治的兴起是与其政治变革紧密相关的。19世纪后半叶，西方资本主义列强的殖民掠夺把亚洲许多国家变成了它们的殖民地、半殖民地。日本也不例外，被迫与西方列强签订了一系列不平等条约。面对西方列强的侵略，日本不得不进行政治变革来恢复民族独立和主权完整。通过明治维新，日本彻底废除了封建的旧体制机制，由天皇亲政，建立了中央集权的国家体制，并制定了宪法，设立了内阁。这一系列改革推动日本摆脱了殖民地化的危机，并为其现代化建设奠定了基础，也为其实施对外殖民扩张提供了政治保障。其次，从经济视角来看，日本进行殖民扩张是为了加速其工业化的进程。为了发展国内经济与推动工业化的发展，日本对于原材料和市场的需求不断增长，但由于其地理位置的原因，日本国内的资源严重匮乏，因此日本开始将注意力转移到与其相邻的亚洲国家，特别是资源相对充足的中国、印度等，这些国家也因此成为日本殖民侵略的主要目标。最后，从文化视角来看，日本走上殖民扩张的道路还受到了其根深蒂固的民族主义思想的影响。在这种思想指导下，日本统治阶级会认为日本文化优于其他民族文化，甚至还将其他亚洲国家和地区视为"未开化"的"野蛮"之地，认为自己有责任将这些地区纳入日本的势力范围，对其进行"开化"和"教化"。这种文化优越感为日本实施殖民统治提供了思想基础。[①]这种政策不仅摧毁了传统东亚国际秩序，使得东亚政治版图出现变数，还扭曲了中日两国的和平、平等的关系，形成近代日本的历史拐点。随后日本将侵略的矛头指向朝鲜半岛和中国，日本走上了军国主义不归路，成为战争策源地。

2. 中国台湾与朝鲜的命运

日本对中国台湾和朝鲜的殖民统治，以及这些地区人民的生活和社会变迁，也是国外甲午战争研究的一个重要方面。日本殖民者用武力和强势

---

① Davidann, J, "Christianity and Imperialism in Modern Japan: Empire for God", *Journal of Japanese Studies*, Vol.42, No.2, 2016, pp.417–421.

威慑，推行殖民计划，掠夺殖民地资源以滋养日本本土。在近代的殖民地化过程中，殖民地的社会文化、教育和经济结构发生了巨大变化，人民饱受掠夺、奴役和欺凌。对于台湾而言，研究指出，日本对台湾的殖民统治始于1895年，持续至1945年。在台湾日据时期，日本对台湾进行了全面殖民改造，其目的就在于同化台湾。在文化方面，日本通过推广日语、遏制中文的使用、制定法律等一系列手段来同化台湾；在经济方面，台湾在日据时期的经济是典型的殖民地经济模式，日本政府不断迫使台湾提供资源、物产及劳力，以培植自身的发展；在政治方面，日本施行了一种绝对中央集权的政治体制，从而保证对台湾的全面控制；在社会结构方面，日本殖民者对台湾的社会结构进行了重组，包括土地改革、户籍制度以及通过各种社会组织和机构来加强对台湾社会的控制。[1]对于朝鲜而言，日本正式实施侵略朝鲜的计划是在1876年，以武力打开了朝鲜的国门，并强迫朝鲜签订了《江华条约》。到甲午战争时期，日本由于战胜了朝鲜的原宗主国——中国，因此驱逐了中国在朝鲜的势力，大大削弱了朝鲜的独立地位。后续日本又击败了沙俄，将朝鲜半岛的沙俄势力清除，至此日本成为唯一支配朝鲜的外国势力，并通过一系列不平等条约实现了对朝鲜的殖民统治。在朝鲜日据时期，日本政府对朝鲜的政策经历了从文化同化向种族灭绝的转变。在殖民初期，日本在朝鲜实施了多项同化策略，旨在去除朝鲜的民族文化和身份标识，并将其整合进日本的文化体系中。随着殖民程度的不断加深，日本在继续实施经济压迫与大力进行同化政策的基础上，实行更加极端的种族灭绝计划。这其中就包括至今仍令朝鲜民族十分愤恨的"内鲜一体"策略，极大破坏了朝鲜文化，对朝鲜人民的人权也造成了极为严重的侵犯，很多朝鲜人被迫离开家园，流亡到中国东北和其他地区。这些流亡者在日本的殖民统治下形成了独特的民族和国家认同。[2]由此可见，在日

---

[1] Saaler, S, "Imperial Knowledge and Colonial Power: Japan's Rule in Taiwan 1895–1945", *Historische Zeitschrift*, Vol.298, No.1, 2014, pp.250–251.

[2] Lushnikov, A. O, "The Evolution of Ethnic Politics in Colonial Korea: From Assimilation to Ethnocide", 7th International Scientific Conference of Young Orientalists, 2019.

本殖民统治下，中国台湾和朝鲜在政治、经济、文化以及社会结构等方面发生了巨变，这些变化也对中国台湾和朝鲜未来的发展产生了深远的影响。

3. 国际政治与法律

在国际法中，侵略是对一个国家领土完整和政治独立最严重的破坏。在19世纪末20世纪初，殖民侵略是国际政治的主要特征之一。欧洲列强通过殖民扩张，建立了广泛的殖民地帝国，对国际政治格局产生了深远影响。日本在甲午战争后的殖民扩张也是这一时期军国主义发展的一个重要例证。研究表明，在中日甲午战争期间及战后，日本的知识分子和政治精英利用国际法，将中国描绘成一个几乎违反所有战争法规则的"野蛮"国家，而将日本描述成一个"守法"和"文明"的国家。结果，日本在战后不久就获得了完全的国际社会成员资格，而中国则被视为"野蛮"国家，直到1943年才废除在其领土上的领事裁判权。这深刻揭示了国际法中的"文明"概念如何被用作政治工具，以及它如何影响日本和中国的国际地位和形象。[1]相关学者指出，19世纪的国际法将"文明"与"非文明"国家区分开来，任何希望获得平等对待的国家都必须获得那些已经被认为是"文明"国家的认可。日本通过在甲午战争中展示其"文明"形象，成功加入了"文明"世界。这一事件被西方法律学者描绘为"野蛮"与"文明"之间的冲突。然而，无论是日本还是西方的国际法学者，都没有触及三权分立的问题。这一事件成为重新评估西方国家的国际法律标准的案例，表明这些国家为了自我扩张，将它们的动机隐藏在法律语言中，从而展示了西方"文明"话语的历史虚无主义性质。[2]这种以"文明"与"非文明"为标准的国际法体系，实际上为殖民侵略提供了合法化的工具。这种做法不仅严重侵犯了殖民地国家的主权和尊严，而且导致了国际社会的不平等和不公正。

---

① Lai, J, "Sovereignty and 'Civilization' International Law and East Asia in the Nineteenth Century", *Modern China*, Vol.40, No.3, 2014, pp.282–314.

② Xu, B, "The Triple Intervention: A Forgotten Memory in the Discourse of the Nineteenth Century's International Law", *Journal of East Asia and International Law*, Vol.11, No.2, 2018, pp.375–392.

然而，深入分析国际政治与法律在甲午战争及日本殖民扩张中的体现，可以清晰观察到国际法被用作政治工具的历史案例。日本在战争中通过对国际法话语的巧妙运用，成功塑造了自身的"文明"形象，并据此在国际社会中获得了更高的地位。在这一过程中，国际法体系中的"文明"与"非文明"划分标准实际上成为殖民侵略行为合法化的遮羞布，加剧了国际社会的不公正，严重侵犯了殖民地国家的主权。

四、基于文献计量的结果分析

本文通过运用CiteSpace文献计量分析工具，对Web of Science数据库中关于甲午战争领域的文献进行了深入的可视化分析。借助关键词共词聚类分析、战略坐标图等方法，探讨了1994—2023年期间国外对甲午战争研究的关注点和热点趋势，并据此得出了以下结论。首先，国外对甲午战争的研究领域展现出了广泛且深入的特点。这些研究不仅全面覆盖了甲午战争的原因、过程、结果和影响等维度，而且深入挖掘了战争背后的深层次原因和长远影响。在传统的历史分析框架基础之上，结合社会学、心理学、传播学等不同学科，相互交融，提供了更多跨学科的视角和方法，构建了多元立体的研究体系。这一跨学科的研究方法不仅为甲午战争的研究提供了更广阔的视角，同时也为我们更深入地理解战争的历史背景、战略价值以及对现代社会产生的影响提供了更加深入的见解。其次，从研究热点来看，国外甲午战争领域的研究主要聚焦于三大核心领域：一是对中日甲午战争的态度变迁与影响的研究，这一领域主要探讨战争期间及战后中日两国政府和民众对战争的态度变化，以及战争对两国社会心理、国际关系和政治、经济格局的深远影响；二是对中日关系及东亚格局的影响的研究，该领域深入分析甲午战争如何重塑了东亚地区的国际关系格局，以及战争对中日两国未来发展方向的潜在影响；三是对甲午战争与日本军国主义的兴起的研究，这一领域重点关注日本在战争后的殖民扩张政策，以及这些政策对朝鲜、中国台湾等地区的深刻影响，同时揭示了殖民侵略在东亚近现代历史中产生的重要影响。这些热点领域不仅充分反映了学界对甲午战争历史地位的深刻认识，而且体现了对当代国际关系和国际秩序演变的持续关注。最后，从研究趋势来看，动态追踪近10年国外关于甲午战争领域的前沿热点，可以发现：在甲午战争爆发120周年时，国外学者的研究侧重于战争图像的呈现与传播、战争宣传策略及国家形象的塑造等方面；到甲午战争爆发125周年时，研究重心转向了探讨战争对中日两国民众心理、社会观念及国际关系的影响；随着甲午战争爆发130周年的到来，研究视野不断扩展，国外学者揭示了一些新兴的、具有巨大发展潜力的研究领域。例如，战争与国际政治、经济格局的联动效应及战争与经济全球化、世界多极化等议题。这些新兴的研究视角也为甲午战争相关研究提供了新的可能。与此同时，这些新兴研究领域也为当前的国际关系、国家安全以及全球治理、人类命运共同体等议题提供了历史借鉴。此外，这项研究也对一些处于边缘的研究区域给予了关注。尽管目前这些领域的关注度不是很高，但它们可能具有巨大的学术价值和研究潜力，值得未来进一步探索。

值得特别注意的是，尽管国际上对甲午战争的研究日益深入，但在一些特定环境中，像日本的部分教科书及日本相关网站上，关于甲午战争的历史叙述仍然存在模糊甚至歪曲的现象，如日本山川出版社高中历史教科书中对于甲午战争的原因描述为：しかし94年，全琫準らが甲午農民戦争（東学の乱）をおこすと，両国軍が出兵して日清戦争となった。[然而，1894年，全琫准等人发动甲午农民战争（东学党之乱），导致中日战争，两国军队联合作战。]在这里，日本"将中日甲午战争爆发的原因中性化，并有将发动战争的责任推给清政府的嫌疑，并且后续对甲午战争的过程也没有给予描述"①。这种模糊不清的说明对青少年的历史认知产生了不容忽视的影响。例如，英国人泰莱在《甲午中日海战见闻记》中称，参加黄海海战

---

① 屠晓燕：《中日高中历史教科书"晚清史"比较研究——以统编版和山川版为例》，牡丹江师范学院，硕士学位论文，2022年。

的"定远"舰和"镇远"舰的8门主炮中只有3颗实战用大弹，其余均为练习用小弹，并将其归咎为战争失败的重要原因，这与事实不符，这一说法也误导了许多学者。同时，他的文章中还有很多不准确的地方。例如，对"定远"舰和"镇远"舰主炮口径的描述有误，还将1894年8月担任北洋海军右翼总兵兼"定远"舰管带的刘步蟾说成是李鼎新。①这些错误不仅误导了国外读者，也掩盖了甲午战争的真实历史。因此，在世界百年未有之大变局的背景之下，如何在国际传播中讲清楚、讲明白甲午战争的真实情况是当今学者应重点关注的问题。尤其是在集体记忆相对薄弱的领域，中国学者不仅要提高准确讲故事的能力，而且要增强主动表达的意识。过去我们更多关注的是用中国话语讲中国故事，但随着国际交流与合作的加强，我们应更加重视用世界话语讲清楚中国故事。

综上所述，国外关于甲午战争的相关研究展现出了领域广泛、热点明确、方法多样的特点。2024年是甲午战争爆发130周年，这段历史在中华民族记忆中留下了不可磨灭的印记，因此，在这个关键的历史时刻可能会充分激起学术界和大众的浓厚兴趣。当今世界已经进入知识大融通的大科学时代，尤其是伴随着国际学术交流的不断深化与新兴学科、学科交叉的持续建设，不同学科的相互交融将推动甲午战争研究体系的解构与重组，从而催生甲午战争相关领域的前沿研究方向，形成新的研究模式，为全方位理解甲午战争的历史真相和深层意义提供更加多元的视角与途径，并以更加客观、理性的态度提供更丰富的学术成果。

作者简介：韩巧霞，山东大学马克思主义学院副教授、博士、硕士研究生导师；杨宝仪（通讯作者），山东大学马克思主义学院硕士研究生。

---

① 潘向明：《甲午黄海之役北洋海军缺乏炮弹说质疑——兼论其失利原因问题》，《清史研究》2009年第1期。

Visualization Analysis of Frontier Hot International Research in the Field of Sino-Japanese War

—Bibliometric Analysis of CiteSpace Based on Web of Science Database

Han Qiaoxia Yang Baoyi

Abstract：2024 is the 130th anniversary of the outbreak of the Sino-Japanese War. The in-depth analysis of the research in the field of the Sino-Japanese War abroad aims to reveal the research hotspots and trends in this field, help to fully understand the historical facts and far-reaching influence of the Sino-Japanese War, and promote the in-depth development of relevant academic research at home and abroad. Through the bibliometric analysis tool, the keyword co-word cluster analysis was carried out on the relevant literature in the field of the Sino-Japanese War from 1994 to 2023, and 330 high-frequency keywords were formed, and 32 clusters and strategic coordinate maps were generated, which intuitively showed the research hotspots and trends. The study found that foreign countries paid extensive and in-depth attention to the Sino-Japanese War of 1894–1895, mainly focusing on the attitude change and influence of the Sino-Japanese War of 1894–1895, the influence on Sino-Japanese relations and the pattern of East Asia, as well as the Sino-Japanese War of 1894–1895 and the rise of Japanese militarism. These studies adopt interdisciplinary perspectives and diverse methods. They not only explore the basic historical facts of war, but also involve emerging issues such as war and globalization, media communication and so on. The attention of foreign scholars in these fields not only deepens the understanding of the historical truth and deep meaning of the Sino-Japanese War, but also provides historical reference for today's international relations, national security and global governance.

Keywords: The Sino-Japanese War; co-word cluster analysis; strategic coordinates

汉口乐善堂的情报活动与日本对华决策
（1886—1895）

连　馨

【摘要】在19世纪末日本对中国的侵略过程中，民间间谍机构汉口乐善堂的情报活动起到了关键作用。依据"情报策略"划分，其活动大致可分为甲午战前的"以商掩谍"与甲午战时的"以谍代商"两个阶段。战前，成员们利用商业活动为掩护，潜入中国各地搜集情报，更新了日本政府的对华认知，使其决策不再局限于军事扩张，而是试图在商贸与军事扩张之间寻求平衡。战时，他们成为军事间谍，协助日本军方获取中国军事机密，使日方能够在战争中抢占先机，从而制订行之有效的作战计划。此外，汉口乐善堂不仅造就了一批"中国通"式间谍人员，其组织架构及运作模式也对后来的日本民间间谍机构产生了深远的影响。

【关键词】汉口乐善堂　情报工作　日本对华决策　甲午战争

自1868年明治政府建立以来，日本便将对外军事扩张作为基本国策，侵略矛头直指中国。情报是军事扩张的前提和基础，搜集中国情报无疑成为日本制定战略决策的核心环节。需要强调的是，1886年日本中央情报机关在华规模锐减。[①]在此背景下，荒尾精创办的汉口乐善堂[②]便有效缓解了

---

① ［日］陆军参谋本部编、村上胜彦解题:『朝鮮地誌略 第1卷（京畿道、忠清道、咸鏡道）』、東京：竜渓書舎、1981年、第19頁。

② 目前学界对汉口乐善堂有着"日本第一个组织庞大的在华间谍机构"和"甲午战争前日本在华最庞大的间谍机关"等评价。详见戚其章：《论荒尾精》，《贵州社会科学》1986年第12期；李文海、康沛竹：《甲午战争与日本间谍》，《清史研究》1994年第4期。

官方情报资源短缺的困境。尤其是在19世纪末日本对华扩张过程中，汉口乐善堂发挥了不可替代的关键作用。自此，以汉口乐善堂为代表的民间间谍机构①（简称民间机构）开始承担起更多的情报工作，并逐步融入日本对华情报网络之中。

国内外学界对于近代日本在华情报活动一直持关注态度。早在20世纪上半叶就已经出现了多部揭露日本间谍及其组织的历史、体系和罪恶行径的著论，②战后此类成果更是层出不穷。③以往研究多数集中于讨论日本外务省及陆海军等的中央情报机关的组织系统和工作实况，进而验证其对近代中日关系尤其是中日战争的影响。④另外，也有部分研究关注到各类民间机构及著名日谍的情报活动和舆论引导等。⑤其中，汉口乐善堂的历史沿革⑥及衍生活

---

① 近代以来日本的对华调查包括官、军、民等多方面，其中既有日本政府及陆海军等的中央情报机关，也有如汉口乐善堂、东亚同文书院、东方通信社这样的民间机构。本文所提的民间间谍机构，表面以商业团体或教育机构等面貌出现，实际进行着以情报收集和舆论引导为主的间谍活动。

② 详见钟鹤鸣著：《日本侵华之间谍史》，华中图书公司，1938年；谢远达著：《日本特务机关在中国》，新华日报馆，1938年；海童著：《日本间谍与汉奸》，国民出版社，1939年。

③ 详见［英］理查德·迪肯（R. Deacon）著：《日谍秘史》，世界知识出版社，1984年；王振坤、张颖著：《日特祸华史——日本帝国主义侵华谋略谍报活动史实》，群众出版社，1987年；戚其章著：《甲午日谍秘史》，天津古籍出版社，2004年；许金生著：《近代日本对华军事谍报体系研究（1868—1937）》，复旦大学出版社，2015年。

④ 详见［日］高山信武：『参謀本部作戦課：作戦論争の実相と反省』、東京：芙蓉書房、1978年；［日］有賀伝：『日本陸海軍の情報機構とその活動』、東京：近代文藝社、1994年；［日］岩井忠熊：『陸軍·秘密情報機関の男』、東京：新日本出版社、2005年；［日］佐藤守男：『情報戦争と参謀本部：日露戦争と辛亥革命』、東京：芙蓉書房、2011年；［日］関誠：『日清戦争前夜における日本のインテリジェンス：明治前期の軍事情報活動と外交政策』、東京：ミネルヴァ書房、2016年；［日］五十嵐憲一郎：『日清戦争開戦前後の帝国陸海軍の情勢判断と情報活動』、『戦史研究年報』2001年第4号。

⑤ 详见逢复主编：《侵华日军间谍特务活动记实》，北京出版社，1993年；刘振华编著：《远东大阴谋：日本侵华间谍战》，江西人民出版社，1998年；陈传刚著：《侵华谍枭：土肥原贤二》，世界知识出版社，1999年；赵军著：《日本"大陆浪人"与侵华战争》，江苏人民出版社，2022年。

⑥ 详见［日］大里浩秋：『漢口楽善堂の歴史（上）（木山英雄教授退職記念号）』、『神奈川大学人文学会』2005年第155期。

动①在学术界已得到一定程度的关注，但其与日本对华认知及相应决策之间的互动关系仍须进一步深入研究。这涉及如何更全面地理解汉口乐善堂在中日关系史中的地位和作用，以及其对日本对华政策形成的具体影响。

有鉴于此，本文主要借助汉口乐善堂核心成员的传记和相关资料，②辅以日本"亚洲历史资料中心"③资料和清朝军机处档案等，披露该机构在中国构建情报网络，以及获取军事内政情报的方式与过程，并基于此对该机构在不同历史阶段的情报策略及活动进行深入分析，以揭示汉口乐善堂的情报活动如何更新日本对华认知，进而影响日本对华决策。

一、亦商亦谍：汉口乐善堂的虚与实

明治维新伊始，日本海外扩张主义思想盛行，④"征韩论"甚嚣尘上。⑤1870年，日本久留米藩士佐田白茅向日本政府呈递《建白书》，主张

① 详见陈祖恩：『「申報」における楽善堂の広告宣伝活動（1880～1893年）』、『人文学研究所報』2004年第37期；阳美燕：《汉口乐善堂据点与〈汉报〉（1896—1900）——日本在华第一家舆论机关的诞生背景及编辑方针探析》，《湖南大学学报（社会科学版）》2008年第6期；王雪驹：《情报调查与报界激荡：新闻史研究视野下的汉口乐善堂》，《现代传播（中国传媒大学学报）》2023年第12期。

② 详见[日]塙薫蔵：『浦敬一』、東京：淳風書院、1924年；[日]霞山会：『近衛霞山公』、東京：霞山会、1924年；[日]山口村在郷軍人分会、山口村青年団：『山崎羔三郎君伝』、岐阜：山口村在郷軍人分会、1928年；[日]東亜同文書院滬友同窓会：『山洲根津先生伝』、東京：根津先生伝記編纂部、1930年；[日]石川漣平：『東亜の先覚石川伍一と其の遺稿』、東京：人文閣、1943年；[日]黒龍会：『東亜先覚志士記伝』、東京：原書房、1966年；[日]東亜同文会：『対支回顧録』（上下巻）、東京：原書房、1968年；[日]東亜同文会：『続対支回顧録』（上下巻）、東京：原書房、1973年；[日]井上雅二：『巨人荒尾精』、東松山：東光書院出版部、1993年、第22頁；[日]宗方小太郎著：《宗方小太郎日记（未刊稿）》，上海人民出版社，2017年。

③ 日本"亚洲历史资料中心"（アジア歴史資料センター）网站。JACAR后的字母"A"表示该资料为国立公文书馆所藏，"B"表示外务省外交史料馆所藏，"C"表示防卫省防卫研究所所藏。

④ 明治政府对外政策的基本方针是"屈服和侵略"，既有向欧美及俄国的屈服，又有对中国大陆、朝鲜、中国台湾、伪满的侵略，后者为前者的补偿。——引自[日]井上清著：《军国主义和帝国主义》第二册，商务印书馆，1985年，第14—34页。

⑤ 详见[日]東亜同文会：『対支回顧録』（上巻）、東京：原書房、1968年、第8—35頁。

对朝鲜采取军事行动，并视朝鲜为日本扩张至中国乃至亚洲其他地区的跳板。《建白书》云："全皇国为一大城，则若虾夷（即北海道）、吕宋、台湾、满清、朝鲜，皆皇国之屏藩也。虾夷业已从事开拓，满清可交，朝鲜可伐，吕宋、台湾可唾手而得矣。"① 由此可见，"征韩论"的侵略目标不仅限于朝鲜，更意在通过朝鲜进一步侵略中国和亚洲其他地区，所谓"征韩论"的实质就是"侵华"以及"称霸亚洲"。② 然而，当时日本对中国的了解相当有限。为全面掌握中国的实际状况以制定有效决策，日本开始积极构建在华情报网络。

在近代日本的在华情报组织中，包含官方情报机关与民间机构两大类。具体而言，官方情报机关涵盖了日本政府及军方所设立的情报组织，包括但不限于陆军和海军参谋本部、外务省、农商务省等中央政府机关，以及台湾总督府、关东厅等殖民地管理机关，这些机关各自承担着特定的情报搜集与分析任务。民间机构则指那些不受政府或公共部门直接控制或资助的组织和团体，如东洋学馆、日清贸易研究所、东亚同文书院等教育机构，以及兴亚会、玄洋社、黑龙会、东亚同文会等右翼政治团体，还有三井物产、三菱商事等财团企业。这些民间机构在情报搜集、分析和传播方面发挥了重要作用，与官方机构相互配合，形成了一个复杂而广泛的情报网络。

需要强调的是，1886年日本官方情报机关在华规模锐减。③ 在此背景之下，日本驻汉口谍报武官荒尾精创办的汉口乐善堂有效缓解了官方资源短缺的困境。尤其是在19世纪末日本对华扩张过程中，汉口乐善堂发挥了不可替代的作用。自此，以汉口乐善堂为代表的民间机构广泛吸纳在华日本浪人，并充分利用其人员数量多、身份的特殊化、地域分布广、留华时间长等利于情报活动的优势，开始承担起更多的情报任务，并逐步融入日

---

① 王芸生编著：《六十年来中国与日本》（第一卷），生活·读书·新知三联书店，2005年，第116—117页。

② 戚其章著：《甲午日谍秘史》，第1—2页。

③ ［日］陆军参谋本部编、村上勝彦解题：『朝鮮地誌略 第1卷（京畿道、忠清道、咸鏡道）』，第19頁。

本在华情报网络之中。

1886年，日本参谋本部指派荒尾精担任汉口"驻在将校"[①]，负责收集中国军事和政治情报。为完成使命，荒尾精先至上海拜访岸田吟香[②]。在岸田的帮助下，荒尾精于汉口华洋街租赁了一栋融合中西风格的双层建筑，[③]开设了上海乐善堂的汉口分店——汉口乐善堂。[④]值得注意的是，虽然陆军参谋本部每年都向荒尾精提供1000日元作为活动经费，但并不足以支撑其对华全面调查的开支。因此，汉口乐善堂通过销售从上海岸田处获取的书籍、药品及杂货，将其销售所得作为资金来源，从而保证了该机构的持续运营，并使其成为日本间谍的麇集之所。[⑤]自此，汉口乐善堂打着商铺的幌子，实则广泛招募日本浪人从事情报活动。这种"亦商亦谍"的双面策略既确保了调查活动的资金来源，也巧妙地将情报搜集隐匿于商业活动之下。[⑥]

荒尾精选择汉口作为情报工作的中心是基于其地理位置的战略价值：汉口位于长江和汉水的交汇点。汉口至上海的长江水路里程为292.5千米，

---

① "驻在"的日语意为长时间在一定的地方滞留，并且是受派遣肩负某种工作；"将校"是将官和校官的总称，泛指高级军官。"驻在将校"的名称从此固定下来，成为来华执行谍报任务的日军军官的通称。与此相对应，这些谍报员在中国长期驻扎的根据地上海、汉口、北京、天津、福州、广州、镇江等被称为"驻在地"。详见许金生著：《近代日本对华军事谍报体系研究（1868—1937）》，第52页。

② 岸田吟香（1833—1905），日本冈山县人，是日本首批企业家之一，担任上海乐善堂的负责人。他自幼学习汉文典籍，曾协助编纂《和英辞典》并获得眼药水秘方。在东京，岸田吟香成功经营乐善堂药店，并扩展至广告业务。1878年，他将业务拓展至上海，开设了分店，继续销售眼药水并经营印刷厂，印刷中国古典文献。在上海的30年里，他与众多中国知识分子建立了联系，成为当地名流。他还资助荒尾精在汉口设立分店，成为日本在华中地区的情报中心。岸田吟香被誉为日本对华情报活动的先驱，他终其一生为日本侵华行动提供帮助。详见［日］東亜同文会：『对支回顧録』（下卷）、第1—12頁。

③ 汉口乐善堂每月房租为60余块洋银，荒尾精承担32~33块，岸田吟香出资15~16块，汉口领事町田实一补助16块。

④ ［日］菊池寬：『明治文明綺談』、東京：六興商会出版部、1944年、第262—263頁。

⑤ ［日］大里浩秋：『漢口樂善堂の歴史（上）（木山英雄教授退職記念号）』、『神奈川大学人文学会』2005年第155期。

⑥ 其目的不仅在于为调查中国实际情况提供充足资金，更是避免谍报任务引起中国政府的猜疑。详见［日］大学史編纂委員会：『東亜同文書院大学史–創立八十周年記念誌』、東京：滬友会、1982年、第16頁。

至南京则为187.5千米。汉口与汉阳、武昌恰成三足鼎立之势，且与湖北、湖南、河南、江西等省份相邻，还可通过四通八达的水陆交通网络与陕西、甘肃、新疆、云南、贵州等地区相连，是"九省通衢"的交通要道。荒尾精认识到汉口及其周边地区在资源和人口上的丰富性，预见其在区域发展中的潜力，[1]故将乐善堂分店设在汉口，秘密开展在华情报活动。

荒尾精作为日本参谋本部的谍报武官，又胸怀"经略中国"的宏图，迫切渴望对中国进行全面而充分的调查，然而在实际操作中却面临人手不足的难题。为满足这一需求，荒尾精向上海、天津等地的日本浪人发出号召，邀请他们前往汉口，共同参与情报搜集活动。[2]这些日本浪人本就怀揣着"雄飞大陆"的野心，渴望成就一番"丰功伟业"。荒尾精的号召对他们而言无疑是难得的机遇，于是纷纷前往汉口。首批加入荒尾精麾下的有宗方小太郎、高桥谦、井深彦三郎、山内岩4人，他们的到来标志着汉口乐善堂情报工作的初步开展。紧接着，石川伍一、藤岛武彦、山崎羔三郎、浦敬一、田锅安之助、北御门松三郎、松田满雄、中西正树、井手三郎、前田彪、广冈安太、大屋半一郎、成田炼之助等人也陆续加入，[3]进一步扩大了汉口乐善堂的规模和影响力。与此同时，该机构还聘请了七八名日本人和五六名中国人来维持商铺的日常运营。[4]

为了能对中国各地的自然地理、社会风俗等进行军事性的实地考察，汉口乐善堂成员先后开展在华实地踏查活动。鉴于当时中国的闭关锁国背景以及对外国旅行者的猜疑，[5]荒尾精要求其成员掌握汉语，模仿中国人的外貌（如蓄发辫、着华服）和熟知中国风俗习性等。成员们伪装成中国商人，进行隐蔽的侦察活动，还与当地的关键人物建立联系，以此来搜集更深层次的情报。

---

① ［日］填薰葳：『浦敬一』、第184—185頁。
② ［日］黑龍会：『東亜先覚志士記伝』（上卷）、第344頁。
③ ［日］黑龍会：『東亜先覚志士記伝』（上卷）、第344頁。
④ 戚其章著：《甲午日谍秘史》，第56页。
⑤ ［日］菊池寛：『明治文明綺談』、第264頁。

　　荒尾精以汉口乐善堂为基点搭建情报网络，通过商业活动掩护情报活动，还制定了一整套详细的行动指南，即《乐善堂规则》，包含《一般心得》《内员概则》《外员探查心得》等探查准则。《一般心得》作为开篇，列出了7项基本原则，其中"乐善堂总则"位居首条："我党目的极大，任重道远，岂轻易所能致？其关系国家兴亡者实非鲜浅，亟宜深谋远虑，慎其行踪，重其举止，做到万无一失，以俟其机，然后采取迅雷不及掩耳之手段，务期达其目的。"①另外，他将堂中成员区分为内员和外员。外员负责执行秘密任务，同时关注并深入研究当地情况，对所获信息精究遗漏，以确保情报的全面性和准确性；内员负责内部管理和支持外员工作。全体成员由堂长荒尾精统一管辖。②这种分工模式彰显了汉口乐善堂内外协调和相互依赖的组织结构。

　　《内员概则》与《外员探查心得》进一步阐述了内员与外员的职责划分与行动指南。其中，《内员概则》将内员职责细分为理事、外员部和编纂部，理事监督部下诸员、综理日常商业和会计等一般事宜；外员部负责联络、审查外员，并摘录国内外情势及重大事件为外员提供情报支持；编纂部搜集和整理各地调查报告及东、西方报刊中有价值的信息等，以供参考。《外员探查心得》详细规定了外员的调查人物和项目。荒尾精将调查人物归纳为以下6类：君子、豪杰、豪族、长者、侠客、富豪，要求成员们详载此6类人物的住所、姓名、年龄、行迹等内容。调查项目包含如土地、被服、阵营、运输、粮饷、薪炭、兵制以及各制造所等多方面事物，山川土地形状、人口疏密、风俗善恶、贫富等也在外员的调查项目之列。③对待上述项目，均要从经济、军事角度深入调查分析，以确保情报的针对性和准确性。

　　荒尾精计划将乐善堂的情报网络从汉口扩展至整个中国，面对辽阔的地域带来的挑战，他采取了分区域治理的策略，以汉口作为中心，在湖南、四川、北京、天津等地设立分支，为外员提供稳定的活动基地，以实现更

---

①　戚其章著：《甲午日谍秘史》，第56页。
②　［日］井上雅二：『巨人荒尾精』，第22页。
③　［日］井上雅二：『巨人荒尾精』，第24—29页。

有效的情报搜集。具体而言，1887年，在长沙建立了名为"乐善堂"的湖南支部，最初是高桥谦担任负责人，后由山内岩接替。湖南省作为晚清重要的政治、军事领袖如曾国藩、左宗棠、胡林翼、李续宾、罗泽南、彭玉麟的出生地，[①]历史悠久，人文荟萃，并且该省被认为是外国人未能进驻的地区，西方传教士在此地也屡遭抵制。故了解此地内情的必要性得到了乐善堂成员们的认可。1888年，在重庆设立了名为"乐善堂"的四川支部，高桥谦转任重庆运营四川支部。四川地区位于中国西南，具有独特的地理和文化特征，是中国战略布局中的关键区域。除高桥谦以外，石川伍一、松田满雄、广冈安太等人也参与到四川支部的工作中。[②]同年，在北京崇文门外成立了名为"积善堂"的北京支部，[③]由宗方小太郎负责，致力搜集中国官员动态和中央政府情报。[④]北京作为清朝的都城和政治中枢，其对于探察清廷政策动向的战略意义重大，其区位优势也便于情报工作的区域扩展，辐射直隶（今河北）、山东、山西及东北等周边地带。为此，荒尾精特派北御门松三郎、井手三郎、荒贺直顺、河原角次郎等得力人员赴京，支援宗方的情报搜集工作。[⑤]

　　不久，荒尾精又增设了名为"积善堂"的天津支部和名为"乐善堂"的福州支部。[⑥]天津作为北洋大臣驻地，因李鸿章的军事及外交权势，成为政治和军事决策的中心。天津支部的任务包括：（1）调查朝野人物、马贼及白莲教等民间组织，以期将来利用；（2）研究豪族系统，评估并规划对潜在威胁人物的对策；（3）搜集兵器、弹药、粮食、银钱等军需物资信息；（4）关注中国内外政策及事务。[⑦]天津与北京支部均由宗方小太郎管理，[⑧]旨

---

① ［日］黑龍会：『東亜先覚志士記伝』（上卷）、第370頁。

② ［日］黑龍会：『東亜先覚志士記伝』（上卷）、第370—371頁。

③ 王振坤、张颖著：《日特祸华史——日本帝国主义侵华谋略谍报活动史实》，第40页。

④ ［日］黑龍会：『東亜先覚志士記伝』（上卷）、第370頁。

⑤ 戚其章著：《甲午日谍秘史》，第58页。

⑥ ［日］大学史編纂委員会：『東亜同文書院大学史–創立八十周年記念誌』、第17頁。

⑦ ［日］大里浩秋：『漢口楽善堂の歴史（上）（木山英雄教授退職記念号）』、『神奈川大学人文学会』2005年第155期。

⑧ 戚其章著：《甲午日谍秘史》，第58—59页。

在构建一个覆盖全国、层级清晰的情报网络。

在荒尾精的策略布局与精心组织下，以汉口乐善堂为本部，辅以多个地方支部及商业网点作为情报搜集的枢纽，成功搭建起一个遍及中国的庞大情报网。借助该网络，乐善堂得以对中国各个要地的政治、经济、军事等重要领域开展全面的情报收集与分析工作，从而在一定程度上补偿了中央情报机关因人员和资金紧缺所导致的在情报搜集上的局限。

二、以商掩谍：甲午战前的日谍常态

汉口乐善堂的情报活动可以依照情报策略划分为两个阶段：甲午战前的"以商掩谍"和甲午战时的"以谍代商"。甲午战前，乐善堂成员们以商业活动为掩护，广泛渗透中国多个省份搜集情报，南至湖南、湖北以及云南、贵州、四川等省份，北达陕西、甘肃乃至新疆、西藏等边远地区。他们的调查内容极为广泛，包括对社会风俗、地理特征、气候条件、产业状况、交通网络、关隘布局、军事营地以及战略要塞等方面的实地踏查。这些活动既包含个人层面的旅行调查，也有组织层面的"四百余州[①]探险"活动。这些行动为日本收集了大量战略情报，更新了日本政府的对华认知，从而使其决策不再局限于军事扩张，而是试图在商业贸易与军事扩张之间寻求平衡。

成员们在开展情报活动时，大都假借商人身份，携带商品在中国各地进行销售，从而趁机搜集情报。商品售罄后，成员们又转而伪装成药商、医师或风水师等，利用当地民众的迷信心理，继续深入调查。在这一过程中，语言能力对于成员们的伪装至关重要。尽管他们精通中文，但在遭遇

---

① "四百州"为南宋时的行政区划体系，后日本人常用"四百州"指代中国全境。《太平记》云，"昔异国有三人，吴之孙权，蜀之刘备，魏之曹操，三分中国四百州，其志皆一统中国"。1590年，丰臣秀吉在致朝鲜国王的文书中声称要"一超（朝）直入大明国，易吾朝之风俗于四百余州"。

官方盘查时，仍有可能因口音或其他语言细节而暴露身份。为了应对这种情况，成员们准备了周密的应对策略，如冒充来自福建或广东的人士，并借助福州支部提供的资料，详细描述闽粤地区的风土人情，以此消除怀疑并确保自身安全。

关于个人层面的旅行调查，并非所有成员都详尽记录了行动细节。其中，宗方小太郎作为日本近代知名间谍和汉口乐善堂北京支部负责人，将其在明治十九年（1886年）至二十年（1887年）期间参与汉口乐善堂对华调查①的经历详细记于私人日记中。这些日记为研究汉口乐善堂成员的个人行动模式和调查方法提供了珍贵视角，既反映了宗方的活动，也映射出当时日本间谍机构在华活动的部分面貌。

宗方自1887年4月至12月进行了一段历时8个月的远游，旅程范围跨越中国江苏、山东、河北、辽宁、天津、山西、河南、湖北等省市，共23个府18个州47个县，总行程超过8000千米。宗方在日记中提及每行进5千米或10千米便会记录下所见所闻："盖余自出上海以来，芒鞋跋涉万里，日日所得之纪事皆每十里或二十里于途上休息之时挥铅笔录之，目命笔应，期巨细无遗漏。"②旅程结束后，宗方将其按照省份划篇，整理成《北支那漫游记》，内容翔实，包含地理特征、住宿设施、宗教场所、人口数据、经济活动、社会习俗以及旅行的里程数等多个方面。

宗方在华调查时遵循乐善堂堂规，侧重军事与经济分析，他每到一地便首先规划作战方案。例如，在镇江府，他详察炮台布局，记录设计局限，如天庙炮台火炮的炮口均朝向正南，这意味着敌舰在未接近象山和焦山之前，火炮难以发挥作用，而北固山炮台存在死角，只有敌舰出现在焦山背后时才能发挥炮击效果，并对此总结道："清国各地之炮台类此者甚多，其迂实可一笑。"③在旅顺口，他探察军事布局，注意到了淮军马队的驻扎情

---

① ［日］大里浩秋：『漢口楽善堂の歴史（上）（木山英雄教授退職記念号）』，『神奈川大学人文学会』2005年第155期。

② ［日］宗方小太郎著：《宗方小太郎日记（未刊稿）》（上卷），第131页。

③ ［日］宗方小太郎著：《宗方小太郎日记（未刊稿）》（上卷），第18页。

况，并对炮台的安置及其战术价值进行了评估，同时指出其地理位置极为重要，虽无天然屏障，但地形有利，"此边一带之地，骑炮可大逞威力"①。

此外，宗方在观测自然地理时，也优先考量其对行军作战的影响，如中国河流的季节性变化对军事行动的潜在影响。他指出，干旱季节河流流量微小，而雨季时则因降雨而迅速暴涨，形成汹涌水流。宗方强调，中国北部地区的河流普遍存在这种季节性变化，这一特点对于日本军队的行军规划具有重要的战略意义，必须予以重视。②例如，他提到浑河堡一带道路多遭水浸，导致地面"泥泞滑泽，步行甚艰，有害于行军实不少也"③。这些详细的调查与分析为日本军事战略的制定提供了宝贵的情报资源。

而在胶州湾考察时，宗方则从经济学视角分析了当地的商业发展计划。他记录了盛宣怀关于制造内河轮船以增进芝罘、登州、莱州和胶州湾之间贸易的提案。宗方认为，这一措施若得以实施，将显著提升芝罘的贸易中心地位，促进周边地区的商品流通，进而发展商业经济，对国家财政和民众福祉产生正面效应。对于内河航运限制的放宽，宗方持谨慎态度，并预见"胶州必将占据南海岸商业第一之位置，亦非过言也"④。

为了有效地在华搜集情报，宗方经常根据实际情况变换身份，以适应不同的环境和任务需求。他自述："时或为乞丐，或为仆隶，或为穷书生，或为宾客，或为小官，或为商人，或为廊庙之器，或为雄视宇内之豪杰，或为仁人君子。"⑤在华旅行调查过程中，他多次面临身份暴露的风险，但都凭借着其过硬的心理素质和应变策略，屡次化险为夷。

宗方在《北支那漫游记》中多次记录其在旅途中遭遇身份被怀疑的时刻，首次便是在他出发的第二天。1887年4月11日，宗方在旅途中夜宿太仓一家客店时，店伙计询问其籍贯，同行的镰岛代答"福建"。孰料店伙计

① ［日］宗方小太郎著：《宗方小太郎日记（未刊稿）》（上卷），第119页。
② ［日］宗方小太郎著：《宗方小太郎日记（未刊稿）》（上卷），第82页。
③ ［日］宗方小太郎著：《宗方小太郎日记（未刊稿）》（上卷），第93页。
④ ［日］宗方小太郎著：《宗方小太郎日记（未刊稿）》（上卷），第36页。
⑤ ［日］宗方小太郎著：《宗方小太郎日记（未刊稿）》（上卷），第204页。

精通方言，质疑他们口音不符。宗方沉着应对，解释自己虽原籍福建，但因早年迁居上海，口音已变，店伙计听后才消除疑虑。[①]第二次宗方同样是因语言差异而被怀疑身份。6月20日，"城中遇一官吏叩事，彼问予之乡籍，予答以江南，彼怪曰：予亦江南常州籍，何子之言语不相似也"？宗方巧妙回应，"予本福建产，数年前移寓上海，以营生意，敢不谓祖籍江南"？官吏听后方释疑。[②]

第三次是在8月6日，宗方在夜间与旅客的交谈过程中，因姓氏问题引起对方怀疑。当时对方询问宗方的籍贯及来访目的，宗方回答自己来自江南，到九连城访问亲戚。当被询问亲戚信息时，宗方称亲戚姓徐，名永福，在当地经商。旅客对此表示怀疑，声称自己在九连城多年，未曾听说过"徐永福"这个名字。面对质疑，宗方冷静地询问旅客是否仍居住在九连城，得知旅客已迁居他处后，宗方才巧妙地解释说亲戚是新近才到九连城开设布店的，因此旅客不知情。旅客听后释疑，事件得以平息。[③]

但在宗方的间谍生涯中，并非每次都能成功掩饰身份。9月27日，宗方在直隶保定县一家客店自称是药商，却正巧与一名真正的药商同宿。当对方询问药物知识时，宗方因对药学了解有限，仅能记述几种药名，无法回答专业问题。在交谈中，宗方试图转移话题，但药商继续追问药物的疗效和成分。宗方以家族秘制为由回避具体问题，并以疲劳为由结束对话。次日，药商公开揭露宗方并非药商，宗方在被识破后仓皇逃离现场。[④]

宗方在中国的情报活动得益于中国的广阔和信息的闭塞。在某次谈话中，一店主对宗方的南方身份表现出好奇，猝然问道："南京还有皇帝否？"这一问题揭示了边远地区居民对中央政权变动的无知。宗方认为这种无知是边远地区原始、自给自足生活方式的体现，即"凿井而饮，耕田而食，帝力于我何有哉"，暗示着他们的生活与外界政治力量相隔离。这种信息闭

---

① ［日］宗方小太郎著：《宗方小太郎日记（未刊稿）》（上卷），第7页。
② ［日］宗方小太郎著：《宗方小太郎日记（未刊稿）》（上卷），第64页。
③ ［日］宗方小太郎著：《宗方小太郎日记（未刊稿）》（上卷），第97页。
④ ［日］宗方小太郎著：《宗方小太郎日记（未刊稿）》（上卷），第118页。

塞的环境为情报活动提供了可乘之机。

至于组织层面的"四百余州探险"活动，则是根据1888年汉口乐善堂外员会议的决策实施的。这次会议是在得知俄国计划铺设西伯利亚铁路，并可能将其延伸至伊犁地区的消息后召开的。成员们认识到，俄国此前在巴尔干半岛的南下企图受到英国等国的阻挠后，现意图通过铁路建设加强其在东亚的地缘政治扩张。乐善堂成员对俄国的战略动向深感忧虑，并认为有必要采取行动以应对俄国的南下策略。[①] 由此，荒尾精召开了汉口乐善堂外员会议，参会者有高桥谦、宗方小太郎、石川伍一、浦敬一、山崎羔三郎等20余名不同支部的核心成员。经过详尽的策略讨论后，参会者达成了以下共识：一是计划在10年之内，实施对中国的"改造"；二是为抵抗俄国东侵，特派浦敬一前往新疆伊犁进行考察；三是在重庆建立四川支部，探究西南地区情况；四是探查北京宫廷人物行动，视察中央政况，踏查关外伪满方面的形势。[②]

在确定了总体策略之后，开始分配任务。宗方小太郎被指派负责对中国东北地区的调查工作。而对中国西南诸省的调查任务，则由四川支部承担，石川伍一、松田满雄、广冈安太、山崎羔三郎4人被选定为执行该任务的主要人选。他们各自的职责划分为：石川与松田共同负责对四川省进行全面调查；山崎则专注于贵州省和云南省的调查工作；广冈则专责对西南地区苗族聚居区进行深入研究。[③] 至于风险较高的新疆地区调查，荒尾精决定派遣浦敬一前往，与当地驻守的将领刘锦棠建立联系，以共同防御俄国以东进为借口建立信任关系，拉拢刘锦棠亲日，[④] 并尝试成为刘的幕僚，以便更好地进行情报搜集和影响当地政策。

汉口乐善堂的"四百余州探险"活动在中国内地省份基本上顺利完成，尽管在执行过程中遭遇了诸多挑战和危险，但最终都得以克服，为日本政

---

① ［日］塙薰蔵：『浦敬一』、第197—200頁。
② ［日］東亜同文会：『対支回顧録』（下巻）、第503頁。
③ ［日］黒龍会：『東亜先覚志士記伝』（上巻）、第372頁。
④ ［日］黒龍会：『東亜先覚志士記伝』（上巻）、第383頁。

府提供了大量重要情报。不过，浦敬一的新疆行动并未能完成任务，最终以失败告终。

当时，荒尾精为浦敬一的新疆任务做了周密的安排，包括资源调配和行动细节。藤岛武彦和大屋半一郎携带价值2000银元的货物先行至兰州销售，以筹措赴新疆之经费。①北御门松三郎和河原角次郎作为支援人员，与浦敬一一道从北京出发，途经张家口、包头、银川至兰州，②确保行动的隐秘与高效。荒尾精还给浦敬一规定了8项任务：第一，调查俄国行军路线，如伊犁路、阿克苏路、塔尔巴哈台路、喀什噶尔路的情况。第二，调查新疆边防线的地形及气象等情况。第三，调查新疆回族、喇嘛族、屯田兵与流放人口等情况，以及日本将如何着手收买合并之。第四，调查清政府对俄之防御方法、军备配置，以及对待回、汉民的现行政策，开垦畜牧的奖赏法等。第五，调查清政府维持新疆之经费支出及来源，以及对当地人、屯田兵等课税情况。第六，调查新疆各地畜牧、耕作、商业、库藏等实况，测算物资多寡，同时了解清朝战时物资的运输与供应方法。第七，调查新疆各地通路，结交回、汉民，为今后在新疆设置汉口乐善堂支部做准备。第八，调查畜牧、开垦、商业等事宜，以估算汉口乐善堂派遣本部人员至新疆的预算。③

浦敬一的原定行程旨在围绕新疆、外蒙古西部，并经阿里地区进入西藏，调查完毕后再向东穿越四川返回汉口。然而，藤岛武彦和大屋半一郎在汉水途中遭劫，失去所有货物，导致滞留襄阳，未能如期抵达兰州。④浦敬一在兰州空等30天，经费和同伴均未到位，只得放弃任务，返回汉口，其助手则返回北京。此次失败招致宗方小太郎的不满，浦敬一请求再次前往新疆，宗方坚决反对，并建议派遣石川伍一代替，但浦敬一亦反对，双

---

① ［日］東亜同文会：『对支回顾録』（下卷）、第506頁。
② ［日］黑龍会：『東亜先覚志士記伝』（上卷）、第387頁。
③ ［日］吉田三郎：『興亜論（日本思想戦大系）』、東京：旺文社、1944年、第384—385頁。
④ ［日］墟薫蔵：『浦敬一』、第209—210頁。

方争执不下。最终，荒尾精决定仍由浦敬一执行任务。[①]1889年8月25日，浦敬一化名宋思斋，藤岛武彦化名宗克己，再次从汉口出发前往新疆，同年9月到达兰州，因资金不足以支撑两人继续前行，藤岛返回汉口，浦敬一独自继续执行任务，之后便音讯全无。[②]

通过甲午战前的调查活动，汉口乐善堂搜集了涉及中国的地貌气象、风俗人情、产业经营、农牧物产、交通线路、军事要塞、兵营设置等各类情报，成果显著。荒尾精据此得以洞察中国内外形势，并在对比两国军事实力后总结道：日本难以迅速击败中国，反而可能陷入战争泥潭。[③]与此同时，他还指出了日本在"经略中国"时将面临情报人员匮乏和资金不足的双重挑战，故主张采用军事行动与经济扩张并行之策，以经济手段辅助军事侵略。其具体策略为：首先，在上海成立日清贸易商会，并逐步扩展至汉口、广东和天津等地。其次，商会下设日清所，专门培养精通商业与情报的双栖间谍，令其伪装成汉人潜入各地开设茶馆、旅店，或从事工业、畜牧业等活动以进行情报工作。最后，上海总部则负责整合情报，从而构建一张覆盖中国的高效情报网络。[④]荒尾精预计，10年内便可对华了如指掌，从而在与列强竞争中占据优势，最终实现在经济上控制中国。[⑤]

荒尾精将其大计[⑥]整合为两万余字的《复命书》[⑦]，并在回国述职时呈报

① ［日］塙薫蔵:『浦敬一』、第210—214页。
② ［日］塙薫蔵:『浦敬一』、第214—222页。
③ 荒尾精认为日本以数万兵力一举倾覆清朝不现实。清虽衰弱，但海防、军舰、炮台不输日本，且兵力庞大。日本海军虽优，但陆军攻克山海关极难。一旦战争陷入僵持，日本补给和军费负担沉重，国库难支。倘若清四亿人民团结，则对日本打击巨大。总之，日本难速胜，即使胜也难守成果。详见［日］東亜同文会:『続对支回顧録』(下卷)、第493页。
④ ［日］東亜同文会:『对支回顧録』(下卷)、第494页。
⑤ ［日］東亜同文会:『对支回顧録』(下卷)、第495页。
⑥ 荒尾精的"兴亚制欧"之计就是在上海设立日清贸易商会。然后以上海为中心，渐次扩展到汉口、镇江、天津、广东各地，并在其管辖区内要地设立支部，派驻有为干部，"装作中国商人，因地制宜，或开茶馆，或开旅店，或办工厂，或经营牧畜，或从事农垦，以便开展调查事宜"。详见戚其章著:《甲午日谍秘史》，第81页。
⑦ ［日］荒尾精:『復命書』、载于『对支回顧録』(下卷)、第471—496页。

给日本当局。他主张"兵商并重、以商辅兵"的战略方针，[1]强调当务之急是培养通晓商业与情报的双栖间谍，意图为侵华行动奠定基础。这一策略受到当时日本内阁总理大臣黑田清隆、大藏大臣松方正义以及农商务大臣岩村通俊等高官们的高度重视与大力支持，后经参谋次长川上操六的多方斡旋，荒尾精从日本内阁机密费中获得了4万日元资助，[2]于1890年在上海开办了日清贸易研究所。[3]该机构声称促进中日贸易合作，实际负责培育精通商业与情报的双栖间谍。据载：甲午战争之际，"该所的毕业生，几乎全部抱着献身祖国的志向，有的担任军事翻译，远赴前线，有的带着秘密使命，潜入敌境，血染草野，他们的功绩固然已为举世所共知，致使该所有好像专为中日战争而设之概"[4]。可见，日清贸易研究所的创立不仅是荒尾精实践"兵商并重、以商辅兵"策略的初步尝试，也是日本将教育机构纳入情报网络的滥觞。依托于汉口乐善堂的战前情报活动，日本对华决策不再仅限于军事扩张，而是力求在商业与军事之间寻求一种新的平衡。

三、以谍代商：甲午战时的日谍异动

甲午战争时期，汉口乐善堂的成员们扮演着多样化的角色，包括军事间谍、从军翻译、后勤补给人员等。据统计，汉口乐善堂成员共计19名[5]

---

① 戚其章著：《甲午日谍秘史》，第80页。

② ［日］大学史编纂委员会：『東亜同文書院大学史－創立八十周年記念誌』，第24页。

③ 日清贸易研究所成立于1890年，由荒尾精提议，获日本政府高层支持。该机构表面促进贸易，实为进行间谍培训，为日本搜集中国情报，有200余名师生，3年制，含到中国实习。甲午战争时期，学生从事翻译和军事间谍活动。该所与日本官方关系密切，助力日本对华扩张。1893年，该所因经费问题关闭，但毕业生仍活跃。

④ ［日］东亚同文会编：《对华回忆录》，商务印书馆，1962年，第485页。

⑤ 参与甲午战争的汉口乐善堂成员有荒尾精、根津一、宗方小太郎、石川伍一、山崎羔三郎、藤岛武彦、成田炼之助、松田满雄、前田彪、山内岩、大屋半一郎、井手三郎、长谷川雄太郎、中西正树、井深彦三郎、片山敏彦、伊藤俊三、黑崎恒次郎等。详见戚其章著：《甲午日谍秘史》，第89—93页。

参与甲午战争。① 其中，根津一、石川伍一、宗方小太郎、藤岛武彦、成田炼之助、山崎羔三郎、松田满雄、前田彪等成员均执行了搜集军事情报的特别任务。他们协助日本军方获取中国的军事机密，使得日方能够在战争中抢占先机，从而制订切实可行的作战方案，对日本的战略决策和战争走向产生了显著的影响。

根津一作为汉口乐善堂后期的总负责人，在甲午战争中发挥着至关重要的作用。1894年夏，他被任命为参谋本部的一员，直接参与对华作战谋划。随后，他秘密潜入上海，派遣藤岛武彦、② 楠内友次郎、福原林平等间谍收集情报，③ 并通过电报将情报传递给大本营，为日军行动提供了关键支持。④ 同年10月15日，根津一以第二军参谋的身份参与了金州半岛的军事行动，战后负责当地行政管理。随后他又参与了对旅顺的攻击，还制订了山东半岛的作战计划，提交给大山司令官、桦山军令部部长、川上参谋次长，该计划后被用于对威海卫的攻击。⑤ 战后，根津一因其在战争中的贡献被授予功五级金鸱勋章。⑥ 除此之外，汉口乐善堂成员松田满雄、前田彪等亦响应根津一的紧急电报，于长崎集结并领受根津一指派的营口特别任务。他们伪装成中国商人，侦察中方军事动态，并通过隐秘方式——"以大豆价格隐喻兵力数量"，将情报传递至上海谍报中心。上海谍报中心凭借此暗号解读情报，准确汇报了中方军事动员情况，为日本军方制定对华战略提供了重要情报支持。

然而，确切地讲，在汉口乐善堂的间谍成员之中，最恶名昭著的是所谓"甲午日谍第一案"中的石川伍一。石川伍一在甲午战争的序幕——丰

---

① 戚其章著：《甲午日谍秘史》，第89页。

② 「大本営附通訳官陸軍省雇員藤島武彦他清国に於て敵情偵察中死亡の件」，亚洲历史资料中心：C10060745200。

③ 「大本営より 楠外3名清国に於て斬殺せられたる件」，亚洲历史资料中心：C06022331400。

④ 「第6款 宣戦前後に於ける我陸海軍中央統帥部の開戦準備業務／第32項 情況視察員並秘密諜報者の差遣」，亚洲历史资料中心：C13110361200。

⑤ ［日］黑龍会：『東亜先覚志士記伝』（下卷）、第329頁。

⑥ 「1.大正十二年五月 根津一叙勲申請」，亚洲历史资料中心：B05015012400。

岛海战中扮演了极其关键的角色。据历史档案^①和相关著作^②所载，石川伍一涉嫌贿赂中国官员以获取"高升号"运兵船的起航情报，导致该船在丰岛海域被日军伏击并沉没，871名清军士兵丧生。此事件不仅影响了牙山战役的兵力配置，加剧了中日军事力量在朝鲜半岛的失衡，而且严重打击了清军的士气。石川伍一的行动在当时的官方文件中有所证实，他因此成为中国历史上首位被枪决的日本间谍，该事件在当时社会引起了广泛关注。

石川在结束"四百余州探险"后，于1891年被派往天津，协助日本驻天津武官关文炳海军大尉搜集华北地区情报，他们曾潜入直隶（今河北省）及奉天（今沈阳市）等地进行侦察。^③次年，关文炳遭遇海难身亡后，日本海军参谋部指派井上敏夫海军少佐接替其职，石川继续协助。1893年5月，石川与井上、泷川上尉（化名堤虎吉）乘船从烟台出发，考察了长山岛、庙岛、小平岛及旅顺炮台，归途经过貔子窝、大沽山、朝鲜大同江、平壤及仁川口等处，又通过威海卫返抵烟台。^④在此次行程中，他们对所经海域和港口进行了周密的测量，并编制了相关报告，为可能的中日冲突做好了准备。同年8月，石川再次跟随井上敏夫，以及驻华公使馆武官神尾光臣陆军少佐乘战舰"筑紫号"勘察旅顺、大连湾、大和尚岛、威海卫等各处要塞，并掌握大量机密情报。^⑤之后，石川留在天津紫竹林松昌洋行，并以该行职员身份为掩护继续从事情报活动。^⑥1894年春，石川伍一通过贿赂等手段拉拢中国官员获取机密情报。他利用金钱和美色诱使天津护卫营弁目汪开甲成为内应，并通过汪开甲联系到天津军械局的书吏刘树芬。^⑦值得注意的是，刘树芬的直接上级是军械局总办张士珩，张为清朝重臣李鸿章的

---

① 中国史学会主编：《中日战争》第三册，新知识出版社，1956年，第108页。
② ［日］黑龍会：『東亜先覚志士記伝』（下卷）、第50頁。
③ ［日］東亜同文会：『対支回顧録』（下卷）、第561頁。
④ 戚其章著：《甲午日谍秘史》，第183页。
⑤ ［日］東亜同文会：『対支回顧録』（下卷）、第561頁。
⑥ 戚其章主编：《中日战争》第5册，中华书局，1993年，第92页。
⑦ 「9月22日参謀総長彰仁親王発 陸軍歩兵中佐神尾光臣 海軍大臣井上良智宛 日清開戦前より我国の為に尽力せし清国人及其家族の件」，亚洲历史资料中心：C06061351700。

外甥。在利益诱惑下，刘树芬向石川伍一提供了包括"各军械营枪炮、刀矛、火药、弹子数目清册"以及"军械所东局、海光寺各局制造子药（子弹、火药）每日产量和现存量"等军事机密。这些情报随后被神尾光臣传回日本，[①]帮助日本精确规划对华军事行动。1894年8月4日，石川匿于刘树芬家中，被城守营派人捉拿。[②]

石川伍一与刘树芬被捕后，交由刑部严刑审讯。经审讯后，石川供认其奉神尾光臣之令来侦察军情，现匿于军械所刘树芬家中，职责在于侦察军情，以及拉拢中国官员获取机密情报。根据《日本奸细石川伍一供单》抄件可知，他与刘树芬的结识系由西沽炮药局委员李辅臣令汪小波（即汪开甲）引荐的，已有二三年的联系。至于所获情报，石川供认道："刘树芬已将各军营枪炮、刀矛、火药、弹子数目清册，又将军械所东局海光寺各局制造子药每天多少、现存多少底册，均于正月底照抄一份，交神大人（神尾光臣）带回我国。"此外，石川还交代"打电报叫日本打高升船官兵的信，是中堂衙里送出来的，电是领事府打的"[③]。

刘树芬亦对此供认不讳，称其曾三次泄露情报给石川伍一：第一次在1894年2月提供了海军炮械清单："本年正月里，合这日本人石川伍一认识，给他开过海军炮械清单，从此交好"；第二次在同年6月报告了北洋海军驻防情况："后来他托小的查开营伍情形，小的照册写出，封在信内交王大顺便带回。石川伍一先后给过小的谢礼洋银八十元"；第三次是在丰岛海战前提供了中国军队调动的传闻："自朝鲜衅起以后，石川伍一托小的打听派兵情形，就传闻之词写信叫王大来家带去。"[④]结合两人的供词，事件的真相逐渐浮出水面，然而，关于泄露"高升号"起航日期一事，两人仍是缄口不提。

进一步的证据来自户部给事中洪良品在同年9月20日的奏折，其中报告了天津地方当局捕获了一名伪装成广东人的日本间谍（即石川伍一），该

---

① 戚其章主编：《中日战争》第1册，中华书局，1989年，第234—235页。
② 戚其章著：《甲午日谍秘史》，第185页。
③ 戚其章主编：《中日战争》第1册，第234—235页。
④ 戚其章主编：《中日战争》第5册，第93—94页。

间谍剃发并着中国服饰，藏匿于器械局书吏刘桂甫（即刘树芬）家中。在刘树芬家中搜获的私信详细记录了"高升号"轮船所载士兵人数、带兵官员姓名、携带物品以及若干斤青菜等信息，[①]这些细节无疑证实了石川伍一与刘树芬之间的秘密勾结，以及刘树芬泄露"高升号"运兵船起航时间的间谍行为。

此外，汉口乐善堂还培育了多名著名间谍，北京支部的宗方小太郎亦为名噪一时的日谍之一，还被誉为"日本的国士""中国问题专家"等。[②]甲午战争期间，他伪装身份潜入北洋水师驻地——威海卫刺探军情，并以16封密信向日本海军传递信息，协助策划军事决策，从而使日本掌握了海上主动权。

1894年6月25日，驻扎在中国湖北汉阳地区的宗方接到了日本海军军令部第二局局长岛崎好忠发来的紧急电报，要求其即刻前往山东芝罘（现烟台），与日本驻华武官井上敏夫少佐会晤。宗方旋即离开汉口，先到上海收拾行囊，随后转道去芝罘。7月5日，宗方抵达日本驻芝罘领事馆报到，并与领事伊集院彦吉、书记生横田三郎及井上敏夫等人会谈。[③]随后，宗方奉命潜入山东芝罘及威海卫要塞地区，刺探军港设施和北洋舰队活动情况。[④]

7月8日，宗方抵达威海卫，详细侦察了该港的总体布局、北洋海军舰艇数量及动向、水雷与弹药储备，以及炮台数量与方位等情况。同时，他还收买中国人如穆十、迟某、高儿等为探子，搜集北洋舰队相关情报，并将这些信息整理成密信，上报给日本海军中将黑井悌次郎，为日军掌握北洋舰队部署和动态提供情报支持。在上述密信当中，宗方于8月6日发出的第十一号密信[⑤]对日本联合舰队夺取海上主动权起到了关键作用。首先，宗方在该密信的开头部分，根据所获北洋舰队行踪的情报，推断其"已舍

---

① 中国史学会主编：《中日战争》第三册，第108页。

② 吴绳海、冯正宝：《中日近代关系史中值得注意的人物——宗方小太郎》，《史学月刊》1985年第2期。

③ 戚其章：《甲午日谍秘史》，第153页。

④ 戚其章主编：《中日战争》第6册，中华书局，1993年，第120页。

⑤ 戚其章主编：《中日战争》第6册，第114—115页。

去进取之策，改为退守之计"，并预计北洋舰队的行动范围不超过北纬36度线。①

其次，宗方经由侦察和线人情报，洞察了北洋舰队的行动趋势。当时，宗方通过探询"镇边"舰人员得知，"目前停泊于威海的舰只仅有镇远、定远、来远、经远、致远、镇西、镇中、镇北、镇东9艘舰艇，其余如平远、靖远、超勇、扬威、康济、威远等舰则已驶向外海，准备进攻"。再根据8月4日威海卫侦察员的报告，称"威海舰队预定以三日正午为期（三日晨自威海港至烟台）开往朝鲜云"，进一步证实舰队计划前往朝鲜。不过，宗方推测，若"平远"等主力舰前往朝鲜，则旅顺、大连湾等关键战略位置将无舰驻守，这意味中国"使自身之要地空虚而向朝鲜进攻"，显然与战略逻辑相悖。因此，他推断尽管有传言称威海舰队将有一半舰只前往朝鲜，但实际上这些舰只更可能被调派至旅顺地区，以增强区域防御，而非前往朝鲜。②

再次，宗方建议日本海军在渤海海口对北洋舰队进行挑衅，以诱出对方进行决战。具体策略包括：派遣日本舰队突入渤海海口，试探北洋舰队的战斗意愿。若对方应战，则出威海在旅顺进行决战。若不应战，则对日军进攻威海和旅顺将极为不利，此时应利用北洋舰队的怯懦心理，诱其出海进行决战。若对方仍不出战，日本舰队则可暂时在朝鲜近海待命，以寻求更有利的进攻时机。

日本当局高度重视这一建议，并决定采取以舰队游弋于渤海要港之外，扰袭北洋舰队，以夺取海上主动权的行动计划。③自此，威海卫、成山、旅顺等要地海上不时可见到日本军舰的踪迹。例如，东海关道刘含芳电："八月初九日夜，有倭船四只从成山洋面灭灯潜行，初十日早，威海炮台开炮轰击，仍往西北行驶等情查。该敌竟敢深入分扰各口，希图牵制我师，实堪发指。"威海戴宗骞电："倭兵舰两艘八点钟过威北口北山嘴，测量相距

---

① 「宗方小太郎特旨叙位ノ件」，亚洲历史资料中心：A11113118300。

② 戚其章主编：《中日战争》第6册，第114—115页。

③ 戚其章：《甲午中日海上角逐与制海权问题》，《江海学刊》2002年第4期。

二十里外，未令开炮，至山后即开慢车，游弋一点钟北驶。"成山头电局报："倭船八只，昨七点钟由东向北，接威海戴宗骞电云，在威游弋多时，十一点钟在成山洋面游弋，向东南驶，复向西南，到夜七点半钟直向南去，恐往南洋，诡计莫测云。已电南洋预防（九月初九日巳刻）。"这一系列举措打破了中日两国在黄海地区的战略平衡，清政府难测日军的意图与动向，陷入了极度被动的境地。这表明，日本依据宗方的建议制定了灵活多变的游击袭扰战术，从而实质性地掌握了海上的主动权。

最后，宗方提出应采用"突击"战术，①强调日本对中国的评估过于侧重物质力量的比较，却忽视了精神层面的优越性早已使日本占据了制胜之道。于是，平壤战役结束后，日本联合舰队迅速采取行动，寻求与北洋舰队的决战机会，以期实现其战略目标，彻底摧毁中国海军的战斗力量，并确立在黄海及渤海地区的海上控制权。1894年9月13日，日本海军联合舰队向鸭绿江江口进发，意图搜寻并挑战北洋舰队的主力舰队。9月17日，双方在黄海北部海域展开了一场规模空前的海战。这场战役以北洋舰队的失败而告终，日本遂夺取了黄海制海权，通过海路输送陆军及战备，随后顺利登陆辽东和山东半岛，从而导致渤海与京津门户失陷，战火蔓延至中国本土。黄海海战不仅标志着海权的转变，而且是决定甲午战争走向的重大转折点。

宗方的侦察行动为日本联合舰队提供了关于北洋舰队的精准动向，从而在战略层面上占据了优势。与此同时，他提出在渤海海口巡逻以干扰北洋舰队的建议得到了采纳，并取得了显著成效。概而言之，宗方的威海卫侦察为日本海军制订对华作战方案提供了重要的参考依据，从而确保了日本在黄海海战中始终掌握主动权，显著影响了日本在甲午战争期间的军事决策和行动。②

与此同时，他还细致入微地调查与剖析了中国的经济、政治和社会状

---

① ［日］宗方小太郎著：《宗方小太郎日记（未刊稿）》（上卷），第328页。
② 「宗方小太郎特旨叙位ノ件」，亚洲历史资料中心：A11113118300。

况，撰写了《中国大势之倾向》①与《对华迩言》②两份分析报告，积极为日本侵华建言献策。特别是在《对华迩言》中，他提出了9项针对中国的具体压制措施，这些措施后来也成为《马关条约》谈判的蓝本之一，对该条约的形成产生了深远的影响。通过这些活动，宗方对日本在甲午战争中的胜利以及战后对华政策的制定产生了重要影响。

1895年1月21日，宗方针对甲午战争后日本对中国的策略和条件进行了深入思考，并撰写了《对华迩言》，提出了针对中国的策略性措施，尤其是第三条"使中国政府永远割让盛京省之沿海部分。山东、江苏之一部及台湾全岛与我国"，与《马关条约》中"割让台湾"条款的制定有着密切联系。关于这一点，宗方也曾在其私人日记中记录了当时媒体对他的评价："《台湾新报》及《日报》两报频频记述予之经历，曰：日清战役之大功者，咫尺近天颜之人也。曰：东肥之志士，清国通之首领，以日清战役之有功者为世所知之宗方氏乘'横滨丸'抵达。曰：台湾先驱者，起草'割让台湾条约'文，作第一通告文者，宗方氏也，云云。"③

1894年10月4日，宗方因在情报方面的"贡献"，受到日本天皇的破格接见。他身着中国服装在大本营御馆前庭拜见天皇。宗方在个人日记中对此表达了深切的感激："区区微功，竟上达睿闻，以一介草莽之躯，值此军事倥偬之际，得荷拜谒万乘之尊，此光荣实令予至感至泣。微臣满腔之感激，有笔舌不能尽者。"④此次接见凸显了宗方在情报搜集中的"卓越成就"。1923年2月，海军大臣加藤友三郎在宗方病重时，请求天皇为其叙位，以表彰其在战争中的关键情报贡献，特别是甲午战争中在烟台潜伏期间为海军作战提供的便利。⑤

---

① 戚其章主编：《中日战争》第6册，第126—131页。
② 戚其章主编：《中日战争》第6册，第139—145页。
③ ［日］宗方小太郎著：《宗方小太郎日记（未刊稿）》（上卷），第401页。
④ ［日］宗方小太郎著：《宗方小太郎日记（未刊稿）》（上卷），第335页。
⑤ 「宗方小太郎特旨叙位ノ件」，亚洲历史资料中心：A11113118300。

四、结语

19世纪末，由于国际情势变动和财政压力，日本中央情报机关在华规模锐减。日本政府认知中国和对华决策在很大程度上依赖于民间机构的情报活动。自1886年荒尾精成立汉口乐善堂起，便开始在中国多地开设分店，并逐步搭建起一张覆盖中国多个省份，并对中央和地方进行立体化刺探的情报网络。在该网络内，汉口乐善堂搜集了大量中国政治、经济和军事情报，成为日方制定对华决策和作战计划的信息基础。

汉口乐善堂的情报活动按策略可划分为"以商掩谍"和"以谍代商"两个阶段。"以商掩谍"指1886—1893年的和平时期，成员们以商业活动为掩饰，广泛渗透中国多个省份，搜集关于政治、经济、军事、社会风俗、地理和气候等方面的情报，更新了日本政府的对华认知，使其决策不再局限于军事扩张，而是在商贸与军事扩张之间寻求平衡，即采取"以商辅兵"的方针。"以谍代商"指1894—1895年的战争时期，他们成为军事间谍，协助日本军方获取中国军事机密，使日方能够在战争中抢占先机，从而制订行之有效的作战计划。其中，石川伍一、宗方小太郎、根津一等成员的情报活动对日本的战争策略及战争走向有重大影响。可见，随着汉口乐善堂情报工作的深入，逐步形成了"以商掩谍—以谍代商"的情报策略，并在日本发动对华侵略扩张中发挥了关键作用。

除此之外，汉口乐善堂作为日本在华首个大型民间间谍机构，培养了一批"中国通"式间谍人员。这些成员在汉口乐善堂解体后，多数加入了东亚同文会，成为该会骨干力量，并继续沿用汉口乐善堂的组织架构及运作模式。例如，根津一、宗方小太郎、井手三郎、中西正树等人依托该会，表面从事教育、出版工作，实则进行情报搜集和舆论引导的间谍活动。东亚同文书院作为该会的主营机构，沿袭了汉口乐善堂的宗旨与实地调查传统，可谓汉口乐善堂之延续。

综上，以汉口乐善堂为首的民间机构不仅向日本政府提供了情报支持，还促进了日本在华商业和政治领域的扩张，加大了其在列强竞争中的优势。在当时中国国力孱弱的背景下，日本民间机构与中央情报机关之间的紧密协作，形成了一个周全、细致的情报系统，为日本制定对华决策提供了重要支撑。

作者简介： 连馨，上海大学文学院博士研究生。

The Intelligence Activities of Hankou Leshantang and Japan's Decision-Making Towards China（1886－1895）

Lian Xin

Abstract：During the late 19th century, as Japan aggressed against China, the Hankou Leshantang, a civilian spy agency, played a pivotal role in intelligence activities. Classified under "intelligence strategy", its operations can be broadly divided into two phases: "masking espionage with commerce" before the First Sino-Japanese War and "substituting espionage for commerce" during the war.Pre-war, members used commercial activities as a cover to infiltrate various regions in China, gathering intelligence that updated the Japanese government's understanding of China, shifting its decision-making from solely military expansion to finding a balance between trade and military expansion.During the war, they transitioned into military spies, assisting the Japanese military in obtaining Chinese military secrets, thereby enabling the Japanese side to seize the initiative in the war and formulate effective battle plans.Moreover, Hankou Leshantang not only cultivated a group of "China-hand" spies, but its organizational structure and operational model also had a profound impact on subsequent Japanese civilian spy agencies.

Keywords：Hankou Leshantang; intelligence operations; Japan's China policy; First Sino-Japanese War

"保护"与"柔远":甲午战争期间中朝两国处理彼此侨民问题探析

章 程

【摘要】甲午战争期间,朝鲜在日本的裹挟下有敌视中国之倾向,影响了中朝传统关系,彼此在对方国家的侨民也受到冲击。尽管如此,旅朝华侨和旅华朝侨都能得到妥善管理。旅朝华侨团结互助并得到英国驻朝领事馆的尽力保护,朝鲜政府顶住日本压力而暗中保护华侨也是不可忽视的因素。上海地方政府则发挥传统关系中的"字小"之义,建"柔远居"以统一管理朝侨,兼顾了"防谍"和"柔远"。中朝两国在处理彼此侨民的问题上实现了"保护"和"柔远"的默契,从而确保两国侨民渡过难关,使战争带给他们的冲击最小化。这个事实足以证明中朝两国并未因日本的挑拨而互相视为敌国,在甲午战争中仍延续着协作互助的友好关系。

【关键词】甲午战争 中朝关系 华侨 朝侨

甲午战争爆发前夕的1894年7月23日,日本以武力控制了朝鲜政府,强迫朝鲜废除对华"三章程"(《中朝商民水陆贸易章程》《奉天贸易章程》《吉林贸易章程》),继而缔结《朝日盟约》和《暂定合同条款》,试图迫使朝鲜成为日本的盟国、中国的敌国。但事实上,甲午战争是日本侵略中国和朝鲜的战争,何况中朝两国本有上千年历史的悠久传统关系,在共同面临日本侵略的情况下,显然不会彼此反目而将对方视为敌国,反而多有协作互助。徐万民指出:"上自汉城中央政府,下至……平民百姓,热心维护中朝关系者大有人在。同时，清政府也为维护中朝关系采取了一系列措施。"① 不过，这种观点并非不言自明，还需要通过具体案例的研究来加以证实。笔者认为，甲午战争期间中朝对待彼此侨民的态度及处理方式，为证实这个观点提供了值得注意的新角度。

然而，目前学界对这一角度缺乏关注，甚至某些研究因史料利用不全而存在误解，有纠正之必要。对于甲午战争期间的旅朝华侨，韩国有权锡奉、朴俊炯、金奉俊之研究，中国学者徐万民的前引著作中也有提及，这些研究虽然勾勒了当时旅朝华侨的大致状况或相关交涉过程之轮廓，但其共同不足就是没有利用英国外交档案，以致不够深入，并且默认限制华侨活动的《保护清商规则》为朝鲜政府制定之观点。② 美国学者拉森（Kirk W. Larsen）则利用英国外交档案揭示了英国驻朝外交官在战争期间对华侨利益的尽力保护，从而使中国在朝鲜的特权得以继续维持，但又几乎没有利用中朝史料，导致其忽视了朝鲜政府在其中扮演的角色。③ 另外，还有针对甲午战争期间朝鲜华人商号"同顺泰"的活动，以及为英国驻朝领事馆服务的华人许寅辉及其著作《客韩笔记》的个案研究。④ 对于在华朝侨，孙科志、刘牧琳之研究对此有所涉及，但仅限于通过《申报》来描述甲午战争期间上海当局对朝鲜侨民的管理，且对部分报道的理解似可商榷。⑤

---

① 王小甫等著：《中韩关系史》（近代卷），社会科学文献出版社，2014年，第99—100页。

② ［韩］权锡奉：《清日战争以后的韩清关系研究（1894—1898）》，韩国精神文化研究院历史研究室编：《清日战争前后的韩国与列强》，韩国精神文化研究院，1984年，第185—231页；［韩］朴俊炯：《清日战争爆发后东亚各地清国人管制规则的制定与施行：以日本、朝鲜、台湾的例子为中心》，《韩国文化》47，2009年9月；［韩］金奉俊：《清日战争后的清国商民问题和朝清英关系》，《世界历史与文化研究》69，2023年12月；王小甫等著：《中韩关系史》（近代卷），第111—112页。

③ Kirk W. Larsen, Tradition, treaties, and trade: Qing imperialism and Chosŏn Korea, 1850–1910, Cambridge, MA: Harvard University Asia Center, 2008: pp.239–244.

④ ［韩］姜抮亚著：《东亚华侨资本和近代朝鲜：广帮巨商同顺泰号研究》，广东人民出版社，2018年，第200—239页；［韩］俞春根：《通过客韩笔记所见的清日战争与许寅辉》，《中央史论》26，2007年12月；权赫秀：《甲午战争前后中国人在朝鲜的体验及其记录：以聂士成、许寅辉、唐绍仪为中心》，《韩国学研究》2013年第29辑。

⑤ 孙科志、刘牧琳：《晚清时期上海的朝鲜人研究》，《史林》2016年第5期。

更重要的是，目前尚未有将甲午战争期间中朝两国处理彼此侨民问题结合起来以考察战时中朝关系的研究。有鉴于此，笔者拟结合中、朝、英、日各方史料，尝试从中朝双向互动中探析战时两国侨民问题，进而推进学界对近代中朝关系和甲午战争期间国际关系的认识。

一、受到英朝"保护"的旅朝华侨

按照国际惯例，在战争期间，交战国的外交官下旗回国，但侨民难以一时尽撤的话，可委托战时中立之第三国保护，如甲午战争期间留在中日的彼此侨民都由美国驻中日的外交机构保护。[①]甲午战争为中国和日本之间的战争，但朝鲜处于日本的控制下，被迫成为中国的敌国。中国驻朝公署及电报局等机构在1894年7月23日日军占领景福宫的同时也遭日军袭击，负责人唐绍仪、李毓森和下属人员逃往英国领事馆避难。[②]7月底，唐绍仪等中国驻朝官员下旗回国，临行前，唐绍仪非正式地将中国旅朝侨民及公署财产委托英国代理驻朝领事嘉托玛（Christopher Thomas Gardner）管理，并得到朝日两国的默认。[③]此后一年时间里，朝鲜无任何中国外交人员驻扎，因而甲午战争期间围绕旅朝华侨问题的交涉成了英国与朝鲜及其背后势力——日本的交涉。

近代华侨大举定居朝鲜始于1882年，绝大多数华侨从事商业，故"华

---

① 广西师范大学出版社编：《中美往来照会集》第7册，广西师范大学出版社，2006年，第469、471页。

② 郭廷以主编：《清季中日韩关系史料》，"中央研究院"近代史研究所，1972年，第3456—3457、2876—2878页；许寅辉著：《客韩笔记》，《近代稗海》第10辑，四川人民出版社，1988年，第550页。

③ ［韩］高丽大学亚细亚问题研究所编：《旧韩国外交关系附属文书》卷5，高丽大学出版部，1973年，第357页；《在韩清使袁世凯并理事帰国一件》，亚洲历史资料中心：B18010434000。直到1895年2月，清朝总理衙门才正式照会驻华公使欧格讷，将"所有中国在韩商民以及公署房屋"委托英国驻朝总领事代管。另外照会中称1894年7月底提出非正式委托的是袁世凯，似与事实不符。参见郭廷以主编：《清季中日韩关系史料》，第4029页。

侨"和"华商（清商）"在朝鲜大体上可视为同义词。旅朝华侨分布于汉城及仁川、釜山、元山3个通商口岸，按照《中朝商民水陆贸易章程》等约章的规定，仁川、釜山、元山均设有华商租界，华侨享有治外法权。1893年，旅朝中国"民商"达2182人，其中汉城1254人、仁川711人、釜山142人、元山75人。[①]从甲午战争前夕开始，旅朝华侨就陆续撤回国内，其中元山华侨在8月下旬撤走，剩下11名土工欲投平壤清军，途中全部遇害；[②]釜山华侨也几乎全部撤走，只留10余人看守基业；[③]剩下的华侨集中于汉城和仁川，仅有300人左右，到1894年11月增加到400余人，此外可能还有100~200名华侨分布在朝鲜内地的乡村中。[④]

在甲午战争爆发之初，旅朝华侨的处境可谓凶险异常，其生命财产均得不到保障，据时任情报员的李家鏊描述，朝鲜的"华领事署及华商屋宇，皆被（日人）抢劫一空，门窗户扇一无所存，实为发指"[⑤]。汉城华侨数百人在日军占领景福宫当天躲进英国领事馆，"自朝至午，坐立于炎天酷日之中，饥渴交加，不可言喻"[⑥]。然而，他们还算幸运的，8月初传出不少在朝鲜外道行商的华侨惨遭日军虐杀的消息，如13名华商在忠清道被日军劫杀、8名欲投奔牙山清军的华商和9名去牙山军营贸易的华商相继被日军杀害、2名去乡村采购土货的华商被日军劈成两半。[⑦]

---

① 郭廷以主编：《清季中日韩关系史料》，第3276页。

② ［韩］高丽大学亚细亚问题研究所编：《旧韩国外交关系附属文书》卷5，第375页；季平子、齐国华主编：《甲午中日战争——盛宣怀档案资料选辑之三》下，上海人民出版社，1982年，第186页。

③ ［韩］曹世铉：《釜山华侨的历史》，山鹰出版社，2013年，第42—44页；季平子、齐国华主编：《甲午中日战争——盛宣怀档案资料选辑之三》下，第186页。

④ Nish, Ian Hill ed., British documents on foreign affairs: reports and papers from the Foreign Office Confidential Print. Part I, From the mid-nineteenth century to the First World War. Series E, Asia, 1860–1914, Vol.5, Lanham: University Publications of America, 1989, pp.21–22.

⑤ 季平子、齐国华主编：《甲午中日战争——盛宣怀档案资料选辑之三》下，第186页。

⑥ 许寅辉著：《客韩笔记》，《近代稗海》第10辑，第550页。

⑦ 季平子、齐国华主编：《甲午中日战争——盛宣怀档案资料选辑之三》下，第179页。

自1885年巨文岛事件以来，英国出于防俄等目的，在朝鲜问题上采取亲华的立场，支持中国强化对朝鲜的宗主权，甲午战争期间的英国驻朝领事禧在明（Walter Caine Hillier）也是袁世凯驻朝鲜期间与袁交情最深的西方外交官。[①]此外，朝鲜华侨将英国棉布在朝鲜经销，客观上维护着英国在东亚的商业利益。[②]所以，尽管没有来自清政府的正式委托，英国驻朝领事馆还是很忠实地履行了保护华侨的任务，也使华侨的处境很快得到改善。8月上旬，嘉托玛正式晓谕华商，宣布自己的保护资格；[③]8月21日，他又要求朝鲜政府在街市张贴20份保护华商的告示。[④]9月初，禧在明归任英国驻朝总领事之职，更是将主要精力用在保护华侨上。经过禧在明及副领事务谨顺（William Henry Wilkinson）的干预，日军将其在战争初期逮捕的华侨全部释放，英国领事馆又实行华侨登记制度，发给证明，以免华侨受日本骚扰；[⑤]在1894年秋冬之际日本图谋占据仁川华界之时，禧在明也向朝鲜和日本据理力争，保住了华界及华商财产。[⑥]此外，华侨推举宁波人陈德济为汉城华商南北班总董事，并由英国领事馆的华人秘书许寅辉协助沟通，团结一致，共渡难关，禧在明不由得赞叹"在忍耐艰苦和困难方面，很难找到他们的对手"[⑦]。旅朝华侨尽可能地遵纪守法，在1894年12月前只发生过几次小案件，都被英国领事轻而易举地解决了。[⑧]

---

① 林明德：《袁世凯与朝鲜》，"中央研究院"近代史研究所，1984年，第291—299页；[日]冈本隆司撰，黄荣光译：《属国与自主之间——近代中朝关系与东亚的命运》，读书·生活·新知三联书店，2012年，第412—420页。

② [日]滨下武志撰，王珍珍译：《资本的旅行：华侨、侨汇与中华网》，社会科学文献出版社，2021年，第175—176页。

③ 许寅辉著：《客韩笔记》，《近代稗海》第10辑，第553页。

④ [韩]高丽大学亚细亚问题研究所编：《旧韩国外交关系附属文书》卷5，第374页。

⑤ Nish, Ian Hill ed., British documents on foreign affairs: reports and papers from the Foreign Office Confidential Print. Part I, From the mid-nineteenth century to the First World War. Series E, Asia, 1860–1914, Vol.5, pp.21–22.

⑥ [韩]高丽大学亚细亚问题研究所编：《旧韩国外交关系附属文书》卷5，第419—420、434页；许寅辉著：《客韩笔记》，《近代稗海》第10辑，第560页。

⑦ 许寅辉著：《客韩笔记》，《近代稗海》第10辑，第556页；BDFA, Part I. Series E, Vol.5, p.90.

⑧ Ibid, p.90.

在华侨处境有所好转的情况下，部分华商又重新活跃于朝鲜，如广东华侨商号"同顺泰"的老板谭杰生就在10月下旬从避难地——烟台乘坐英国轮船重返朝鲜经商，甚至还发了战争财。①

除了英国领事馆的保护和华商自身的团结以外，1894年11月以前的朝鲜政府并未真正贯彻日本要求，无意与中国为敌，负责朝鲜外交的金允植就是著名的亲华派，②故也充分尊重和配合英国领事的保护权，实际上是放任和庇护华侨。例如，朝鲜在9月间捉住的几名中国小偷都被移送英国领事馆处理，依旧保持着中国人在朝鲜的治外法权；③在日本要求朝鲜收回仁川华界时，朝鲜不敢答应，让日本同英国商量；④在英国领事要求用英国船只运送华商货物时，金允植也表示赞同。⑤国王甚至在11月间派人向英国领事传口信，表达了对华侨的关切，要他尽力改善华侨在朝鲜的生活条件。⑥

英朝双方在保护华侨问题上的默契随着井上馨对朝鲜的干涉而出现波折。日本新任驻朝公使井上馨自1894年11月以来着手实行对朝鲜的"保护国化"政策，全面强化对朝鲜的控制，⑦自然不能坐视朝鲜对华侨放任不管的态度。11月初，日本公使馆向朝鲜外务衙门索要对华签订的条约、合同及与中国的债务资料。⑧对华侨的管制措施也随之启动，11月17日，井上

---

① ［韩］姜抮亚著：《东亚华侨资本和近代朝鲜：广帮巨商同顺泰号研究》，第220—227页。

② 关于金允植对华认识的分析，参见权赫秀著：《东亚世界的裂变与近代化》，中国社会科学出版社，2013年，第157—159页。即使在平壤之战前夕，金允植也暗中向中国通风报信。参见《李鸿章全集》1，奏议一，安徽教育出版社，2008年，第187、204页。

③ ［韩］高丽大学亚细亚问题研究所编：《旧韩国外交关系附属文书》卷5，第390—395页。

④ ［韩］高丽大学亚细亚问题研究所编：《旧韩国外交关系附属文书》卷5，第412、418页。

⑤ BDFA，Part I. Series E，Vol.5，p.22.

⑥ Ibid，p.23.

⑦ 关于甲午战争期间井上馨对朝"保护国化"政策的代表性研究参见朴宗根：《日清戦争と朝鮮》，第128—153页；［日］森山茂德：《近代日韓関係史研究：朝鮮殖民地化と国際関係》，第33—48页；柳永益：《甲午更张研究》，一潮阁，1990年，第22—84页。

⑧ ［韩］高丽大学亚细亚问题研究所编：《旧韩国外交文书》卷3，高丽大学出版部，1966年，第129页。

馨派其随员斋藤修一郎来朝鲜外务衙门，专门同金允植面谈旅朝华侨的管理问题，虽然笔者尚未查到这次谈判的具体内容，但推测可能是就旅朝华侨问题对朝鲜施加压力，主张出台具体的管制华侨的规则。①

紧接着，井上馨亲自起草了管制旅朝华侨的条例。该条例在很大程度上是模仿了日本在8月4日颁布的以"保护"旅日华侨为要旨的"敕令第137号"，将华侨限制居住于汉城、釜山、仁川，由朝鲜政府登记管理，重申取消其内地行商和治外法权等权利。②该条例起初只有7项，在11月下旬由日方交给禧在明过目时，禧在明提出了加入华侨可持护照在朝鲜内地旅行和英国领事有权出席涉及华侨的案件2项，后者即审判权问题成为围绕旅朝华侨问题的争议焦点。③其后井上馨将朝鲜政府推向前台，由朝鲜外务衙门在11月30日向禧在明递交了由9项条款组成的新草案，禧在明仍主张涉及华侨案件时由英方人员"从旁观审，以尽责成，而副公允"④。

朝鲜在这次交涉中不过是扮演着日本的"传声筒"，正如井上馨提醒禧在明的话："没有他（井上馨）的许可，外务大臣（金允植）什么事也办不了。"⑤前文已提到，朝鲜政府对华侨的态度是比较友好的，即使有井上馨的压力与英国交涉，也无非是应付而已，并不代表其立场，金允植私下告诉禧在明，朝鲜政府不认为中朝是处于交战状态的敌国，《朝日盟约》是日本强加给朝鲜的，然而朝方无法改动由日人起草的管制华侨的条款。⑥在此情况下，朝鲜对于管制华侨一事非常消极，对英方的会审要求也不驳斥，对中国人来朝鲜也放任不管，对于12月12日日本公使馆催促实施管制华侨的

---

① ［韩］高丽大学亚细亚问题研究所编：《旧韩国外交文书》卷3，第145页；《旧韩国外交关系附属文书》卷5，第447、449页。

② ［韩］朴俊炯：《清日战争爆发后东亚各地清国人管制规则的制定与施行：以日本、朝鲜、台湾的例子为中心》，《韩国文化》47，2009年9月。该文虽注意到管制旅朝华侨的条款制定过程中有日本介入，但因未利用英国外交档案，故仍默认其为朝鲜政府制定。

③ BDFA, Part I. Series E, Vol.5, p.89.

④ ［韩］高丽大学亚细亚问题研究所编：《旧韩国外交关系附属文书》卷5，第459、460页。

⑤ BDFA, Part I. Series E, Vol.5, p.90.

⑥ Ibid, pp.89–90.

条例，朝鲜政府被迫同意，并在当天驳斥了英方会审华侨案件的要求。①12月16日，这9项由日人一手炮制的条款终于以朝鲜国王敕令的形式颁布了，称为《保护清商规则》，1895年2月1日又出台了实施细则（据推测为朝鲜内部顾问斋藤修一郎制定）。②

其实，这两个规则的效力极其有限，《保护清商规则》基本上是一纸空文，用禧在明的话来说就是"搁置状态"（abeyance），仅有仁川华侨在朝鲜仁川港监理那里登记而已。③华侨以被曾经的"属国"朝鲜审判为耻，④英国领事馆也顺应华侨要求，坚决抵制这些规定，英国领事的会审权也被继续默认。《保护清商规则》一经公布，汉城府就宣布自己有管辖华侨的权力，朝鲜巡检以此为依据刁难华商，甚至唆使民众强买华商货物，当地华侨首当其冲，向英国领事馆投诉，英国领事馆在12月20日向朝鲜外务衙门提出抗议，要求朝鲜当局"严饬沿街捕役，毋得任意欺侮华人、强买货物"，获得朝方允诺。⑤此外，《保护清商规则》第7条规定朝鲜可以任意拘捕形迹可疑的华侨，于是屡次发生华侨被朝鲜无赖骚扰、诬陷的事件，英国领事馆反复请求朝鲜方面删除此项，但是朝鲜政府不允，只同意继续默认英国领事的会审权，许寅辉称："韩之官民以英保护之力也，亦投鼠忌器，而大小华商得以安堵。"⑥

总之，在英国领事的保护、旅朝华侨的团结以及朝鲜政府（尤其是主管外交的金允植）比较放任的态度下，甲午战争期间旅朝华侨的生命、财产基本得到保障。唯因时局变化，华商在朝鲜贸易上之优势为日商所夺，

---

① ［韩］高丽大学亚细亚问题研究所编：《旧韩国外交文书》卷3，第176页。

② ［韩］国史编纂委员会编：《高宗纯宗实录》第2册，探求堂，1970年，第528—529、535—536页；BDFA，Part I. Series E，Vol.5，p.237.

③ Ibid，p.237.

④ Ibid，p.23.

⑤ ［韩］高丽大学亚细亚问题研究所编：《旧韩国外交关系附属文书》卷5，第480、481页；许寅辉著：《客韩笔记》，《近代稗海》第10辑，第558—559页。许寅辉将其记忆为九月（阴历）下旬发生之事，实为十一月下旬，因为其所记忆的相关内容出现在朝鲜档案《统署日记》十一月二十四、二十五日的记录中。

⑥ 许寅辉著：《客韩笔记》，《近代稗海》第10辑，第559页。

日人在1903年谈到该情况时不无得意地宣称："从来掌握在清国人之手的商权，至此完全移到日本人之手。"①甲午战后，唐绍仪重返朝鲜，但因中朝未缔新约，其外交官身份不被承认，围绕旅朝华侨的交涉依然在英朝两国间进行，直至1899年《中韩通商条约》签订为止。

二、上海地方政府之"柔远"与旅华朝侨问题的处理

甲午战争期间，旅华朝侨（不含东北的朝鲜族"垦民"）多集中于上海、天津、烟台等通商口岸。目前情况比较清楚的是上海地区的朝侨情况，在1894年冬有50~70人，多出生于朝鲜西北部的平安道，②大部分以贩卖高丽参等朝鲜土产为业。按照《中朝商民水陆贸易章程》的规定，两国侨民须有执照才能进入内地，但不时有朝鲜商人擅入中国内地的情况发生，这些朝鲜商人被中国官府发现后一般被遣送到就近口岸，这也是朝侨集中于上海的理由之一。③在甲午战争期间，就有金昌麟、安光信、朴义亭、金增国、金仁贵、金长春、李炳恒（又作李秉衡）等朝鲜商人从中国各地被遣送至上海，他们又往往被交给一个叫李承凤的上海朝鲜人侨领来协助安置。④这是当时旅华朝侨的基本情况。

① ［日］小川雄三：《仁川繁昌记》，龙溪书舍，2008年，第105页。
② 《以柔远为防奸之法论》，《申报》1894年11月20日；《尹致昊日记》三，国史编纂委员会，1974年，第398页。
③ 《尹致昊日记》三，第398页。
④ 《高人递籍》，《申报》1894年8月19日；《暂行安插》，《申报》1894年8月21日；《妥筹安插》，《申报》1894年8月28日；《安置高民》，《申报》1894年8月30日；《高人送县》，《申报》1894年9月5日；《高人送县》《另筹安插》，《申报》1894年9月6日；《安插高人》，《申报》1894年9月12日；《交董收管》，《申报》1894年9月22日；《讯明韩人》，《字林沪报》1894年9月3日。关于李承凤，《申报》说他"为朝鲜王族，年已七十余，寓沪已二十余年，曾经放过钦差"，并称他为"朝鲜通商委员"，说得像是一名官员，但李本人明说自己"不过在申通商，并非官员"，故之后的相关报道一般仅称他为"朝鲜董事"或"韩董"，不再称"通商委员"。另外，笔者尚未在韩国资料中查到有李承凤的存在，其身份、经历仅见于中国报章，真实性存疑。

　　甲午战争以前，朝鲜的驻华外事机构只设置于天津，而且业务有限，几乎不办理外交交涉事宜，遑论远在上海的侨民。[①]朝鲜请求英国保护旅华朝侨迟至甲午战争结束后的1895年9月19日，[②]所以在甲午战争期间，旅华朝侨的事宜主要由中国上海地方政府负责。

　　甲午战争爆发后，防范日本间谍成为清廷在后方工作的重点，而朝鲜业已被日本控制并结成对华攻守同盟，即便中国深知朝鲜处于被胁迫状态，也无法改变朝鲜成为中国敌国的事实，因此旅华朝侨也成为清廷的防范对象。在靠近前线的东北地区，当局从8月底就开始盘查"假装韩民"的日本奸细，并加强了对"越垦韩民"的管理；[③]9月间，直隶赵州地方官发现一个自称从河南寻父回来的朝鲜人，因有日本间谍的嫌疑而将其移送天津；[④]10月下旬又传出了前线铭军捉住了为日本服务的朝鲜奸细的消息。[⑤]在这种情

_____

　　① 关于朝鲜驻津公馆的研究可参照［韩］孙成旭：《1884至1895年朝鲜驻津公馆考论》，《历史教学（下半月刊）》2014年第11期。另外，自田保桥洁在1940年出版的《近代日鲜关系之研究》以来，诸多相关论著均称甲午战争前夕在暗杀金玉均事件中出现在上海的"韩员"赵汉根为"驻沪察理通商事务"，似成定论；更有甚者认为朝鲜在甲午战争前设置过驻沪机构，以成岐运、赵汉根为其首任和次任负责人（即"驻沪察理通商事务"）（权赫秀著：《近代韩中关系史的再照明》，慧眼，2007年，第321页）。笔者在此对这种说法加以辨析。朝鲜确实在1893年8月30日任命成岐运为"驻沪察理通商事务"，并通报了清政府。但没有任何迹象显示成岐运曾赴任，且正如该文显示的那样，他在甲午战争前夕还往来于朝鲜王宫和中国公署之间，因此这个职位及相关机构只停留在纸面上，并未实际设置。至于赵汉根，从《统署日记》来看的话，他在1892年夏以昆阳郡守的身份去中国烟台、上海及日本长崎等地为朝鲜王室采办货物，1894年4月乘坐载着金玉均尸体的中国军舰"威靖号"返回朝鲜（［韩］高丽大学亚细亚问题研究所编：《旧韩国外交关系附属文书》卷4，第632页；卷5，第71、281页）。在这期间没有任何记载称他为朝鲜驻沪外交官，中国方面只称他为"韩员"（郭廷以主编：《清季中日韩关系史料》，第3306页）。从李承凤的事迹来看，也可反证朝鲜并无驻沪官员。故甲午战争前朝鲜设置了驻沪机构、成岐运与赵汉根先后出任"驻沪察理通商事务"的说法是没有史实依据的臆断。

　　② ［韩］高丽大学亚细亚问题研究所编：《旧韩国外交文书》卷13，第593页。

　　③ 戚其章主编：《中日战争》第4册，中华书局，1990年，第46页。关于东北当局对朝鲜族"垦民"的管理，参见李洪锡：《甲午战争时期延边"越垦韩民"团练及其反对日本奸细的斗争》，《延边大学学报（社会科学版）》2002年第1期。这属于中国朝鲜族史的范畴，故本文不详论。

　　④ 季平子、齐国华主编：《甲午中日战争——盛宣怀档案资料选辑之三》上，第178页。

　　⑤ 《中倭战事》，《申报》1894年10月30日。

况下，一些中国人开始呼吁关注旅华朝侨充当日本间谍的问题。

> 倭人间谍，到处皆有，官吏中之关心时事者，往往悬赏购拿，殊不知朝鲜人之为倭奸者，尤当加意严缉。烟台街市时见朝鲜人蹀躞往来。近日又有来自釜山者，类皆熟习倭文、精于倭语，当此军书旁午，而过都越国，终日嬉游，苟非刺探军情，安得有此闲情逸志？诚防之不可不早者也。①

笔者并未查到清政府对旅华朝侨的统一的管制措施，但在旅华朝侨集中的上海，上海地方政府却采取了实际行动。当时，朝鲜侨民散居上海不同寓所，如李承凤住在天宝栈，还有一些人住在长春栈（此两处客栈均在宝善街）。1894年秋，江海关道刘麒祥考虑到“鲜人错处，不免为倭人所诱，代作间谍，刺探军情，不可不预为之防，而显为查核、明予编管似乎有伤国体”，于是他让上海县丞与李承凤商量，在租界中租赁房屋，开设客栈，将所有上海朝侨集中于此客栈中居住，“一切饮食房金，仍照各客栈之例，不必动支公款”，同时禁止其他客栈接纳朝鲜旅客。如此一来，“朝鲜之国体既不致有失，而奸细亦无存身之处，军情又无泄漏之时”，被《申报》称赞为“以柔远为防奸之法”。②

刘麒祥所设想的方案旋即付诸实施，1894年11月底，上海知县黄爰棠发布告示，称已在英租界设立一个名为“柔远居”的客栈，要求在沪朝鲜人全部迁入该客栈居住。告示内容如下：

> 照得朝鲜为我国藩封，久资屏蔽，凡彼来往各埠商民，地方官应行保护。近因倭奴犯顺，寓沪朝鲜人民日多，大都散住各处。当此外患凭陵，正海疆多事之秋，尤宜妥为稽查，以资保护。案奉道宪

① 《之罘军报》，《申报》1894年10月11日。

② 《以柔远为防奸之法论》，《申报》1894年11月20日。

谕饬，设法安置，现由职员萧延琪出资，于英租界棋盘街地方设一公所，名曰柔远居。凡朝鲜来沪商民，悉令居住此寓，同在一处，并由驻沪朝鲜李董事常川在寓，督率一切，专稽出入，一面编注名册，由县按名给予护照，以示区别。至朝鲜人在沪本寓客栈，亦须各出房租，其柔远居一切饭食、房金，仍照客栈章程收取，不稍加增。其住寓各商人，均当循照公寓条规，听董约率，前已照会李董照办在案。兹查柔远居业已安设齐备，除谕职员萧延琪遵照外，合行出示晓谕。为此，示仰驻沪朝鲜商民人等一体知悉。各商等务于十一月初一日一律迁移柔远居内居住，毋得仍前散处，以致漫无稽考。此系我朝怀柔远人、保护属国商民之意，各商民务各遵照，毋稍观望迁延，是为至要。切切特示。①

从告示内容可知，"柔远居"的主人为一名叫萧延琪（一作萧延祺）的上海官吏，与李承凤合作管理朝侨，并制定了相关章程，对寓居其中的朝鲜侨民加以管束，只是目前尚未查到该章程的具体内容，也无从了解"柔远居"的运营情况，萧延琪其人其事亦难以确知。不过，从一些资料片段里，我们还是可以一窥"柔远居"的运营状态。当时，有一个朝鲜人并未住在"柔远居"里，他就是任教于美国传教士林乐知（Young John Allen）所办的中西书院的尹致昊。尹致昊在12月1日参观了落成不久的"柔远居"，留下了如下记载：

　　一位有事业心的萧姓中国绅士在靠近英租界巡捕房的河南路为上海的朝鲜人开了家客栈。上海知县最近发布了一份告示，敦促所有朝鲜人住进新客栈。今天下午，我去了这家名为"柔远居"的客栈，看到了一些朝鲜人，但他们都不欢迎我，只希望我赶快离开。据说这里

---

① 《告示照登》，《申报》1894年11月29日；《柔远悬示》，《字林沪报》1894年10月31日。

有40名朝鲜人。①

虽然没有更多的记述，但从一贯对中国人持鄙视态度的尹致昊②对萧延琪的高度评价来看，"柔远居"的环境还算不错，"柔远居"广告中所言"内新造高大洋楼，房间宽阔，会客官厅、女客上房，备置如雅，饮食均属洁净，招呼格外殷勤"以及《字林沪报》评价其"布置周详，规模宏敞"都未必是夸张之词。③另外，虽然知县在告示中要求所有在沪朝侨最晚11月27日搬进"柔远居"，但12月1日只有40名朝鲜人居住，说明可能还有一部分朝侨没搬进去。而且，"柔远居"并不专门安置朝侨，也对外开放营业。④从《申报》的报道来看，直到甲午战争结束后的1895年夏天，"柔远居"仍在萧延琪的主持下运营。⑤其后或因朝鲜将旅华朝侨委托英国代管，"柔远居"结束其使命，淡出历史舞台。

总之，在上海地方政府以"柔远"为名义来管束朝侨的方针下，甲午战争期间的旅华朝侨处境相当不错，"以致六街三市，目之所及，时时有朝鲜服色之人往来其间，或乘马车，或游花园，或入戏馆，或登歌楼，逍遥乐易，若富家翁然"。据说到甲午战争结束以后，在沪朝侨增加到100人左右。⑥1895年4月，朝侨听说黄爱棠可能调任，便由李承凤代表他们去县衙，送去了写有"德及三韩"4字的匾额，以及写有"望降吴郡、慈济韩民、绩懋申江、惠周海甸"的4块德政牌，感谢他对朝侨的照顾和庇护。⑦

上海地方政府处理朝侨问题的方式，兼顾了"防谍"与"柔远"，可以说是中朝两国传统关系中的"字小"之义在战时的具体表现。这不仅是上

① 《尹致昊日记》三，第411页。
② 参照邹振环：《朝鲜开化派活动家尹致昊与上海中西书院》，《韩国研究论丛》第13辑，2006年。
③ 《新设柔远居》，《申报》1894年12月21日；《高丽欲为自主之国辨》，《字林沪报》1895年1月16日。
④ 《新设柔远居》，《申报》1894年12月21日。
⑤ 《英癣晚堂琐案》，《申报》1895年7月15日。
⑥ 《论朝鲜人宜资遣回国》，《新闻报》1895年7月17日。
⑦ 《韩事汇登》，《申报》1895年4月10日。

海地方政府的态度，更是清政府对朝鲜态度的缩影。甲午战争期间，还有部分遭难朝鲜船只漂到江浙沿海一带，尽管船员们不免被怀疑是日本间谍，但中国地方当局还是秉承"柔远"之义，将漂流民送至上海并设法护送他们回国。[①]漂流民固然不属于侨民，但也可以从对他们的处理中窥见甲午战争期间中国对在华朝鲜人的"柔远"政策。

三、结语

在日本强行切断中朝关系并裹挟朝鲜与中国为敌的局面下，中朝两国在彼此国家侨居的商民也难免受到冲击。在甲午战争期间，中朝侨民群体规模均不大，旅朝华侨有700人左右，旅华朝侨有100人左右，但从中朝两国对彼此侨民的处理过程足以管窥战时两国关系的实态。旅朝华侨已委托英国驻朝领事馆管理，除了英国领事馆的尽力帮助和华侨的团结互助外，朝鲜政府的暗中"保护"也是旅朝华侨能渡过难关的不可忽视的因素。这不能简单解释为朝鲜不敢得罪英国，因为当时朝鲜已被日本控制，日本对朝鲜的压力和威胁显然与在朝鲜几无利益的英国不可同日而语，更是朝鲜不敢得罪的对象。尽管如此，朝鲜政府还是顶住了日本的压力，主动向英国方面示好，合作保护华侨，或者干脆放任不管，使日本制定的《保护清商规则》得不到有效落实。朝鲜政府对华侨的暗中"保护"固然在某种程度上是看英国脸色行事，但另一个重要动因则是维护中朝关系。同样，中国上海地方政府也对朝鲜侨民采取统一居住、妥善管理的方法，体现出中国一向对朝鲜所采取的"柔远""字小"之姿态。中朝两国处理彼此侨民的共同点在于双方均未把对方视为敌国，故能妥善处理该问题，使甲午战争对两国侨民的冲击最小化。这是中朝两国传统的友好关系在甲午战争期间

① 中国第一历史档案馆编：《清代中朝关系档案史料汇编》，国际文化出版公司，1996年，第385—387页。

仍然存续的明证。然而，这种存续究竟更多是出于"历史的惯性"，还是两国主管官员（尤其朝鲜外务大臣金允植）的个人倾向，还需要通过进一步探析战后两国围绕侨民问题的交涉来证实。

作者简介： 章程，中国国家博物馆博士后、北京大学历史学博士。

"Protection" and "Accommodation": An Analysis of Sino-Korean Approaches to Managing Each Other's Expatriates During the Sino-Japanese War of 1894−1895

Zhang Cheng

Abstract: During the Sino-Japanese War of 1894–1895, Korea, coerced by Japan, severed its traditional ties with China and became an adversary. Despite this, Chinese expatriates in Korea and Korean expatriates in China were managed effectively. Overseas Chinese in Korea united for mutual aid and received substantial protection from the British consulate in Korea, while the Korean government resisted Japanese pressure to secretly safeguard Chinese residents. Meanwhile, the Shanghai local government, adhering to the traditional principle of "accommodating distant countries" (zi xiao), established the "Rouyuanju" (Residence for Accommodation) to centralize the management of Korean expatriates, balancing "espionage prevention" and "gentle governance". Through these efforts, China and Korea demonstrated a tacit understanding of "protection" and "accommodation", minimizing the war's impact on their expatriates. This collaboration underscores that, despite Japan's provocations, Sino-Korean relations retained elements of mutual assistance and goodwill during the war.

Keywords: Sino-Japanese War of 1894–1895; Sino-Korean relations; Overseas Chinese; Korean expatriates

论晚清中国战时医疗的近代化

——以中日甲午战争清军兵员救护为例

成　羲　李柔嘉

【摘要】晚清中国社会处于反击外来侵略和走向近代发展的两大背景之中。中国医学在西医传入的影响下逐步出现近代化的改观，以中日甲午战争为代表的中外战争则带来了大量战时医疗需求。在二者的共同作用下，晚清中国的战时医疗发展迅速。以西式军医学堂和近代军事医院为代表的医疗机构开始建设，军队医疗和社会医疗相配合的医疗体系逐步建立。晚清中国战时医疗的近代化首先推动了中国军事医学和军队医疗的发展，其次加速了西医传入和中西医融合的进程，最后推动了中国医师职业走向近代化。

【关键词】战时医疗　近代化　中日甲午战争　军医　红十字会

引　言

　　战时医疗指在战争时期进行的伤病员救护、后送、治疗和收容等一系列医疗卫生行为及相关勤务工作。战争导致的人员伤亡使社会医疗需求在短期内急剧上升，尤以针对军队伤病员的医治为主。及时有效地治疗伤病兵员不仅能保存和恢复部队的有生力量，而且有助于振奋士气，提升军队战斗力。因此，对兵员伤病的预防和医治是军队取得战争胜利的关键。"中日甲午战争是中国乃至远东近代历史上划时代的重要事件……这次战争以中国的惨败而告终。"①虽然清军的海陆溃败令人痛心，但我们仍应从中看到晚清中国自洋务运动以来走向近代化所取得的成果。中日甲午战争期间剧增的战时医疗需求既对中国传统社会医疗结构产生了冲击，也为中国军事医学的发展和西方近代医疗技术的传入提供了契机。本文从战时医疗的角度出发，以中日甲午战争期间的清军兵员救护为切入点，通过对晚清中国战时医疗基础设施、战时医疗体系构成的分析，寻找当中蕴含的近代化因素及其产生的影响，希望为中国军事近代化和医学近代化的研究提供些许帮助。

军事医学是战时医疗理论的核心内容，但由于战时记录保存不易，相关史料呈现出数量少且分布散的特点，导致研究难以开展。因此，学界对晚清中国战时医疗情况的关注度不够，通史多而专门研究少。②战时医疗包括军队医疗，军队医疗则是军事后勤的重要组成部分。对晚清中国军事卫生勤务的研究常常涉及军队医疗的部分。③晚清中国战时医疗的近代化发展处于中

---

① 戚其章：《中日甲午战争史研究的世纪回顾》，《历史研究》2000年第1期。

② 龚纯：《中国军事医学史研究60年》，《中华医史杂志》1996年第3期。该文梳理了中国古代军事医学史的研究和中国军事医学史的研究等相关内容。朱克文、龚纯等编：《中国军事医学史》，人民军医出版社，1996年。该书在第九章对清代军医组织、军医教育和诊疗方法理论等着墨颇多，另有"中国红十字会的成立"一节与晚清中国战时医疗的联系密切。龚纯著：《中国历代卫生组织及医学教育》，世界图书出版公司，1998年。该书对相关内容的论述与上书大同小异，其核心内容均选自龚纯：《鸦片战争以后清代的军医组织》，《中华医史杂志》1980年第2期。徐鹤：《清季新式军队医疗体系初探》，硕士学位论文，北京师范大学，2015年。该文从军事医疗的角度出发分析了西式军医在华的传布情况和北洋海军的医疗体系建设。曹艳芳：《南京国民政府时期的军医群体研究》，硕士学位论文，河北大学，2021年。该文在"近代军医群体形成的背景"中举例阐述了近代西医的传入以及影响晚清军队医疗的情况，指出自鸦片战争到清末编练新军时，中国军队医疗体系的近代化启动。

③ 房立中：《试论晚清军事后勤的变革》，《中国近代军事史论文集》，军事科学院出版社，1987年。该文论述了西医技术的传入与应用给晚清军队医疗带来的变化。罗绪安：《甲午战争前后军事后勤体制的变革》，硕士学位论文，华中师范大学，2002年。该文仅在"近代军事后勤体制的建立"中指出甲午战争后军事医疗组织被编入军队序列，以制度层面的静态讨论为主，对战时的医疗动态讨论较少。郑红飞：《清代军队医疗保障制度研究》，硕士学位论文，兰州大学，2009年。该文论及中日甲午战争期间晚清旧式军医无法有效治疗由近代武器造成的兵员残伤，营口等地的红十字会医院组织西医用近代医疗方法为兵员诊治。孙洪军：《论甲午战争中清军的战地救护》，《江苏科技大学学报（社会科学版）》2009年第3期。该文从海陆军医院的创设、清军的战地救护、战地救护的缺失和清军战地救护的社会影响4个角度对甲午战争中清军的战地救护情况做了全面分析，不仅指出了完善的战地救护系统对近代化军队的重要意义，而且分析了中日甲午战争后西医在中国社会的蓬勃发展，是难得的专门研究。

西医碰撞、融合的时代背景之中。①西医的系统传入与战争应用引发了国人对中医实际功用的思考。受此影响，晚清中国的西式军医发展尤为迅速。②

一、战时医疗机构的近代化

战时医疗机构包括军事医学堂、军事医院以及配套的药局、仓库和兵员疗养院等，作为支撑战时医疗顺利运转的物质保障和重要载体，对维持军队战斗力有重要的作用。在洋务运动以来的西学东渐与实务强军浪潮中，西医在战时医疗方面的突出作用逐渐进入晚清军政要员的视野。直到中日甲午战争前后，清廷不仅筹办建设了西医学堂、西医医院等近代医疗机构，而且大量采购了西医教学器具和战地急救用品，呈现出鲜明的近代化色彩。

（一）北洋医学堂与军事医疗人才的培养

19世纪七八十年代，李鸿章仿行英国海军制度开始筹建北洋海军。而"北洋创立海军既参西制，则西医自不可少"③，于是北洋舰队始配医官。"欲

---

① 甄志亚：《60年来中国近代医史研究》，《中华医史杂志》1996年第4期。该文提出初创、积累、发展3个阶段，对初创阶段集中于"西方医学的传入"和"中医科学化论争"的成果做了梳理。谷永清：《中国近代防疫述论》，硕士学位论文，山东师范大学，2005年。该文论述了教会在推动晚清中国医疗近代化发展中的重要作用，并指出中国民众对西医的需要大于恐惧。西洋医学相较于其他近代科技在中国的传播所受阻力更小、发展速度和规模更大。

② 张建军：《民国北京政府陆军医药卫生材料的生产和支用》，《民国档案》2013年第4期。该文在"晚清军用医药的生产"部分指出有清一代军阵所用医药不适应近代战争。清政府在内外战争中逐渐深切地认识到西医药的功效。鲁萍：《晚清西医来华及中西医学体系的确立》，硕士学位论文，四川大学，2003年。作者将军医视作西方医学体系的专科，指出晚清战时医疗的需求直接推动了中国职业军医的发展和仿行西制主张的出现。此外该文还谈到晚清国人观察到西方国家医学卫生事业发达、国民身体健壮，由此认为医学关系到军事竞争，进而关系到国力的强弱。

③ 《北洋西医学堂堂规》，《万国公报》1894年2月第61期。

需医士，必立医学"①，得益于此前西医学在华的发展基础，李鸿章迅速在天津创办了西医学堂。1880年，李鸿章在天津筹建施医养病院，即天津总督医院。同年12月2日，天津总督医院和总督医院附属医学校（医学馆）落成。②1881年12月12日，医学馆招收了当年回国的8名留美幼童。1886年，医学馆6名一期生毕业。1888年8月，天津总督医院被英国伦敦教会收购，医学馆则在李鸿章的运作下于1894年随着天津储药施医总医院的成立而扩建为北洋西医学堂，由学堂一期毕业生林联辉总理其事。③次年，李鸿章上折请求光绪皇帝调拨经费，明确指出北洋西医学堂是为海军服务，"北洋创办海军之初，雇募洋医分派各舰，为费不赀。是兴建西医学堂造就人材实为当务之急"④。

以北洋西医学堂为代表的近代军事医学堂为晚清中国培养了一批近代军事医学骨干，其中有直接参与中日甲午战争医疗服务的军医。在首批6名毕业生⑤中，林联辉为同辈中最出众者，后来长期任职于天津总医院，并总理北洋西医学堂。金大廷先后任直隶武备学堂医官和北洋西医学堂医官，在中日甲午战争中办理前敌行军医局，于锦州一带参与战时医疗援护，"军士之在阵上受伤者，咸得起死回生之泽"⑥。另有3人入海军编制为官医，"水师官医生曹茂祥、何廷樑、周传谓三名，共月支薪工银九十两"⑦。

此外，近代学堂制的医学教育模式突破了中国传统的医疗授业方式，拓展了军事医疗人才的培养路径。以北洋西医学堂为例，学生大多选自近代学堂，第一班学生"拟于上海、香港洋文学堂挑选已通英国语言文字者，俾四年之间可至考取医官之艺"，第二班学生"拟于天津紫竹林丁家立中

---

① 《北洋西医学堂堂规》，《万国公报》1894年2月第61期。
② 《津郡病院落成》，《益闻录》1881年1月15日。
③ 参见张冶、李亚辉：《北洋医学堂沿革考》，《社会科学论坛》2021年第3期。
④ 《奏医院创立学堂折》，《李鸿章全集》15，奏议十五，安徽教育出版社，2008年，第365页。
⑤ 首批6名毕业生：林联辉、金大廷、曹茂祥、何廷樑、周传谓、李汝淦。林、金2人留校任教；曹、何、周3人入行伍任官医，李毕业后另寻他就。
⑥ 《北方军务》，《申报》1895年3月28日。
⑦ 《海防用款立案折》，《李鸿章全集》12，奏议十二，第463页。

西书院及武备幼学堂挑选"①，强调外文学习和中西贯通；日常管理上严格要求，"诸生晨起……即须齐起盥洗，整齐衣履，静候传号赴堂学习，不得迟误"，具有军事化管理的色彩；②教学上重视将理论与实际相结合，"学生堂课固宜讲求，而临症犹最为切要"③；执业要求上从严，"学生四年届满，得有执照准以医学谋生，方许为人诊治。如在年限未满，或已满而医学未精、未得执照者，除按日轮班随医官在医院临症为人诊治外，否则不得自作聪明，乱施刀圭，或有错误以昭慎重"④；在学生价值观塑造上，"西医学堂原为珍重生命而设"，强调学生"将来造诣有成，咨送各兵船及各营局所当差，不独优给薪资，兼可活人无算"⑤，鲜明地反映出北洋西医学堂服务国家的目标和重视生命的精神。

（二）军事医疗机构的建设与对伤病兵员的收治

1894年，李鸿章发起筹建天津储药施医总医院。总医院由储药处、施医院和西医学堂3部分组成，分别负责购销药料、诊治官兵和培养医官。储药、施医两个堂口各司其职，对疾病防治和兵员救护发挥了重要作用。此外，在中日甲午战争的热点地区，如烟台、旅顺、威海等，均建有水师医院和水兵养病院。就管理而言，"旅顺口、威海卫水师养兵院并天津储药施医总医院事，由提督与水师营务处、津海关道会商派员管理"⑥，而"天津总医院为北洋旅顺、威海各口水陆军营医药之总汇。各口医院、海军战舰正副医官皆由总医院选派。平日则诊军民疾病，有事则随行队医伤、却病、

---

① 《北洋西医学堂堂规》，《万国公报》1894年2月第61期。
② 《续北洋西医学堂学规》，《万国公报》1894年3月第64期。
③ 《续北洋西医学堂学规》，《万国公报》1894年3月第64期。
④ 《续北洋西医学堂学规》，《万国公报》1894年3月第64期。
⑤ 《续北洋西医学堂学规》，《万国公报》1894年3月第64期。
⑥ 《水师后路各局》，《北洋海军资料汇编》（下），中华全国图书馆文献微缩复制中心，1994年，第1061页。

全生，所关最大"①。近代天津在直隶总督兼北洋大臣李鸿章的推动下成为西医传播、发展的重要地区，各类官办、民办的医校、医院兴起，逐渐形成有规模的西医群体。②天津因此毫无疑问地成为晚清直隶地区军事医疗和社会医疗体系的中心。中日甲午战争期间，天津的医院在后方接收了相当多的清军海陆军伤兵员，"再，现因敝军受伤刘营官必权，及哨弁、勇丁等，已由'镇东'船送津，请即查照示下，何日派员验明伤痕，移知银钱所，以便请领受伤银两，并乞饬送医院调治"③，"现在兵士之到津就医者，不下二百人"④。

各地筹办建设医疗机构设施的经费支出见于李鸿章历年上呈的海防经费报销、用款立案折之中。以光绪十四年（1888年）为例，"添设旅顺口、威海卫两处水师医院学生及配药人役等十名，共月支薪水工食银一百六十八两……威海卫刘公岛建造水师医院基址购用民地二十七亩零，并酌给籽种工本共银七百八十五两零……旅顺口白玉山、威海卫刘公岛各建水师医院一所，工料银二万七千五百十两零"⑤。由此可见，军事医疗机构建设筹拨的经费名目较多，包括医生人役的薪水银、医院基址的购置银、建设机构的工料银等一系列费用。但总体来看，各地医疗款项支出的数额较小，相比于购置军火所花的巨额费用而言尤其显少。这直接反映出晚清中国的军事医疗尽管在中日甲午战争前后有了近代化色彩，但改观程度有限。军队医疗卫生仍被视作后勤杂役一类的工作，没有成为独立完备的体系。即使在这种情况下，晚清各地的军事医疗机构仍然在中日甲午战争中发挥了重要效用。由英国人格卫龄负责的刘公岛战地医院，"整天都在进行

① 《北洋西医学堂堂规》，《万国公报》1894年2月第61期。
② 参见左家文：《近代天津西医群体研究》，硕士学位论文，天津师范大学，2017年。
③ 《徐邦道致盛宣怀函（一）》，《甲午中日战争》（下），上海人民出版社，1982年，第340页。
④ 《津城医院纪事》，《申报》1895年4月14日。
⑤ 《海防用款立案折》，《李鸿章全集》13，奏议十三，第551—553页。

截肢手术……截下的残肢堆积甚高"①，许多士兵在截肢后得以活命。

二、战时医疗体系的近代化

战时医疗主要由军队医疗和社会医疗构成，前者是军队卫生勤务体系的一部分，后者是民众对前线的自发援护。晚清中国的近代军队医疗尚处于起步阶段，社会医疗作为军队医疗的补充，在战时状态下一定程度上弥补了清军在战地医疗方面的不足。中日甲午战争期间，二者紧密配合，救治了一大批清军伤病兵勇，减少了战争死亡人数。

（一）军队医疗

军医配置是军队医疗体系的重点。中国古代的随军医生主要来自即时征招，没有常制。发展到晚清湘军等旧式军队时，军医的独特作用虽然得到重视，但军医的有无、多少仍由部队主官或负责官员裁定。②洋务运动以来，清军军制的建设逐步迈向近代化，西式军医作为军队的重要组成部分开始得到重视，"臣查西洋各国行军以医官为最要，而救治伤科，直起沈痼，西医尤独擅专长"③。晚清中国军队仿行西制进行改革，各部队逐渐设置军医常员。北洋海军仿行英制，是所有晚清军队中近代编制最完整的。④光绪十四年（1888年），清廷颁布《北洋海军章程》，对北洋海军各船的军医配额进行了明确规定（表1）：

---

① ［英］戴乐尔著，张黎源、吉辰译：《我在中国海军三十年（1889—1920）——戴乐尔回忆录》，文汇出版社，2011年，第66页。

② 参见郑红飞：《清代军队医疗保障制度研究》，硕士学位论文，兰州大学，2009年。

③ 《奏医院创立学堂折》，《李鸿章全集》15，奏议十五，第365页。

④ 参见戚其章著：《北洋舰队》，中国社会科学出版社，2005年，第29—36页。

表1 《北洋海军章程》中北洋海军各船军医配额①

	总医官	一等医官	二等医官	三等医官	管病房司事
定远、镇远			1名		1名
致远、济远、靖远、经远、来远				1名	
超勇、扬威				1名	
威远、康济、敏捷				1名	
利运				1名	
镇中、镇边、镇东、镇西、镇南、镇北				两船共用1名	

　　令人遗憾的是，军医配额虽由《北洋海军章程》明文规定，但据《附船上缺差》，随船军医实际全部缺额。②同年9月，李鸿章上奏补缺，"水师屯船添派医士一名……水师官医生曹茂祥、何廷樑、周传谔三名"③，但实际军医人数仍远低于该章程要求。军医配额数量与实际数量存在差距，根源在于晚清近代化变革是一个自上而下的领导过程。该章程规制的敲定与下发非常迅速，但往往跟进的体系构建和资金支持却后继无力。

　　药品采购方面，中国古代主要由军队主官划拨资费，各部队再根据需求在行军沿途采购。至中日甲午战争时，清军已经在制度层面对药品采购做出诸多规范，药品管理逐渐走向体系化。以北洋海军为例，除了药品统一由天津总医院下发外，各舰只每年的医药费皆有定额，"凡各船员弁兵夫，有在船患病或因战因公受伤，应需药料向于所定各船医药费内动支，不准另行开报"④。根据《北洋海军章程》规定，各船医药费配额如下（表2）：

---

① 表格内容整理自《北洋海军资料汇编》（下），第745—865页。
② 参见《北洋海军资料汇编》（下），第908—909页。
③ 《海防用款立案折》，《李鸿章全集》12，奏议十二，第463页。
④ 《北洋海军资料汇编》（下），第997页。

表2 《北洋海军章程》中北洋海军各船医药费年配额[1]

	三百两白银	二百两白银	一百两白银
舰船	定远、镇远	致远、济远、靖远、经远、来远、	
快船		超勇、扬威	
蚊炮船			镇中、镇边、镇东、镇西、镇南、镇北
练船		威远、康济、敏捷	
运船			利运

在实际情况中，该章程之外还有特殊购药情况存在。盛宣怀曾在甲午战争期间发电报指示郑观应在上海"办纯阳正气丸五千服"，由"总局账房代支付津局账"[2]，而非从军费动支。此外，《申报》在中日甲午战争期间曾刊登关于战地用药的广告，鼓励"从军之士"购备。[3]这表明私人购药的情况同样存在。需要指出的是，虽然晚清中国军队医疗状况自洋务运动以来已有很大改观，但在中日甲午战争中还是暴露出军医差额过多、药品数量不足等问题，[4]其医疗近代化仍处于萌芽阶段。

（二）社会医疗

社会医疗是晚清战时医疗体系中的特殊部分，作为对军队医疗的补充在中日甲午战争的战时救护中发挥了重要作用。以红十字会医院为代表的

---

① 表格内容整理自《北洋海军资料汇编》（下），第997—999页。
② 《郑观应致盛宣怀函》，《甲午中日战争》（下），第292页。
③ 《救命要药·军营必需之品》，《申报》1895年4月14日。
④ "所有医院药饵，必须随时足备。至兵端将启时，更须多派医官数十员，以备诊治战后损伤人等。乃药饵平时不足，医官仅二三员。一军出战，损伤不下数十百人。以不足之药饵，二三之医官，诊数十百之伤人，得不误人命乎？误人命，失不浅，令人解体，失更深，其弊六也。"《郑祖彝呈文》，《甲午中日战争》（下），第414页。

人道主义医疗机构和以《申报》为代表的新闻舆论直接或间接地为收治清军伤病员提供了支持。

中日甲午战争爆发后，在华西方传教士、医生、军人等遵循《日内瓦公约》成立红十字会，参与中国战区的战地救护工作，贡献颇大。1894年12月开始正式运转的营口红十字会医院救治了很多东北地区陆军受伤士兵。医院共有8位医生，牛庄港医务官戴利负责医院运转工作，此外还有2名英国海军军医和5名从事医务工作的传教士。杜格尔德医生与2名中国助手到院后，全院共11人的医疗团队成为救治主力。后来英国"火炬号"的官兵、商人、传教士等也加入了病房的包扎工作。1895年1月，盖州发生战斗，医院在3天时间内收治了169名伤员。1895年2月24日，牛庄以东又发生战斗。根据《申报》消息，这次涌入医院的伤员大约有600人。[①]1895年3月6日，牛庄被日军占领，红十字会医院被迫撤离。在医院仅存的数月里，营口红十字会医院一共救治了1000多名伤员。[②]此外，红十字会还成为许多平民的"护身符"。1895年3月5日，牛庄即将被日军占领的消息引起了民众的恐慌，许多店铺、民居外挂起红十字的旗帜，人们相信"有这个东西，外国人就不会碰你"。一些人受到红十字会的帮助后，对洋人的态度也向友好转变，开始自愿参加教堂活动，甚至接受洗礼。[③]

当时的报刊多次为战地医疗发声，号召社会募捐，宣传西医在战地医疗方面发挥的作用。《申报》曾报道了营口红十字会医院的紧张情况，并号召上海乃至全国富绅善士积极捐款助力。[④]报馆主动开辟报纸栏目，专门刊

---

① 参见《译营口红十字会致谢募费并述近状书》，《申报》1895年4月6日。

② 参见［英］杜格尔德·克里斯蒂著，［英］伊泽·英格利斯编，张士尊、信丹娜译：《奉天三十年（1883—1913）——杜格尔德·克里斯蒂的经历与回忆》，湖北人民出版社，2007年，第84—86页。

③ 参见［英］杜格尔德·克里斯蒂著，［英］伊泽·英格利斯编，张士尊、信丹娜译：《奉天三十年（1883—1913）——杜格尔德·克里斯蒂的经历与回忆》，第87—89页。

④ "红十字会中款项大有不敷应给之虑，特请上海诸报馆主笔大善士将此情申明报章，代劝上海以及四方中国官绅大商仁人君子，力量捐助，以便救济中国受伤弁兵，功德岂可量耶？"《劝募医伤经费》，《申报》1895年3月9日。

载战地医疗情况，并尽可能地为前线医疗募集资金。与此同时，报纸通过文字评论向中国社会介绍西医在伤科、外科方面的优势，提高了国人对西洋医学的认可度。[①]

三、战时医疗近代化的影响和意义

（一）推动中国军事医学和军队医疗获得发展

中国古代官民医学以解决一般性医学问题为主，军队特殊医疗需求不突出，军事医学特色淡薄。19世纪末20世纪初，世界范围内的军事作战环境随着科技的发展而出现变化。以火器、铁甲舰船为代表的近代武器装备的普及、殖民扩张带来的作战行动频发，以及庞大医疗需求的出现，均有力推动了近代军事医学的发展和独立。

就中国而言，"直到十九世纪六十年代后，清廷兴办洋务，编练新军，效仿西方改革军医制度，陆续设置军队医事管理机构，成立军医学堂和随营医院，引进西方医药卫生技术，军队医药事业才逐步有了近代色彩的改观"[②]。在西医传入、官医仿行西制的背景下，清军着手建立军医编制并配以西式军医。针对近代武器造成的严重金创外伤，军医使用西医药进行医治，如针对枪炮伤口的外敷药。此外，西式军医还运用急救手段进行了即时的战地救护和伤员转移，如进行截肢手术和用担架运送受伤士兵等。此外，晚清中国战时医疗的一大发展在于编制明文章程，正式规定将西式军医编入军队建制。就北洋海军而言，各船军医虽多有差额，但已经被明确写入各船的人员配额中，成为常制。西式军医编制的常态化和普遍化不仅表现

---

① "西国红十字会中人，体上苍好生之德，共济仁慈，不分畛域，在烟台营口等处疗治华兵之受伤者。自开办以来，治无不着手成春，保全不可以数计。惟是药饵饮食在在需资，此本馆不忍坐视，代为将伯之呼也。"《汇解医伤经费》，《申报》1895年4月6日。

② 朱克文、龚纯等编：《中国军事医学史》"绪言"，第3页。

出晚清中国军事医学理论吸收近代医学成果获得独立发展，而且直接推动了中国军队医疗体系向近代化发展、趋于完善。

（二）加速西医传入并推动中西医走向融合

军事医学的发展需要同整个医学发展相适应的环境条件，也不可避免地会受到当时政治、经济形势的影响。战争时期医疗需求的爆发式增长虽然给予社会战时医疗体系巨大的压力，但同样为其提供了发展的契机。伴随着清军在中日甲午战争中的海陆双线溃败，大量伤病兵员遍布前线和后方的医疗机构。但军事医疗从业人员不足、战时医疗机构负荷过大、军用急救物资捉襟见肘等实际问题导致大量伤病兵员难以得到有效医治，进而拖慢军队有生力量的恢复。在中日甲午战争期间，以报刊文章为主的社会舆论对中国战时医疗的实际情况展开了讨论，其中尤以中西医功效优劣为重点。

西医作为完全不同于中医的医疗体系，在传入中国之初曾遭遇误解和抵制，"据李莲英言，外国传教士以药给我国人服食，故我国人心变坏"[①]，"中国人不需要你，他们有自己的宗教和中医……中国人根本不相信西医，他们不会吃你一片药的"[②]。然而，在中日甲午战争的前线与后方，以军医教习和红十字会成员为代表的洋人西医表现突出。洋医奋力诊疗中国受伤兵勇的行动与西医诊疗效果奇佳的消息屡见报端，"夫前者鸭绿江之战，伤者皆载至威海旅顺天津诸处医调，事隔数天，岂竟无因伤而毙者"[③]，"军士之在阵上受伤者，咸得起死回生之泽，主其事者为医官金君巨卿"[④]。报刊文字虽然多有夸张的成分，但仍可从中窥见西医诊疗在医治伤病员方面发挥

---

① 徐珂编撰：《清稗类钞》第一册，中华书局，1984年，第24页。

② ［英］杜格尔德·克里斯蒂著，［英］伊泽·英格利斯编，张士尊、信丹娜译：《奉天三十年（1883—1913）——杜格尔德·克里斯蒂的经历与回忆》，第2页。

③ 《行军以医者为要》，《申报》1894年12月19日。

④ 《北方军务》，《申报》1895年3月28日。

的重要作用，以及社会舆论对西医疗效态度的转变。除此之外，洋人医生和传教士的诸多人道主义行动成绩斐然：红十字会成员"不避难危，为之治疗"①，"医生及襄理人皆不取工资"②，得到了国人的赞许。与此同时，红十字会运营的医疗机构获得了清廷部分官员的资金支持，"北省受伤军士之赴红十字会求治者，近益加多。本省各大员多有慨捐鹤俸者，计两江总督张捐银一万两，江苏巡抚捐银二千两，苏松太道刘捐银一千两，以上各项……交汇丰银行……得此可不愁药饵无资矣"③。经中日甲午战争一役，西医尤其是西式军医在华的传播更广了。

中医功效以应付时疫及调理脾胃脏腑等日常保健为主，虽然有针对刀剑金创伤的治疗能力，但无法进行近代战场中的外科急救。此外，中国医生在中日甲午战争中的表现不尽如人意。《申报》等新闻报刊常有比较中西医生战时诊疗效果的评论，其内容往往以批评中医没有济世行善之心④、行医为财、执业门槛低和在伤科治疗方面远逊于西医等⑤为主。但需要注意的是，在中日甲午战争前已有先进中国人客观对比中西医优劣，提出兼习中西医术的主张。⑥至甲午战时，更有贯通中西、振兴中国医学的舆论出现。⑦总体而言，战时西医的突出表现刺激了中国传统医学做出反应，中医在吸收西方医学成果的过程中有了更多近代化的改观。

---

① 《劝助行营医院经费说》，《申报》1895年2月10日。

② 《劝募医伤经费》，《申报》1895年3月9日。

③ 《大发慈悲》，《申报》1895年3月15日。

④ "中国无行善之医生，不能创为红十字会。"《行军以医者为要》，《申报》1894年12月19日。

⑤ "华医从师一二年，略读方书数本，即可悬壶市上，借以生财。西医必由大医院栽培，学之既成，考列上等，给以凭照，方可行道济时，故必心地明敏之人加以勤学好问，始得学成出考，名列医林，而其伤科外科更有神妙不可思议者……谓华医有此惊人妙计乎？"《劝助行营医院经费说》，《申报》1895年2月10日。

⑥ 参见余思诒：《航海琐记》，《龙的航程——北洋海军航海日记四种》，山东画报出版社，2013年，第172—173页。记载船医杨氏兼习中西医理，提出了医者最好兼具中西医理素质的建议。

⑦ "中国名医品学兼优者，教以中华诊脉制方之法，并读医家必用之书务使贯通为主。"《振兴医学议》，《申报》1895年2月3日。

（三）医师职业近代化

古代中国的医生没有行业培训与考核的概念，执业水平参差不齐，往往"略读一二部方书，即可悬壶行道焉"[①]。此外，中国医师职业没有专科概念。以军医为例，古代中国战时往往就地征招民间医生随军，主要治疗中暑、毒疮、痢疾等疾病和防治时疫，军民同治，没有突出军事医学的特殊性。中医虽然经过长期的经验积累，对刀剑金创伤形成了一套比较完整的诊疗方式，但诊治由近代武器造成的伤害仍然比较困难。

晚清中国受到近代西方学科体系的影响，包括医学在内的各个学科专业正在孕育雏形。以中日甲午战争为代表的一系列中外战争带来了大量的战时医疗需求。中国医师在这两大背景下逐步走向职业化，呈现出近代化发展的色彩。军医作为最先发展起来的中国近代医师专科类型，其群体虽小，但职业内涵已经发生了明显改变。医师教育方面，北洋医学堂是专为培养海军西医人才而设立，其作为西式医科专门学校，学规明确、学制严格，培养路径依据近代科学体系，区别于家传、师徒制的传统模式。执业考核方面，医学生毕业后需要通过严格考试，方可取得医学资格。[②]而向军医方向培养的学生，在医生素质的基础上，还兼有军人的职业特质。医生职业准入门槛的提高变相提升了医生群体的素质。在经历完整的近代医学教育培养后，医师不仅提升了执业水平，还接受了职业精神和人道主义精神的洗礼。面对世人趋利的环境，晚清中国以战时军医为代表的一批新式医生能够或多或少地觉醒，并实践"济世"之义，积极参与公益性和人道主义的诊疗行动。[③]

中日甲午战争后，中国社会上下皆意识到学习西医的重要性。随着时间推移，行西医或中西医结合的中国医生逐渐增多并形成职业群体，其虽然在规模上与中医相比仍有较大差距，但已在社会诸多领域产生影响。西

---

① 《行军以医者为要》，《申报》1894年12月19日。

② 参见《北洋西医学堂学规》，《万国公报》1894年2月第61期。

③ 在甲午战争后，以徐清华为代表的医学堂毕业生积极参与红十字会活动、在红十字会任职，并组织红十字会在中国的后续发展。

医们结成专业团体，通过施展医疗技术融入晚清中国的社会生活，推动了中国近代医疗和公共卫生等方面的发展。[①]

四、结语

西学东渐和民族斗争这两大时代背景深刻影响着晚清中国社会诸领域的近代化发展。以中日甲午战争为代表的一系列中外战争带来社会医疗需求的激增，迫使晚清中国的军队医疗不断发展。在西学东渐的大背景下，西医的传入与应用给晚清中国的医学体系带来了发展契机。在这两股力量的共同作用下，涵盖军队医疗与社会医疗的晚清中国战时医疗出现了近代化的改观。以军医学堂、军事医院为代表的一系列近代军医机构的建立是军队医疗近代化的物质基础；仿行西制，将军医配置纳入军队章程是军队医疗近代化的制度保障。西式军医编制的常态化既表现出晚清军事医学的独立发展态势，还直接推动了中国军队医疗体系的完善。社会医疗是对清军军队医疗的有力补充。国际红十字会医院的兵员救护实践、报刊的报道宣传帮助了中日甲午战争时期的清军战地救护。

西洋医学经过战地医疗的实践考验得以进一步在华传播，传统中医则在同西医的比较与融合中逐渐出现一些可喜的改变。甲午战争后，中国社会逐渐涌现出一大批职业化的西式医师，他们活跃于官府与民间，推动了中国近代医疗事业的进一步发展。总而言之，在顺应世界发展潮流、争取民族独立的过程中，晚清中国战时医疗得到快速发展，进而推动了中国近代军队医疗体系的完善、中西医体系并行模式的出现和近代西医群体的形成。

作者简介：成羲，北京师范大学历史学院硕士研究生；李柔嘉，荷兰格罗宁根大学近代史与国际关系硕士研究生。

---

① 参见左家文：《近代天津西医群体研究》，硕士学位论文，天津师范大学，2017年。

The Modernization of China's Wartime Medical Treatment in Late Qing Dynasty

—A Case Study on the Rescue of Qing Army Soldiers During the Sino-Japanese War of 1894−1895

Cheng Xi Li Roujia

Abstract: The Chinese society in the late Qing Dynasty was in the two backgrounds of fighting back against foreign aggression and moving towards modern development. Under the influence of the introduction of Western medicine, the modernization of Chinese medicine has gradually changed. The foreign wars represented by the Sino-Japanese War of 1894−1895 brought about a large number of wartime medical needs. Under the joint action of the two, China's wartime medical treatment developed rapidly in late Qing Dynasty. Represented by Western-style military medical schools and modern military hospitals, medical institutions began to be built, and a medical system in which military medical treatment and social medical treatment cooperated was gradually established. The modernization of China's wartime medical treatment in the late Qing Dynasty first promoted the development of Chinese military medicine and military medical treatment, then accelerated the process of the introduction of Western medicine and the integration of traditional Chinese and Western medicine, and finally promoted the modernization of Chinese physician profession.

Keywords: wartime medical; modernization; Sino-Japanese War of 1894−1895; military medical officer; the Red Cross

甲午战争期间日本战争幻灯片探析

——以日本国立国会图书馆史料为中心

史　隆

【摘要】明治维新时期幻灯片技术传入日本。甲午战争爆发后，日本除了将幻灯片技术用于一般教育外，还通过民间创作、集体放映等方式，使之成为宣传战争的工具，此类战争幻灯片便成为具有图像和文本形式的史料。鉴于国内在研究甲午战争中日本战争宣传与教育时还存在资料短缺的情况，本文通过对日本战争幻灯片叙述甲午战争的介绍和分析，试图弥补既往研究中史料的缺乏和视角的单一等不足，探索战争中日本对华态度与战争记忆的新切入点，使研究更加贴近战时日本民间实态。同时指出日本幻灯片所存在的不系统、不完备等问题。

【关键词】甲午战争　幻灯片　幻灯会　战争记忆　宣传

一、引言

鲁迅在回忆性散文《藤野先生》中，曾详细描写日本学生对中国人的种族歧视，入木三分地描绘了"幻灯片事件"中日本学生观看日军枪杀中国人的丑态。鲁迅也受"幻灯片事件"的刺激而决心弃医从文，从根本上治疗那些"醉酒似的喝彩"的中国人。该散文已被收入我国的初中教科书，这一事件可谓家喻户晓。但很少有人关注文中的"幻灯片"这一细节，探讨幻灯片这一教具在日本传播的源流、如何沦为战争宣传工具等诸多问题。

因此，本文将溯本追源，探讨幻灯片在日本成为战争宣传工具的起始，即甲午战争时期的日本战争幻灯片。

以往国内学界对甲午战争期间的宣传研究，往往着眼于报纸、杂志等传统视域中的大众媒体，[①]近年来对战争宣传的研究逐步脱离传统媒体，将视线转向非传统的军歌、照片、锦绘（版画）等形式。[②]然而，上述各种传统媒体的宣传方式大多缺乏与受众的互动性，也多基于官方、上层知识分子等的视角观察战争，绝非日本普罗大众在战争领域所接受信息的全貌。为探寻日本民众在甲午战争中所面临、经历、切身体验的宣传之实态，打破既有战争宣传研究的自我设限，本文尝试进入一种传统史料并不涉及的生活史领域。曾经担任满铁齐齐哈尔公所长的早川正雄，在其回忆录《大陆生活四十年》中就曾提到"关于日清战争的知识，我（时年十岁）与同龄人的孩子们当然还不能读报纸，也处在做梦都想不到电影、广播的时代，所有的知识都来源于父母、学校老师讲的故事、锦绘、幻灯、眼镜绘、战

① 国内对甲午战争期间日本舆论、宣传等的研究有田雪梅：《甲午战争与近代日本国民的形成——近代媒体的发展与作用》，《外国问题研究》2010年第3期。通过"印刷资本主义"的形成和甲午战争，日本开始形成近代国家和塑造特殊的民族意识。王美平：《甲午战争前后日本对华观的变迁——以报刊舆论为中心》，《历史研究》2012年第1期。梳理甲午战争期间各种报刊资料，揭示日本"蔑华观"的形成与固化过程。安平：《近代日本报界的政治动员（1868—1945）》，东北师范大学博士论文，2013年。梳理了近代日本报界与政治的互动关系，其中第三章第一节展示了报界在煽动战争方面的不可忽视的作用。郭海燕：《有关甲午战争宣战前日本报刊对中国报道的研究——以《朝日新闻》报道李鸿章及清军动向为中心》，《社会科学战线》2014年第10期。以《朝日新闻》为主要材料，详细分析其战争报道及其对华认识，着重强调了其在塑造日本民众对华认识方面的作用。这类研究大多以报刊史料为基础，在判断其普遍程度上可能有出入，从而忽视了更大范围的日本民众所接受的信息。

② 近年来关于不同形式媒体的国内研究有罗永明：《甲午战争期间日本的摄影报道活动——以中国国家博物馆馆藏《日清战争写真帖》为中心的考察》，《中国国家博物馆馆刊》2016年第1期。详细梳理馆藏《日清战争写真帖》的由来、背景与照片内容。谷惠萍、张雨轩：《日本军队歌曲〈元寇〉与甲午战争日军精神动员》，《抗日战争研究》2018年第1期。侧重分析军歌《元寇》的文本内容与国家主义、向外侵略的思想内涵，并提及其传播广泛、影响深远。王明兵：《甲午中日战争的"图像史学"：历史呈现及其"虚无主义"叙事批判》，《历史教学》（下半月刊）2024年第9期。通过锦绘这一形式，初步探讨其传递出的文野、侵略话语。

争剧等等"①，这也证明了探讨非传统媒体对研究日本在甲午战争期间宣传的重要性。而本研究利用甲午战争幻灯片这类非传统媒体，试图构建一种不同视角的战争宣传，提供另一种深入研究日本对华观的途径。

国内学界对甲午战争期间的战争幻灯片提及较少，而且大多没有接触史料。赵亚夫《日本的军国民教育（1868—1945）》②最早提及甲午战争期间日本中小学校举行的战争幻灯会，但并未标出其材料来源。此后提及战争幻灯会的论文也大抵引自该文，如梁中美《日本国家主义析论》③、吴莹《日本近代实用主义教育思想及其实践》④与周萍萍《日本教科书中的"军国美谈文学"研究》⑤等。而吉辰《一个日本村庄的甲午战争——以新潟县粟生津村长善馆资料为中心》，则开始较为完整地介绍了甲午战争幻灯片。该文第二部分"战争宣传与村民的反应"以铃木惕轩、铃木彦岳的日记展现幻灯会受村民欢迎之热烈、会上气氛之高涨。⑥但介绍相对简略，尚未充分发掘史料和深入探索。国内学界对战争幻灯片的介绍浅尝辄止，但视其为军国主义教育手段的视角仍有参考价值。

日本学界的战争幻灯片研究，多从映像学或教育学角度出发，即视幻灯片为视觉媒体或教具，考察其视觉表现方式、表现效果乃至教育用途。最早触及甲午战争幻灯片的论文，即青山贵子《明治、大正时期视觉媒体中的娱乐和教育》⑦揭露了文部省在引导新幻灯片技术用于宣传、教育的过程。矶部敦《儿童的日清战争信息环境》⑧视甲午战争为日本民众被整合成

① ［日］早川正雄：《大陸生活四十年》，博文館，1943年，第97页。
② 赵亚夫：《日本的军国民教育（1868—1945）》，首都师范大学博士论文，2002年。
③ 梁中美：《日本国家主义析论》，贵州师范大学硕士论文，2006年。
④ 吴莹：《日本近代实用主义教育思想及其实践》，吉林大学博士论文，2013年。
⑤ 周萍萍：《日本教科书中的"军国美谈文学"研究》，《河北师范大学学报（哲学社会科学版）》2017年第4期。
⑥ 吉辰：《一个日本村庄的甲午战争——以新潟县粟生津村长善馆资料为中心》，《珞珈史苑》，武汉大学出版社，2014年，第257页。
⑦ ［日］青山貴子：《明治·大正期の映像メディアにおける娯楽と教育》，《生涯学習·社会教育学研究》2008年第33号，第23—34页。
⑧ ［日］磯部敦：《日清戦争をめぐる子どもの情報環境》，《明星大学研究紀要 日本文化学部·言語文化学科》2008年第16号，第79—88页。

"国民"的契机，借文学作品还原战争期间儿童的信息环境，展示出幻灯片在宣传中的作用。大久保辽《明治时代幻灯会的知觉控制技术》①则展现出甲午战争幻灯会通过装置与环境的布置、旁白演说等手段，营造观影过程中的战争氛围，将观众情绪导向狂热，从而实现鼓动学校学生爱国拥军、热衷战争的目的。上田学《电影以前视觉文化的各方面：甲午战争期间京都的幻灯与杂耍》②将幻灯片视为电影传入日本之前的视觉娱乐文化载体，注重幻灯片与电影两种视觉媒体之间的连续性，但缺少从历史学视角的考察，仅聚焦于幻灯片与电影的相似性。

大谷正《甲午战争》一书则继续拓宽了研究甲午战争中日本对国内外宣传的视野。在第五章中，该书通过福岛县立图书馆佐藤文库的史料，介绍了铃木经勋编纂《日清战争从军相册》，并用照片制作幻灯片的情况，提及了举行战争幻灯会的盛况，幻灯片制作粗糙、叙述不实等问题。该研究较早认真探讨了幻灯片的宣传作用，并观察战争幻灯会对观众的影响。③但受限于幻灯片史料本身的零散，采用史料的范围相对狭窄，而且只是相对前述研究而有所深入。羽贺番二《军国的文化：日清战争、国家主义、地域社会》一书以甲午战争期间日本国民展现出的"战争热"现象为中心，探讨日本地域社会以及各团体在战争期间的动向，以此探明日本军国文化的形成。在该书第五部分"军国的媒体与社会伦理"中，第四节"战况报告演讲会与幻灯机"借助地方报纸等材料，提到了名古屋各地邀请铃木经勋举行演讲会和幻灯会，并展示出极为热烈的参会情况。此外，该书还列举了各地制作幻灯片的公司、幻灯片附带解说词的情况及幻灯片、幻灯器材等的价格等内容。④该书采纳了相当多的地方史料，触及幻灯片产业的诸

---

① ［日］大久保遼：《明治期の幻灯会における知覚統御の技法》，《映像学》2009年第83卷，第5—24页。

② ［日］上田学：《映画以前の視覚文化の諸相：日清戦争期の京都における幻燈と見世物》，《立命館文學》2014年第635号，第145—153页。

③ ［日］大谷正著：《甲午战争》，社会科学文献出版社，2019年，第161—162页。

④ ［日］羽賀番二：《軍国の文化：日清戦争・国家主義・地域社会》下，名古屋大学出版会，2023年，第770—774页。

多细节，但缺少实际考察和分析幻灯片史料。

本研究以日本国立国会图书馆电子化的甲午战争幻灯片为史料基础，大致介绍战争幻灯片史料，并分析其对战争的叙述及其取向，探讨战争幻灯片作为史料所具备的价值与不足之处。本研究在介绍战争幻灯片这类新史料的基础上，试图整理出幻灯片所塑造的关于战争、关于中国的叙述，以幻灯片窥探日本普通民众的信息环境，并借此强调幻灯片等非传统媒体的重要意义。

二、技术史与幻灯会

幻灯的原理在于光的小孔成像，可能由德国的基歇尔于1645年最先发明。基歇尔利用光学原理，开展把图画投影到屏幕上的试验。基歇尔的试验公开后，经改进的幻灯技术开始用于娱乐或教学。[①]在中国，幻灯技术经由美国传教士丁韪良引介，在其主持的刊物《中西闻见录》中有详细介绍。[②]

相比中国，日本更早从西方接触到幻灯技术。享和三年（1803年），江户的画家龟屋熊吉以荷兰人传入的幻灯片为范本，制作了幻灯机。后来经过改进，出现了方便移动的木质幻灯机，此时被称为"写し絵"，成为江户时代日本民众的娱乐方式。[③]其得名"幻灯"的时间暂时不清楚，至少明治初的日英辞典已将magic lantern翻译为"幻燈"，[④]或许也借此与江户时期用于娱乐的"写し絵"划清界限。明治六年（1873年），日本文部省

---

① ［英］查尔斯·辛格主编：《技术史》第5卷，上海科技教育出版社，2004年，第510页。

② 德贞：《镜影灯说》，《中西闻见录》第9号，在华实用知识传播会，1873年，第11—13页。

③ ［日］碓井みちこ：《映像メディアとしての「写し絵」（第五十八回美学会全国大会発表要旨）》2007年第58号，第138页。

④ ［日］高桥新吉等编：《和译英辞书》，美华书馆，1869年，第337页。

官员手岛精一从美国回国时，引入了先进的幻灯机与自然科学教学用的幻灯片。自此次引入开始，日本幻灯片就受到官方影响，并运用于教育。明治十三年（1880年），文部省以奖励为名，向各府县的师范学校赠送了进口幻灯机。由于此时的幻灯机仍依赖进口，摄影从业者鹤渊初藏、中岛真乳二人为实现幻灯机国产化，开始自行研究幻灯技术，并于同年8月向文部省上交成品，接受其委托制作幻灯机。但此后鹤渊初藏停止接受官方委托，转而在市场售卖幻灯机。①明治十六年（1883年）前后，东京开始出现小规模的教育幻灯会，日本教育界与文部省官员意识到幻灯对于教育的重要意义，②此后幻灯器械逐步向日本各地铺开，在明治二十年代达到极盛。明治二十七年（1894年），电影技术传入日本并逐渐淘汰幻灯机。日俄战争爆发后，战争幻灯会借此契机死灰复燃，但战后由于瓦斯槽爆炸起火事故等原因，幻灯逐渐被废止。③日本侵华战争爆发后，幻灯又因为造价低廉、便于入手、技术进步等原因重新得到重视，并在战后最终迎来技术迭代。

幻灯离不开其放映场合，即幻灯会。在放映时，幻灯会并非干巴巴地展示幻灯片，而是有解说人讲解幻灯片内容，少数幻灯会甚至会一边弹奏三味线，一边放映和演说。根据需求，幻灯会一般可以分为教育幻灯会、产业幻灯会以及战时举行的战争幻灯会。教育幻灯会无须多言，一般在学校举行，多用于讲解数学、物理、生物、天文等学科知识；产业幻灯会则多在地方会馆举行，其主题多为种植、养殖技术传播，如水产幻灯会、蚕桑幻灯会、林业幻灯会等，主要起到农技普及的作用；亦有少数教育、传教性质的幻灯会，多在公民所、寺庙举行。幻灯会作为教育手段，明治二十年代在日本全国普及开来，这种普及也可以在此时出版的作文规范中窥见。这类应用文写作指南将幻灯会与送别会、研究会、恳亲会等相提并

---

① ［日］石井研堂：《明治事物起原》，桥南堂，1908年，第186—188页。
② 《教育幻灯会》，《東京教育新誌》第57号，伝習社，1885年2月11日。
③ ［日］木村小舟：《少年文学史》明治编别卷，童話春秋社，1943年，第151页。

论，并给出其举办、通知、回复等行文范例。①可见此时幻灯会已成为一项重要的教育乃至社交活动。早川正雄在回忆录中对幻灯会情景有这样的描述：

> 但是，那玩意（新的幻灯片底板）到手后，小孩子就像拎着鬼的脑袋一样招摇过市，呼唤邻近的大人小孩举行幻灯会，放映新入手的幻灯片底板。如果有时连高级照片都有的话，连大人们都会高兴得拍手喝彩。这种事情虽说是约五十年前的事情，但与今天的日本相距甚远。②

文学家生方敏郎在回忆录《明治大正见闻史》中，也记载了幼年时在制丝工厂观看幻灯会的经历：

> 广阔的制丝工厂二楼正被挤得水泄不通。房间漆黑一片。前方放映出白色的圆形灯影。整理幻灯器械相当费工夫。汗水逐渐渗出，脚也痛起来了。有人怒声说"不要推"者，有女性发出尖叫，有人噗嗤笑出声。
> "嘘。嘘。"有人制止道。
> 终于，放映出二重桥的画面。人们狂喜着尖叫万岁。
> 接着，出现了赤十字的看护妇照看负伤士兵的画面。战争、军舰的图片也接连出现。
> 解说人的确工于言辞。言辞鼓动现场气氛，给观众留下了深刻印象。画面的说明简略起来就是：
> 以"诸君，今日是什么时候？"开场。其中虽然说着一些"今日不是弹月琴或吹尺八的日子"之类的只言片语，但如今这个最让我印象深刻。时而滑稽，时而慷慨悲愤。总而言之，人们最担心海军。即使

---

① ［日］篠田正作等：《記事論説近体作文軌範：言文一致》上，此村庄助藏版，1890年，第23—24页。

② ［日］早川正雄：《大陆生活四十年》，第100页。

在神社，也时常有人祈祷胜利。[①]

拿到新的幻灯片底板，就要招摇过市举行幻灯会；幻灯会现场可谓人头攒动，可见日本民众对战争的关注之切；当看到代表皇居的二重桥时，观众又狂喜地高呼万岁，足以见得日本民众对天皇忠诚的牢固。观众的情绪被调动起来后，其情绪自然而然地导向了战争。战争幻灯会多在学校、寺庙等公共场所举行，观众有时需要付几厘日元的入场费，少数公共团体举行的幻灯会则会将入场费用于资助战死士兵的家属。其他的战争幻灯会也有不少会在会后募集捐款，用以恤军。

三、甲午战争幻灯史料介绍

幻灯相关材料此前未得到史学界重视，一方面因为其主要以图像流传，而史学界更重视文本，其他不同学科领域的研究者对幻灯片有所关注，反而对其解说词关注较少；另一方面受制于材料保存与传播技术，不少幻灯材料直到近年才得以借助网络公开。如前所述，战争幻灯会不只是单纯展示图像，还需要解说员营造气氛、讲解图像内容。因此，幻灯史料除了幻灯片图像以外，还可能附有与图像相对应的解说词，幻灯史料并非纯粹的文本或图像。受限于电子化保存条件，可见的甲午战争幻灯片几乎都是简陋的黑白速写，难以对其进行图像分析。相比之下，幻灯片史料的文本种类丰富，既有演说词，也有夹杂动作指导的说明，等等。因此，本文将着重讨论其文本部分。

另一个需要考察的问题是幻灯史料与日本官方新闻、出版物管制之间的关系。目前可见的绝大多数作者与官方并无直接合作，堀本栅在甲午战争期间很活跃，出版了各种类型的与甲午战争相关的书籍；池田都乐为幻

---

① ［日］生方敏郎：《明治大正見聞史》，東京：春秋社，1926年，第44—45页。

灯手艺人的艺名，甲午战争期间为池田都乐四代目，专注于制造幻灯片与幻灯机器材；其余作者及出版社也大多和教育、幻灯片制作相关，仅铃木经勋作为从军记者，与官方关联较多。但这不意味着幻灯片的出版与销售不受到官方规制。由于资料缺失，目前难以判断幻灯片的资料来源，推断其来源可能有二：一、从军记者自己拍摄后，自行以照片制作幻灯片母版；二、根据当时日本国内连载的战记杂志制作。这种资料来源意味着可能受到官方的直接或间接规制。

事实上，甲午战争时的日本对言论管控相对放松。陆、海军省于1894年6月7日同时颁布陆军省令第九号与海军省令第三号，旨在禁止在报纸、杂志上刊登与军事机密有关的事项。[①]随后附加要求，刊物应经过陆军大臣与海军大臣审查许可。[②]随后，言论限制进一步收紧。7月31日，海、内、陆、外相4人提请阁议，要求仿照大津事件后颁布的敕令第四十六号，对所有出版物进行审阅。[③]8月1日，该草案就顺利通过，形成敕令第一百三十四号。[④]尽管两条省令及敕令因战场形势逐渐有利、人心向战而被迅速废止，但日本政府依旧可以通过《新闻纸条例》《出版条例》等，由内务大臣个人判断是否违规，保留战前就有的出版管控机制。由此，甲午战争幻灯片尽管民间色彩浓厚，但从创作到出版后的整个过程都受到日本政府的直接或间接规制，其内容基调不可能超出日本政府审阅规定的大框架。

下文将对目前可见的3类幻灯史料进行简要介绍。

---

① 《軍隊ノ進退及軍機軍略ニ関スル事項ヲ新聞紙雑誌ニ記載スルコトヲ禁ス》，亚洲历史资料中心：A01200791400。《軍艦軍隊ノ進退及軍機軍略ニ関スル事項新聞紙雑誌ニ記載スルコトヲ禁ス》，亚洲历史资料中心：A01200791800。

② 《明治二十七年陸軍省令第九号・（軍隊ノ進退及軍機軍略ニ関スル事項新聞紙雑誌ニ記載禁止ノ件）・中追加》，亚洲历史资料中心：A01200791500。《明治二十七年海軍省令第三号・（軍艦軍隊ノ進退及軍機軍略ニ関スル事項ヲ新聞紙雑誌ニ記載禁止ノ件）・中追加》，亚洲历史资料中心：A01200791900。

③ 《外交又ハ軍事ニ関スル事件ヲ新聞紙雑誌及ヒ其他ノ出版物ニ掲載セントスルトキハ行政庁ニ其草稿ヲ差出シテ許可ヲ受ケシム》，亚洲历史资料中心：Ref.A01200790700。

④ 《御署名原本・明治二十七年・勅令第百三十四号・新聞紙雑誌及其他ノ出版物ニ関スル件》，亚洲历史资料中心：Ref.A03020182400。

（一）幻灯片及其解说词

幻灯片及其解说词一道出现是幻灯片史料的最基本形式，其内容包含幻灯片图像与解说词两部分。图像画面为圆形的黑白素描，内容多是甲午战争前后的重大政治行动、外交事件、军事场景与肖像。解说词长度在100~300字，是对本节图像的相应介绍，其讲解用语完整、周到，解说员完全可以此作为讲稿。以《日清战争幻灯》为例，全书两册，内容侧重介绍战争中的重要人物，全书共计22张幻灯片，每一张幻灯片都附有详细的解说词。

以第二册幻灯片"大鸟公使"为例（图1）。大鸟公使即大鸟圭介，天保四年（1833年）出生于摄津尼崎藩之飞地播州细念村（今兵库县赤穗郡上郡町）的一个村医家庭。他学习汉学、西洋医学，在戊辰战争中参加叛

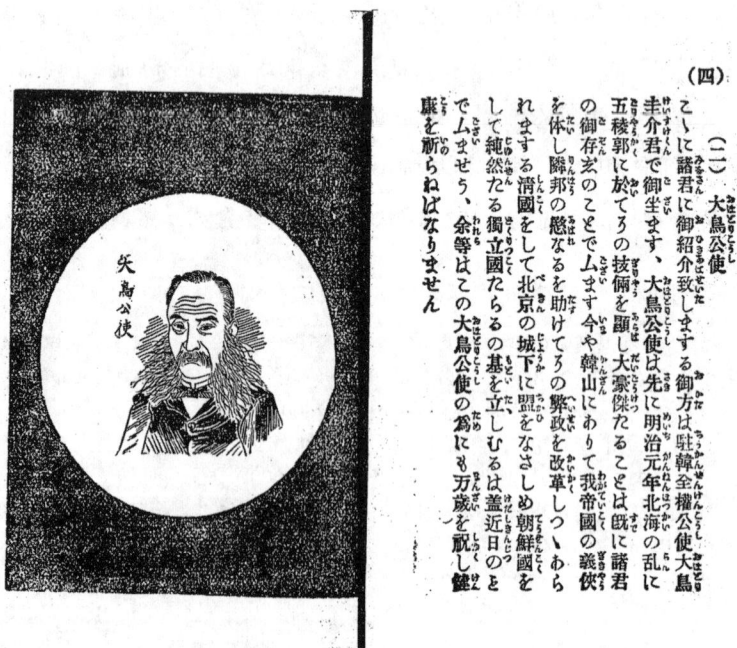

图1 《日清战争幻灯》第二册（二）大鸟公使

军，担任陆军奉行。五棱郭之战失败后，大鸟圭介入狱，但受到黑田清隆的极力维护而得以赦免，并在明治政府中任职，明治二十二年（1889年）开始担任驻华特命全权公使，明治二十六年（1893年）起兼任驻朝鲜公使，在其担任驻朝公使期间爆发甲午战争。本幻灯片的解说词内容如下：

> 此处向诸君介绍之人，为驻韩全权公使大鸟圭介君是也。如诸君所知，大鸟公使即此前明治元年参与北海之乱，于五陵郭大显身手之大豪杰。如今身处韩山，体我国之任侠，助邻邦之愍，革其弊政，助被迫缔城下盟于北京之朝鲜国树立身为纯粹独立国家之基础。此为近日之情势也。祝大鸟公使健康长寿。[①]

本篇幻灯片在图像上十分潦草，但传神地抓住了大鸟圭介的面部特征——标志性的剃干净下巴的络腮胡、瘦长的脸型和高鼻梁。幻灯片旁的解说词简单明了地介绍了大鸟圭介的事迹、行动动机，自然地将话题从人物介绍引至国家大义，并以祝词收尾。整体来说，内容中规中矩，可作为甲午战争幻灯片史料的代表。

值得一提的是，该类史料中也存在特例，如《日清战争幻灯画谜》（《日清戦争ゑさがし画報》）。尽管它的内容构成与前述史料基本一致，但从其标题和简略的解说可以看出，它的使用方式与前述史料有所不同：图像用于放映，让观众猜测画中叙述的事件，并以旁边的小段文字作为谜底。

（二）讲解用书

讲解用书是一种不完全的幻灯片史料，是配合幻灯片放映、为旁白提供演说词与指示互动的说明书，此类史料多题为"説明書""筋書"。由于材料散佚、幻灯片史料的电子化程度不高，这类讲解用书没有搭配幻灯片

---

① ［日］服部喜太郎：《日清戦争幻燈》第二册，求光閣，1894年，第4页。

图2 《日清战争幻灯说明书》第15页

图像，而是纯文本性的史料。就内容而言，讲解用书基本与上述幻灯片史料的说明文字内容重合。少数说明书会带有指示动作、带动气氛、与观众互动的标注。虽然没有图片，但并不影响该类史料在本文中的重要性。

以《日清战争幻灯说明书》为例（图2），全书自金玉均之死开始，叙述到黄州之战，单纯是对战争与政治事件的解说。此处以"成欢激战，我军大胜"一节为例来介绍，其解说词如下：

七月二十八日半夜十二时，我军一齐进攻清军营地所在之成欢驿。左翼本队直击敌之右翼堡垒，右翼部队也接近敌军之左翼第一堡垒。此时爆发一大激战，闪电轰击，炮声四覆，呐喊声响彻天地，教人以为山崩。我军既以炮术见长，弹无虚发，每每命中敌垒，则土崩瓦解。霹雳一声，则黑烟乍起，敌军齐声叫唤。可推知其死伤不少。其间，敌垒亦甩出榴散弹，然失其正鹄，或无法爆炸。为此，我军所幸无一人损伤，于是我军左右两翼愈趁势突进，接近敌营。顷刻，左翼支队一军亦随震动山河之冲锋号急转直下。短暂交战后，二十九日早六时，我军彻底攻占成欢敌营。从军营中分别缴获署名提督叶志超、副提督聂士成等名之中军大旗等大小旗帜、大炮数门。旭日之联队旗翻腾于堡垒之上。①

① ［日］池田都楽:《日清戦争幻燈映画説明書》第一回，西村政之助印刷，1895年，第15页。

相比上一种附带幻灯片的材料，这类讲解用书的解说篇幅较长，解说内容也更详细。对此次成欢之战的描述精细到战争爆发时间、军队行动部署、战争过程、战利品等内容。此外，在修饰用语方面更加讲究，时常细致刻画战争场面的壮观与恐怖，讲述起来可以让观众更具临场感。

（三）特殊幻灯史料

之所以称为特殊是因为这类史料与幻灯片无直接关系，只是冠以"幻灯"之名，或是与光影有关而称"幻灯"。例如，《日清战争幻灯手影》[①]的实际内容仅为以手影模仿甲午战争中的各种形象，如图3展示清军士兵的冠帽、寒夜的哨兵等。这类材料可能用于解说员讲解时动手实操，以活跃气氛，抑或是儿童手影游戏。

图3 《日清战争幻灯手影》

四、幻灯片内容：以《日清战争幻灯会》为例

在可见的日本国立国会图书馆电子版文献中，《日清战争幻灯会》（图4）图像最精细，文字解说详尽、细致，在完整性上也最突出。

---

① ［日］和田莊藏：《日清戦争幻灯指かげえ》，和田文宝堂，1895年。

　　《日清战争幻灯会》在叙述上包括战争起因、战争过程、历史细节、战争人物等内容。在战争起因上，幻灯片将战争爆发的责任归咎于清廷与朝鲜无理拒绝日本改革朝鲜内政的提案，从而迫使日本单独以武力推行改革。幻灯片认为此次东学党起义不同以往，具有较为可取的主张，即清君侧，尤其是专横跋扈的闵族，并且东学党军队主将全明叔精通泰西兵法，军纪严明。作者认为"如今日清两国和平的破裂，探查其远因，东学党起义正是其开端"①。面对激烈的起义形势，朝鲜无力单独镇压而向清廷求助，从而引发中日关于出兵问题和改革内政问题的外交交涉。幻灯片称，日本政府以《天津条约》为法理基础，打出"协助友邦改革弊政、保护在朝日本人"的旗号派兵去朝鲜，并称日本此次出兵为"义军"。据幻灯片叙述，大鸟圭介向清廷提出改革朝鲜内政的方案，但清政府认为朝鲜既已安定，应以撤军为要务，并不回应改革内政一案，朝鲜朝廷也对改革表现出冷淡态度。

图 4 《日清战争幻灯会》正编插图 "京城的摩擦"

---

　　① ［日］堀本栅述：《日清戦争幻燈会》正编，蓝外堂，1894年，第4页。

日方认为清政府的反应十分无礼，决定独力推动朝鲜内政改革。幻灯片认为，正是清廷与朝鲜拒绝改革的无礼态度，将形势推到了日方强行以武力推动改革的地步，进而爆发战争。[①]

1894年7月23日，日本驻朝公使大鸟圭介开始以武力强行推进朝鲜改革内政。当日，大鸟公使率兵包围王城。幻灯片称，日军在与守城朝鲜士兵交战后，驱逐了城内对清阿谀奉承的事大党，并盛赞"大鸟公使之伟业和军队之勇武"[②]。7月25日，中日之间爆发丰岛海战。据幻灯片的叙述，日军军舰在向仁川航行途中，遭遇清军军舰一行，日军军舰以两国仍未开战为由，对清军军舰敬礼，然而清军趁机炮击日军，从而引发战端。[③]

图4为大鸟圭介动用武力强行闯入朝鲜王宫，逼迫朝鲜改革内政的场景。画面上，部队向朝鲜京城行进，左侧马车上之人穿着西服，头戴高帽；行进军队统一穿着西式军服，头戴军帽，背后行李统一捆扎，打绑腿，手持步枪并配好刺刀，展现出整齐的军容与彻底西化的军队装备。尽管解说词用"摩擦"描述此次事件，但从杀气腾腾的画面来看，恐怕并非如此。

然而，认真解读幻灯片对开战原因的叙述就能发现其对事实进行了有利于日本的歪曲。首先，清政府要求两国退兵、不涉及朝鲜改革内政的要求是十分正当的，既充分尊重了朝鲜作为属国的自治权，也有利于维护朝鲜局势的稳定。而大鸟圭介借助武力强行迫使朝鲜改革内政，是蓄谋已久地将中日两国推向战争的重要步骤，是甲午战争爆发的直接原因之一。其次，幻灯片将丰岛海战的起因归咎于北洋海军"济远"舰率先开火，也完全不符合历史事实。历史研究表明，丰岛海战是日本联合舰队"吉野"舰率先对"济远"舰发起攻击导致的，北洋海军"济远"和"广乙"两舰并未做好战争准备，是在撤退回国途中遭到突然袭击时被迫应战。当时两国尚未宣战，日军率先开炮严重违反国际公法。然而，日本民众对此并不知情，一味受到幻灯片的误导，引发了他们的反华情绪和军国主义狂热。

① ［日］堀本栅述：《日清戦争幻燈会》正编，第5—6页。
② ［日］堀本栅述：《日清戦争幻燈会》正编，第8页。
③ ［日］堀本栅述：《日清戦争幻燈会》正编，第10页。

对战争过程的叙述，幻灯片注重对事件本身的解说。在略述战争发生时间、地点、过程与结果的基础上，添加了有利于日本立场的叙述和煽动性用语。在历史细节和战争人物方面，幻灯片强调日本军队的"英明神武""战无不胜"，清军、朝军的"胆怯懦弱""一触即溃""纪律散漫"。在图像上，幻灯片绘画风格纪实，不同于传统浮世绘对人体结构的扭曲，不断以图像中人物动作、神态、服饰、装备与彼此之间的位置关系，暗中强调其叙述的正当性。然而，幻灯片的内容毕竟是对战争性质和战争事实的歪曲，日本国民不知道的是无论怎样掩饰也改变不了中日甲午战争是日本蓄意发动的侵略战争这一事实。

五、结语

甲午战争幻灯片是用于战时宣传、教育的一种手段，其作用与报纸、杂志没有本质区别，但是在受众上更接近价格低廉的军歌、锦绘、儿童游戏等方式。然而，幻灯片也有与上述媒介不同的独特性，它兼具图像与文字解说，更加生动有趣；它的观看方式也不同，是不分区域、不分性别、不分年龄受众的集体观看，能使观众在接收信息时超越单纯的视觉与听觉，实现临场主动参与信息的再创造与被动接收信息的统一。通过对甲午战争幻灯片的分析，我们可以发现，幻灯片是战争期间日本民众的国家意识、民族观念、对华态度的形成来源之一。

战争幻灯片虽然具有相当高的研究价值，但其局限性也不可忽视。首先，幻灯片材料有待挖掘。有关甲午战争的幻灯片和幻灯会的材料相当分散，日本国立国会图书馆所藏幻灯片仅五六类，与甲午战争期间流传于日本社会的幻灯片相比，其数量可谓冰山一角。原因是受材料性质所限，幻灯片可能分散于不同类型的各地方博物馆或旧书店之中，难以统一收集和整理。其次，由于大多数幻灯片时间较长、制作工艺相对粗糙，留存下来的保存状况较差，图像质量不佳，仅能见到黑白图像，难以在图像上发掘其含义。最后，幻灯片并非日本民众接收甲午战争信息的唯一途径，需要通过与报纸、战记杂志等传统媒体及军歌、锦绘、游戏、戏剧等非传统媒体相互配合，共同营造影响民众的整体信息环境，研究起来难度较大。但无论如何，经过系统性的资料收集与整理，甲午战争幻灯片的研究可以在一定程度上还原甲午战争时期日本政府宣传战争的实况及日本民众的生活实态，其意义是十分重要的。

作者简介：史隆，南开大学日本研究院硕士研究生。

A Research on Japanese War Slides During the Sino-Japanese War

—Centering on the Historical Materials of the National Diet Library of Japan

Shi Long

Abstract: Since the Meiji Restoration, slide show technology has been introduced to Japan. After the outbreak of the Sino-Japanese War, in addition to serving as a teaching aid, slide technology was transformed into a tool for propaganda of the war through private creation and collective screening. This kind of war slides will thus become historical materials with image and text form. In view of the shortage of historical materials in the study of Japanese war propaganda and education in the Sino-Japanese War, this paper introduces and analyzes the Japanese war slides narrating the Sino-Japanese War in an attempt to make up for the lack of historical materials and the single perspective of the previous study, to explore the new entry point of the wartime Japan's attitude towards China and the memory of the war, and to make the study more close to the reality of the wartime Japanese folklore. At the same time, it points out the unsystematic and incomplete problems of Japanese slides.

Keywords: Sino-Japanese War; slide; war slide show; memory of war; propaganda

古代海防

春秋末期沿海三国舟师建设及海上战争述论

张　良　马骏杰

【摘要】春秋末期齐、吴、越沿海三国的舟师建设，主要体现于编制体制、人员配备、战船种类、兵器使用、水战战法等方面。本文受文献史料所限，集中论述中国古代战船、兵器、战法之起始和齐、吴、越三国舟师之规模与状态，特别论述三国之间的海上战争及其对三国国家兴衰之影响，认为沿海诸侯国的舟师建设及海上运用，通过政治、经济、文化等全面影响国家兴衰，可为今日之借鉴。同时，对伍子胥《水战兵法》做了初步考证。

【关键词】春秋　沿海三国　舟师　海战

春秋是一个王室衰微、群雄并起、战争不断的历史时期，战争催生了军事思想、军队建设、作战样式的诞生，也推动了兵器的发明与改进。中国古代舟师、战船以及专门用于作战之兵器就是在这个时期产生的。在公元前450年前，战船便出现了，随后舟师在吴国和楚国等诸侯国相继诞生，由此引发了真正意义上的海上战争。齐悼公四年（公元前485年），在山东半岛外海的黄海海面爆发了有明确史料记载的第一场海战，史称"吴齐黄海海战"，由于海战双方投入了舟师主力，使之成为一场规模宏大的海上厮杀，显示了沿海诸侯国舟师建设的规模和实力，也由此证明了齐、吴、越三国国力消长及国家兴衰与舟师建设的不可分割性。春秋末期沿海三国舟师力量的强弱与政治格局之演变、经济大势之起伏、文化形态之变迁密切相关，值得深入研究和探讨。

一、中国古代战船之诞生

战船是海战不可或缺的装备，在春秋末期以前，并没有专门用于作战的战船，各诸侯国建造的船只，平时用于生产、生活，战时用于作战。即使王侯乘坐之大船，平时乘之游历大海大川，在关键时刻有时也要参加作战。例如，春秋时期吴国公子光乘坐艅艎大船，率领舟师逆长江而上，进攻楚国，为楚国舟师所败，艅艎被夺。该艅艎大船是吴国先王所乘座船，被楚国掳走，公子光难以向先王交代，故设计将其夺回。艅艎在古代很多典籍中均有记载，它是王侯乘坐之豪华大船，高大坚固，性能优越，作战时一般担任船队旗舰，其船头绘有类似鹭的水鸟——鹢鸟图案，呈壮观之势。然而，艅艎并非专用战船。

专用战船是何时出现的，目前所见古代文献有两种不同记载：一为《太白阴经·水战具篇》所载"水战之具始自伍员，以舟为车，以楫为马"[1]。此观点认为，专门用于作战的战船出自春秋末期吴国大夫伍子胥之手。二为《新镌古今事物原始全书·战舟》《事物原会·战船》等典籍所载"墨子曰：公输般自鲁至楚为舟战之具，谓之钩拒，此战舟之始也"[2]。公输般，又称公输子、鲁班等，鲁国人，出生于工匠世家，善发明创造。大约在公元前450年，他从鲁国来到楚国，为楚国制造兵器，其中一项重要兵器发明是专门用于水战的钩拒，亦谓钩强，楚国人利用钩拒打败了越国舟师。自从钩拒用于水战，改变了水战战术，专门用于水战之战船也由此诞生。

上述两种记载，以伍子胥训练舟师作为战船起始为确，伍子胥为吴国训练舟师时，战船已按功能分为大翼、小翼、突冒、楼船、桥船等多种类型，比公输般发明钩拒大约早了50年。

---

① 李筌：《太白阴经》卷四。

② 徐炬：《新镌古今事物原始全书》卷十七；汪汲：《事物原会》卷二十九。

战船之所以在春秋晚期从一般船舶中分离出来，是因为此时诸侯国的兼并战争开始加剧，中国即将进入战国时代，战争之残酷和激烈对作战战具提出了更高要求，战船需要根据靠帮、接舷、冲撞等种种水战战术而建造得更加高大、灵活和坚固，一些最新、最先进的造船技术便理所应当地出现于战船制造中，这一理念成为后来舰船发展史上的规律。

二、中国古代水战兵器之出现

海战不可或缺的另一类装备是兵器。自从水战成为一种新的战争形式，兵器便开始由陆战兵器向水战兵器演变。人类早期的陆战兵器包括刀、枪、剑、戟、弓、弩等，这些兵器在战争实践中不断完善和发展，有些已成为经典。水上战场开辟以来，人们开始谋求武器装备对水战的适应性，换言之，早期的水战兵器是由水上作战方式决定的。中国古代早期水战方式包括冲撞、接舷、跳帮、击凿、火攻等。冲撞是战船之间建造技术和坚固程度的较量，与战士所持兵器无关；接舷和跳帮都是单兵短兵相接之较量，既然是短兵相接，陆战兵器就可以派上用场；击凿和火攻是破坏敌方战船的方式，既然要破坏敌方战船，就需要击凿工具和远距离投放火种的兵器。所以，早期的水战兵器与陆战兵器基本没有差别。

可是，随着造船技术的发展，战船的种类逐渐增多，其功能出现了越来越细的划分，从而引发了水上作战战术和作战方式的变革，人们开始追求水战中的居高临下和先发制敌，双方开战的距离越来越远，战士短兵相接的距离也越来越远。在此情形下，兵器势必会发生相应变化，而这种变化并不复杂，即把刀、枪、剑、戟的手柄加长，使弓和弩的射程更远，便于在较远距离上击杀敌人。在公元前450年前后，专门用于水战的兵器出现了，《墨子》记载：

公输子自鲁南游楚焉，始为舟战之器，作为钩强之备，退者钩之，

111

进者强之，量其钩强之长，而制为之兵。①

此记载以楚越水战为背景。在古代兵法中有"水战以顺风为势"和"水战以上流为势"②之说，这是从一般意义上说的。然而，战争是复杂的，需要根据具体情况判断客观条件的利弊得失。春秋时期，楚国与越国在长江交战，由于楚国处上游，越国处下游，故楚国舟师进攻时须顺流而下。与下游之敌作战有利有弊，益处是行动迅速、冲击力强，弊端是一旦处境不利，战船需要撤退时，逆流而行则难以脱身。楚国舟师常常因此而打败仗。越国却恰好相反，舟师进攻时逆流而上，进攻之初遭遇逆流，往往可因准备充分而克服弊端。当形势不利需要撤退时，越国战船遇到的是顺流，可以快速脱离险境，越国常常因此而打胜仗。公输般南游楚国，了解了楚越长江水战的情况，便着手发明能让楚国舟师摆脱不利境况的水战兵器，制造出一种名为"钩强"的兵器。所谓"钩"，意为钩住，即当敌方战船欲逃时，用钩强将其钩住，故在兵器前端设置有金属弯钩；所谓"强"，意为拒之，就是当敌方战船迫近时，用钩强将其推开，故在兵器前端又设置有金属矛头。因而"钩强"又叫作"钩拒"。楚国得到钩强后，根据作战需要，将其柄设置成恰当长度而成为水战主要兵器，装备舟师。使用钩强之后，楚国舟师在与越国舟师交战中逐渐改变了不利局面。

公输般所发明的钩强是中国古代典籍中记载的最早专门用于水战的兵器。此后，水战专用兵器逐渐增多。与钩强相似的兵器还有后来出现的钩镰、撩钩等。还有一种投掷兵器，名"犁头镖"，"敌舟低小我舟高大用此器最利，掷之如雨，无不中贼。但习之不熟，或番筋斗，或中而无力，皆为徒费。锋须有钢精利，头重尾轻，用竹尤妙。盖竹体和软，头粗尾细，相宜也。如无竹处，必用木杆，须使头粗尾细，取其颤软发之，有力而准，不番筋斗也"③。犁头镖用镖头杀伤敌人，以多取胜，每次使用时必"掷之如

---

① 《墨子》卷十三。
② 李盘：《金汤借箸十二筹》卷十一。
③ 何汝宾：《兵录》卷六。

雨"才能取得良好效果。

水战兵器的出现，不仅极大丰富了水战的战略战术，使水战更加残酷和激烈，而且也为水战战场进一步向外海拓展奠定了基础。

三、沿海诸侯国之舟师建设

《博物典汇》记载：

> 史记武王即位，九年东伐，以观诸侯集否。师行，师尚父左仗黄钺，右把白旄以誓，曰：苍兕苍兕，总尔众庶，与尔舟楫，后至者斩。遂至孟津。黄氏曰：此古人用舟师之始。考齐世家太公会舟楫于孟津，则舟师自武王时已有之，盖以济河也。其后春秋时，孟明济而焚舟，亦皆在乎此。然亦暂以济耳。非若吴楚之人，用之则专以战焉。[①]

该记载说明，早在周武王"九年东伐"之时，他就建立了舟师，并在作战中发挥了至关重要的作用。作者认为，这是中国古代使用舟师的开始。如果从此时算起，中国海军的出现已有3000多年的历史了。然而，记载中又说，这些舟师只是用于渡河而已，一旦任务完成，舟船就会被烧毁或废弃，人员就会被解散，不同于春秋时期吴楚专门为水战而设立的舟师。这说明，此时的舟师并非专门为水战而设。由此可以断定，中国海军的产生不能从此时算起。元代历史学家马端临《文献通考·兵考兵制》中比较清晰地回答了中国古代舟师产生的时间问题。他说："楚用舟师自康王始。考之经传，吴自成七年始入州来，暨共王卒，继侵楚。明年，败楚于皋舟之隘。是吴利在舟师，楚惧无以敌吴。后十年，康王始为舟师，以略吴疆，而吴乃灭巢。昭王时，救潜之役，令尹子常以舟师及河内而还，竟无成功。

---

① 《博物典汇》卷十七。

其后，囊瓦伐吴，师于豫章，吴人见舟豫章，而潜师于巢，遂败楚师。入郢之后，吴太子终累又败楚舟师，获其帅，盖楚虽以备吴，置舟师，而实莫能胜，亦地形用便有不同耳。"① 楚康王在位的起始时间，亦即楚康王元年，为公元前559年。马端临认为，楚国舟师产生的时间是公元前559年以后，也就是春秋中期，而在这10年以前，吴国已经有了舟师。这说明在距今2500多年以前，中国海军就已经诞生了，比战船的出现早了几十年。当然，这仅仅是吴国和楚国舟师的产生时间，吴国舟师的出现是否最早已无法考证。如果说中国古代舟师在公元前569年以前就已产生，那么《墨子·鲁问》中所记述的楚国人借助公输般发明的钩拒打败了越国的江上之战，所动用的军队必是舟师，而此时与楚国舟师抗衡于江上的越国军队也必是舟师。自战国以后，有关舟师作战的记载逐渐多起来，《太平御览》《艺文类聚》等典籍中都有不少叙述。

各诸侯国舟师产生后，初期的体制和制度大概是采用陆军模式，关于这方面的具体情况，由于文献记载有限，尚难详述。

中国古代舟师的诞生，使中国这个以陆地为防御重心的沿海大国增加了一个新军种，也为华夏大地的朝代更替及民族独立与兴盛提供了重要前提和保障。

在春秋时期，中国东南沿海有三个强国，它们都是依靠经略海洋而强盛起来的诸侯国，即齐国、吴国和越国。齐国位于今山东半岛一带，吴国位于今江苏、安徽、浙江部分地区，越国位于今浙江、福建、广东等部分地区。此三国为争夺霸业，展开了连年不断的战争。由于三国濒临海洋，故在它们之间爆发的海战是中国历史上最早的海上战争。清代学者顾栋高在《春秋大事表》中说：

　　春秋之季，惟三国边于海，而其用兵相战伐，率用舟师蹈不测之

---

① 马端临：《文献通考》卷一百四十九。

险，攻人不备，入人要害，前此三代未尝有也。①

此"三国"指的就是齐国、吴国和越国，"前此三代"指的是夏、商、周。这段记载表明，中国历史上的海上战争是从齐、吴、越三国相互争霸开始的。诸侯国海上争霸的一个重要前提是拥有一支强大的海上武装，即舟师。在齐、吴、越三国中，吴国最早拥有舟师。吴国存续了约800年，最强盛之时是在吴王阖闾和夫差这两代君王时期。《吴志》概括了吴国人的生活："吴人以舟楫为舆马，以巨海为夷庚也。"②顾栋高亦称，吴国"不能一日而废舟楫之用也"③。《战国策》中亦载："黑齿雕题，鳀冠秫缝，大吴之国也。"④其中的鳀冠是用鱼皮缝制成的帽子，即是说吴国人喜欢用鱼皮做帽子。这些记载都说明吴国的社会生活在很大程度上依赖于江河湖海，也必然建立起与国家的地理位置相适应的海洋经济和海上武装力量。在古代文献中，虽然很少记载吴国的海洋经济发展状况，但从吴王阖闾在伍子胥、孙武等文臣武将辅佐之下屡次征战获胜的情况来看，吴国的综合国力是相当强大的，在促进国力增强的因素中海洋经济必占相当比重。从吴国"不能一日而废舟楫之用"的记载中也可判断其造船和航海之水平。慎子说："燕鼎之重乎千钧，乘于吴舟则可以济，所托者浮道也。"⑤这一切都必然体现在军事的强盛上，尤其体现在舟师的强大上。

在文献记载中，吴国舟师的内容稍显丰富。成书于汉代的《越绝书》载，吴王阖闾曾就如何筹备和训练舟师询问大夫伍子胥，伍子胥答："船名大翼、小翼、突冒、楼船、桥船，令船军之教，比陵军之法，乃可用之。"⑥这里所说的"船军"是指舟师，"陵军"是指陆军，大翼、小翼、突冒、楼船、桥船都是形制和用途各不相同的战船。伍子胥说得很清楚，舟师在训

---

① 顾栋高：《春秋大事表》卷八下。
② 李昉：《太平御览》卷七百六十八。
③ 顾栋高：《春秋大事表》卷三十三。
④ 《战国策·赵策二》。
⑤ 李昉：《太平御览》卷七百六十八；《慎子·逸文》。
⑥ 袁康、吴平：《越绝书·札记》。

练之时，比照陆军的方法，即会生成战斗力。而比照陆军的训练方法，即"大翼者当陵军之重车，小翼者当陵军之轻车，突冒者当陵军之冲车，楼船者当陵军之行楼车，桥船者当陵军之轻足骠骑也"[①]。按照伍子胥的设计，在海上作战时，大翼相当于陆军的重型战车；小翼相当于陆军的轻型战车；突冒相当于陆军的冲锋车；楼船充当稳住阵脚的指挥船，相当于陆军的楼车；桥船用于海上快速机动，相当于陆军的快马。

《越绝书》的记载表明，吴国舟师的战船种类繁多、分工明确，能够担负不同的作战任务。

越国是存在时间最长的诸侯国，它延续了1900多年，也是强盛时间最长的国家。从地理上看，越国是一个濒临东海的沿海大国，所以越国人的生活也离不开船。《广州新语》载："《山海经》云：番禺始为舟。番禺者，黄帝之曾孙也。其名番禺，而处于南海，故今广州有番禺之山，其始为舟，故越人习舟。古时吴楚之舟，皆使越人操之。"[②]越王勾践曾如此概括越国人的性情和生活方式："越性脆而愚，水行而山处，以船为车，以楫为马，往若飘风，去则难从。锐兵任死，越之常性也。"[③]《太平御览》载："行海者生而至越，有舟也。行陆者立而至秦，有车也。秦、越，远涂也，安坐而至者，械也。"[④]这就是把越国和秦国作为海陆两个典型强国来说明舟车等械具在国家立国中的作用。《淮南子》也载："胡人便于马，越人便于舟。"[⑤]

另据《史记》记载，越国人有"断发文身"的习俗，《战国策》中也载："被发文身，错臂左衽，瓯越之民也。"[⑥]《资治通鉴》载："越，方外之地，剪发文身之民也。"[⑦]据学者考证，这种"断发文身"的习俗与海上活动大有关系。"断发"就是剪短头发，在海上活动方便；"文身"就是在身上刺上花

---

① 袁康、吴平：《越绝书·札记》。
② 屈大均：《广州新语》卷十八。
③ 袁康、吴平：《越绝书》卷八。
④ 李昉：《太平御览》卷七百六十八。
⑤ 刘安：《淮南子》卷十一。
⑥ 《战国策·赵策二》。
⑦ 司马光：《资治通鉴》卷十七。

纹，花纹中有龙、鸟，是一种图腾崇拜。越国人相信身上有了这些花纹就能震住海上蛟龙，保佑海上平安。正如应劭解释的那样："越人常在水中，故断其发，文其身，以象龙子，故不见伤害。"①这一习俗是活动于海上的民族的典型特征。

越国所控制的海上航路也相当稳定和通达，越人的足迹除了遍布江、浙、闽、粤沿海水域以外，还涉足今越南北方沿海水域。典籍中对越国舟师战船的记述远没有对吴国舟师那样详细，但是却有对越国舟师人数和船数的记载。《越绝书》载："勾践伐吴，霸关东，徙琅琊，起观台，台周七里，以望东海。死士八千人，戈船三百艘。"②这里所说的"死士"是指可以死战的兵士，"戈船"是越国的主力战船。《吴越春秋》记载，越国有"楼船之卒三千余人""习流二千"③。此处"楼船之卒"是指在楼船上从事作战的士兵，"习流"是指熟习水战的士兵。上述两段记载表明，越国舟师的人数至少在万人以上，主力战船有戈船、楼船等，数量至少有数百艘。据文献记载判断，在与吴国等诸侯国的长期争霸中，越国舟师建造了种类繁多的战船，戈船是其中之一。何谓"戈船"？元代收藏家张晏认为，此船源于越国的水上作战，"越人于水中负人船，又有蛟龙之害，故置戈于船下，因以为名也"。而伍子胥却说，"有戈船以载干戈，因谓之戈船也"。唐朝初年的训诂学家、历史学家颜师古解释说："以楼船之例言之，则非为载干戈也，此盖船下安戈戟以御蛟鼍水虫之害。张说近之。"④这就是说戈船以船下安放戈戟而得名，这种说法比较接近事实。戈船就是越国舟师中一种具有较强战力的战船。从中可以断定，越国舟师的战斗力也不亚于吴国。越国舟师的强大既折射出这个沿海诸侯强国对海洋的依赖性，也折射出它在利用和控制海洋过程中所取得的辉煌成绩。

齐国位于山东半岛，其先君被周王分封时，齐国并不濒临海洋。到齐

① 司马光：《资治通鉴》卷十七。
② 袁康、吴平：《越绝书》卷八。
③ 《吴越春秋》卷十。
④ 班固：《前汉书》卷六。

桓公时，由于有名相管仲的辅佐，国力逐渐强盛，其中心由临淄逐渐东移，在打败了莱国之后，区域便扩大到了沿海，《国语·齐语》中所说的"通齐国之鱼盐于东莱"即指此。到齐景公时，"齐带山海，膏壤千里"[①]，齐国疆域已经包含了今山东的大部分地区，并拥有了大片海域。《尔雅·释地》载："鲁有大野，晋有大陆，秦有杨陓，宋有孟诸，楚有云梦，吴越之间有具区，齐有海隅，燕有昭余祁，郑有圃田，周有焦护。"[②]可见诸国各有广泽疆域，唯有齐国拥有广阔的海域。

面对如此广阔的海洋，齐国利用濒海优势，大力发展渔业、盐业和造船业，使国力增强，人民富裕。《史记》载，齐国立国即"因其俗，简其礼，通商工之业，便鱼盐之利，而人民多归齐，齐为大国"[③]。又载："齐桓公用管仲之谋，通轻重之权，徼山海之业，以朝诸侯，用区区之齐显成霸名。"[④]此时的齐国被管子称为"海王之国"，即"以负海之利而王其业"[⑤]的国家。

吕尚东封齐国之前，山东半岛的渔业和盐业就已经有了一定规模，特别是盐业，因需要向王朝进贡而繁盛。吕尚封齐后，因地制宜，提出大力发展渔业和盐业的方针，逐渐使这些产业成为齐国经济的支柱产业。管仲相齐后，深感齐国的濒海之利："渔人之入海，海深万仞，就彼逆流，乘危百里宿夜不出者，利在水也。故利之所在，虽千仞之山，无所不上，深源之下，无所不入焉。"[⑥]在这种情况下，岂无边海之利之理！于是管仲又对前期政策进行了大刀阔斧的改革，进一步推动了渔业和盐业的发展。正如清人邱浚所评："太公以齐地负海泻卤，少五谷而人民寡，乃通鱼盐之利。管子对桓公曰：齐有渠展之盐，请君伐菹薪，煮沸水为盐，征而积之。于是自十月至于正月，成盐三万六千钟，粜之得金万壹千余斮，山海之利，甲

---

① 司马迁：《史记》卷一百二十九。
② 班固：《尔雅》卷中。
③ 司马迁：《史记》卷三十二。
④ 司马迁：《史记》卷三十。
⑤ 《管子》卷二十二。
⑥ 《管子》卷十七。

于诸国。"①在吕尚和管仲的持续推动下，齐国的渔业和盐业生产位居沿海诸侯国前列。渔业和盐业的发展必然推动造船和航海事业的进步。反之，对海洋的利用则急需有强大的海上力量实现对沿海的管控。于是，在齐桓公时期，齐国建成了庞大的舟师部队，《管子》记载，"管子有扶身之士五万人"②。据学者考证，这里的"身"是"舟"之误，应为"扶舟之士五万人"，而"扶舟之士"是指善于水战和游泳的兵士。可见齐国在鼎盛时期的舟师规模是十分庞大的。到了齐景公时期，关于造船、航海以及舟师的情况鲜有记载，但典籍中所列举的例子能为我们提供判断的依据。有一年，齐景公意图视察山东半岛沿海各地，他对大夫晏子说："吾欲观于转附、朝舞，遵海而南，放于琅邪。"③这里的"转附"即后来的芝罘岛，属今日山东省烟台市；"朝舞"即山东半岛的成山，属今日山东省荣成市；"琅邪"也写成"琅琊"，位于今山东省青岛市黄岛区琅琊台西北。这段记载表明，齐景公欲沿近海航路视察山东半岛北部之转附、东部之朝舞、南部之琅琊，其海上武装力量已经控制了这条山东半岛的航路。当然，这并非是彰显齐国海上武装力量的唯一案例，更能说明问题的是齐景公的游海活动。据刘向《说苑》载：

> 齐景公游于海上而乐之，六月不归，令左右曰："敢有先言归者，致死不赦。"颜烛趋进谏曰："君乐游海上，而六月不归。彼傥有治国者，君且安得乐此海也。"景公援戟将斫之，颜烛趋进抚衣待之，曰："君奚不斫也？昔者，桀杀关龙逢，纣杀王子比干。君之贤，非此二主也。臣之材，亦非此二子也。君奚不斫，以臣参此二人者，不亦可乎？"景公说，遂归。中道闻国人谋不内矣。④

---

① 《山东通志》卷十三。
② 《管子》卷二十三。
③ 《孟子·梁惠王》。
④ 刘向：《说苑》卷九。

齐景公是一个既有治国抱负，又贪图享乐的君主，他曾在海上游历达6个月之久，依然乐不思归，后经颜烛力谏才回朝中。一位君主能在海上连续生活6个月，其必然拥有一支庞大而奢华的船队，这支船队既包括君主乘坐的艅艎大船、王公大臣乘坐的豪华船只，又包括拥有服务、采办、通信联络等功能的公务用船，以及一批保护齐景公安全的各式战船，这显然是一支超级混合"舰队"。能拥有如此规模的"舰队"，齐国造船业的发达可见一斑。如果没有对沿海海域的绝对控制，如果没有十足的安全自信，齐景公何以能安心在海上逍遥娱乐半年之久？由此观之，齐国的"海王之国"名不虚传。

总之，沿海诸侯国在春秋末期均已建立起规模庞大的舟师部队，在争霸中必然上演精彩的海上战争大剧。

四、齐、吴、越三国之海战

从典籍记载来看，沿海诸侯国之间爆发的最早的一场海战是发生在吴国和齐国之间的黄海海战，时间是公元前485年。在这之前，三国之间的水战即已开始。

越国并不把齐国的舟师放在眼里，即使是在齐桓公时期亦是如此，它试图挑起攻齐之战，想利用己方的海上优势征服齐国，于是寻机派舟师主力沿海岸北上。对于越国的战争意图，齐桓公早有预料，他询问管子究竟应该如何应对，管子献上多条计策。《管子》记载：

> 桓公曰："天下之国，莫强于越。今寡人欲北举事孤竹、离枝，恐越人之至，为此有道乎？"管子对曰："君请遏原流，大夫立沼池。令以矩游为乐，则越人安敢至？"桓公曰："行事奈何？"管子对曰："请以令隐三川，立员都，立大舟之都。大身之都有深渊，垒十仞。令曰：'能游者赐千金。'"未能用金千，齐民之游水不避吴、越。桓公终北举

事于孤竹、离枝。越人果至，隐曲蓄以水齐。管子有扶身之士五万人，以待战于曲蓄，大败越人。此之谓水豫。[①]

从管子的计策看，他针锋相对地以舟师对舟师，意在充分发挥齐国沿海优势。首先，他了解越人看重舟师的心态，刻意派大批善于水战的兵士"矩游为乐"，向越国展示水上作战力量；其次，他从长远着想，建议建立大型水上训练基地，并鼓励兵士加强训练；最后，他令5万舟师严阵以待，做好战斗准备。这些措施果然奏效，齐军最终大败越军。对于越军来说，他们长途奔袭，远离国土，对齐国舟师的虚实判断不清，尤其没有对齐国舟师进行致命打击，这是失败的主要原因。

《管子》记载的这次越齐之战，虽然比吴齐黄海海战早了100多年，但由于双方没有发生大规模海战，主要战斗均在陆地进行，故也就不会在历史典籍中有特别记载。不过这一仗同样显示了越国强大的远洋航行和投送能力，由此便可以理解后来它对吴国的海上远征。

鲁哀公元年（公元前494年），越王勾践先发制人，兴兵伐吴。吴王夫差派水陆大军迎战，双方战于夫椒，越军大败。吴军乘胜直捣越国都城会稽，越王勾践率5000残兵退守会稽山，吴军将勾践团团围住，勾践不得不求和。吴王夫差战胜越国后野心更加膨胀，一心要北进与齐国争霸。为了实现目标，他命人在长江以北修筑了邗城，又在其旁开凿了邗沟。邗沟是一条南北走向的运河，它沟通了长江和淮河两大水系，成为吴国北上进军和运粮的水上通道。就在吴国对齐国虎视眈眈，做着战争准备之际，齐国国内发生了政局动荡。齐景公去世之前没有定下接班人，在临终时把荼立为太子，并嘱托高氏和国氏辅佐他。齐景公的另一个儿子阳生为躲避迫害，逃到鲁国。齐国的另一股势力田氏不满高氏和国氏把持齐国朝政，有意取而代之。公元前490年，齐景公去世，太子荼顺利成为齐国国君，这就是齐晏孺子。齐晏孺子元年（公元前489年），田氏的田乞联络鲍氏的鲍牧和

---

① 《管子》卷二十三。

诸大夫，发动了宫廷政变，率军冲入宫中。高氏和国氏听到消息后也率军入宫，双方展开激战。由于田氏在齐国颇得民心，所以很快击败高、国两氏，控制了朝政。随后，田乞将逃到鲁国的公子阳生接回国，拥立为新的国君，这就是齐悼公，田氏也自然成为齐国朝政的把持者。

就在齐国发生一系列朝政动荡之际，吴国联合鲁国、邾国等国，于齐悼公四年（公元前485年）发动了对齐国南方的进攻。此时齐国大夫鲍牧因与齐悼公有隙，被齐悼公所杀，田乞之子田常趁机怂恿鲍息及齐人将齐悼公毒杀，立齐悼公之子吕壬为君，这就是齐简公。①

齐国愈演愈烈的朝廷变故，进一步坚定了吴王夫差打败齐国的决心。他亲自率领舟师主力，由邗沟进入淮水，抵达齐国南部边界，并派大夫徐承率领舟师，顺淮河而下，进入黄海，北上攻打齐国。齐国虽然国内发生变故，但依然保持着强大的舟师力量。齐国派出舟师主力迎战，于是双方在黄海展开激战。关于此次海战，《史记》的记载仅有寥寥数语，说吴王夫差率军从海上进攻齐国，被齐国打败。《左传纪事本末》虽然多说了几句，但也仅是"徐承帅舟师，将自海入齐，齐人败之，吴师乃还"②。至于吴齐海战双方参战的战船和官兵数量、海战的具体过程、双方的伤亡人数、吴国舟师失败的原因等，均无记载。但笔者依然可以根据相关史料对双方舟师实力，以及春秋时期海战样式等情况，做一推测：这是一场由两国舟师主力参加的场面宏大的海战。在这场海战中，双方动用的战船至少各有几百艘，采取了冲撞、接舷、跳帮、击凿、火攻等战术，进行了长时间厮杀。海战的最终结果是吴国舟师伤亡惨重，大败而归。

吴齐黄海海战无论对于中国古代航海史还是海军史，都具有开创性意义。它是中国历史上有记载的第一次大规模海上战争，也是中国历史上第一次舟师远航作战。这场海战说明了4点：第一，吴国舟师的战船可以毫不费力地辗转于江海，航行数千里水路而依然能够保持强大作战能力，说

---

① 司马迁：《史记》卷三十二。
② 高士奇：《左传纪事本末》卷五十一。

明春秋时期中国的造船能力和航海能力都已经达到相当高的水平。第二，吴国舟师从今天的江苏沿海进入内河，再从内河出海进入山东沿海，说明这条沿海航路已完全贯通。这条航路既然能用于战争，也能用于沿海的经济发展。第三，吴国舟师能实施远航作战，说明这个诸侯国自吴王阖闾以后，舟师的规模在不断扩大。吴国的舟师是沿海诸侯国舟师的代表，各沿海国家的舟师也都得到了不断发展。第四，吴国舟师在黄海海战中失败后，国家元气大伤，说明吴国舟师在军队体系中占有相当大的比重，在沿海国家争霸中发挥着主导作用。

至于吴国舟师的失败，笔者认为有3点原因：第一，吴王夫差骄横、轻敌。吴王夫差打败越国后，又征服了陈国和鲁国，心理极度膨胀。当他发现齐国连续发生政局动荡后，很有可能误认为齐国的舟师战斗力会下降，从而产生轻敌思想，最终招致失败。第二，吴国舟师远征劳顿。吴国舟师在作战之前，经过千余里长途航行，不可避免地会产生疲劳。而齐国舟师以逸待劳，战士在体力上占有优势。第三，吴国舟师对作战海域的海况不熟。沿海航线虽已开通，但吴国舟师对于山东外海的海况并不熟悉，齐国舟师却了如指掌。总之，吴齐黄海海战拉开了中国古代海战的序幕，从此，舟师作为一个独立军种正式登上海战舞台。吴国在海上失败后，舟师实力大损，再无力量与齐国和越国进行单纯的海上较量，只能把战争完全转向陆地。

就在吴国和齐国进行海上战争之时，越王勾践则在暗中积蓄力量，虽然此时越国的国力还没有吴国和齐国那样强大，但越王勾践卧薪尝胆，誓要灭吴，经过10年努力，终于建立起强大的军事力量，特别建立了一支精锐舟师，具备了与吴国相抗衡的能力。鲁哀公十三年（公元前482年）春，吴王夫差率吴国精锐部队北上黄池会盟，勾践乘吴国后方空虚之际，决定发兵攻打吴国。对于这次战争，勾践做了充分准备，制订了水陆联合作战计划。他把近5万部队分成两路大军：一路由大夫范蠡率领，乘战船走海路，沿海岸北上，进入淮河；一路由大夫畴无余、讴阳为先锋，勾践亲率主力在后，从陆路北上，直捣吴国都城姑苏。

越国舟师的二三百艘战船从杭州湾出发，沿海岸一路北上，直抵淮河口，然后进入淮河，其战略目标是截断吴国舟师的海上退路，与陆上大军形成南北夹击。这条航路足有1000多千米，经过长途奔袭，越国舟师终于完成战略任务。吴王夫差闻讯，匆忙由黄池返回救援，调集舟师赶赴淮水，在淮水与越国舟师展开激烈水战，史称"干遂之战"，结果吴国舟师大败。这一仗至关重要，大大牵制了吴国的兵力，使得勾践率领陆上大军攻破姑苏，歼灭吴军一万余人，俘虏吴太子友，夺取王舟，迫使夫差求和。吴国从此一蹶不振。

鲁哀公十七年（公元前478年），越国趁吴国大旱，再次发动大规模进攻，双方进行了3次大战，统称"笠泽之战"。笠泽是苏州南部的一条江，它沟通太湖与东海。当越国军队赶到笠泽时，与吴军形成隔江对峙。《左传》对这场水战有如下记载：

> 哀十七年三月，越子伐吴。吴子御之笠泽，夹水而陈。越子为左右句卒，使夜或左或右，鼓噪而进。吴师分以御之。越子以三军潜涉，当吴中军而鼓之，吴师大乱遂败之。[①]

《国语》对这场战役的记述更详尽，其中记载：第一次战斗之前，吴军部署于笠泽江北，越军部署于江南。勾践将江南的越军分为左、中、右3军，中军由其亲信部队6000人组成，担任主攻，其余左右两军担任助攻。三月的一天，勾践决定发动水战，他命左军舟师在黄昏衔枚溯江2.5千米待命，同时命右军亦衔枚逾江2.5千米待命，中军则做好进攻准备。这天夜间，勾践命令左右两军突然涉江"鸣鼓中水"，吴军闻之大骇，吴王夫差判断，越军分为左右两路大军，目的是对吴军实施夹攻，于是不等到天亮便将军队也分为左右两部分，分别抵御越军左右两军。可夫差并未想到，勾践此时命令中军"衔枚潜涉""不鼓不噪"，从中间发起袭击，结果吴军大

---

① 左丘明：《左传·吴越》卷十九。

败。此为第一仗。越军左右两军随后跟进，渡过笠泽，分别在没地和姑苏郊区打了两仗，两败吴军，迫使吴军屈服。[①]后人在评价"笠泽之战"时说："笠泽之战，越以三军潜涉，盖以舟师胜，此所谓习流，是即习水战之兵。"[②]这段评价把越军在"笠泽之战"中的胜利归功为舟师的取胜并不为过。

鲁哀公二十二年（公元前473年）十二月，吴王夫差自杀，越灭吴。

中国古代生产力的发展推动了海洋文明的进步，进而造就了沿海强国的崛起。齐国、吴国和越国以其独特的地理优势，长期称雄于沿海。它们在相互争霸中，建立起强大的海上武装力量。然而，武装力量的发展及运用与政治、经济、文化等诸因素密切相关，它们的相互作用决定着国家的命运。吴国就是在这一作用过程中由盛而衰，最终灭亡的；齐国和越国也是依靠这一作用而跻身于诸侯强国之列的。事实再次表明，一个沿海国家既可以因经略海洋而成就霸业，也可以因忽视海洋而导致灭亡。

五、余论

任何历史时期的社会实践都必然上升为理论，春秋时期的水上作战亦不例外。根据目前所存史料判断，最早较为系统论述水上作战的军事著作就出现于这一时期，即伍子胥的《水战兵法》。可惜的是这部兵法已经散佚。之所以认为《水战兵法》曾经存世并为伍子胥所作，主要原因有二：

第一，伍子胥拥有丰富的舟师训练和水上作战经验。

伍子胥原为楚国人，父亲伍奢因直谏而被楚平王所杀，伍子胥辗转逃至吴国，免遭杀戮，投靠公子光门下。公元前514年，伍子胥策划刺杀吴王僚，帮助公子光夺取吴国王位，是为吴王阖闾元年。阖闾执政后，拜伍子胥为相，以齐国人孙武为将军，确定了先破强楚，再攻越国的争霸方略。

---

① 韦昭：《国语解》卷二十。
② 赵晔：《吴越春秋》卷十。

公元前512年，伍子胥提出将吴军分为3部分轮番攻楚之策，使吴军频频攻楚于江淮之间，楚军疲于奔命。吴王阖闾九年（公元前506年），阖闾命伍子胥开凿胥溪，采用开挖人工河道与整治天然河道相结合的办法，从苏州通太湖，经宜兴、溧阳、高淳等地，过固城湖，在今安徽芜湖入长江。胥溪沟通了太湖与长江水系，是我国最早开凿的运河。吴军在孙武、伍子胥率领下，以舟师溯胥溪而北上，从淮水流域西攻到汉水，五战五胜，在柏举击败楚军主力，长驱直入楚都郢，迫使楚昭王出逃。吴王阖闾十九年（公元前496年），阖闾在与越国的槜李之战中重伤而死，后吴王夫差继承王位，誓为父亲报仇。他励精图治，任用伍子胥等人大力整顿军队，建设舟师，于公元前494年率军在夫椒之战中大败越国，攻破越都，迫使越国降服。

吴国所处的沿海地区水网密布，不仅濒临大海，而且环抱太湖。太湖在先秦地理著作中被称为震泽，又名具区、笠泽，是一个面积辽阔的湖泊，吴都就临太湖而建。这种独特的自然环境为伍子胥训练舟师提供了良好条件。有学者认为，楚人擅长车战和步战，吴人和越人则擅长车战和水战。吴越的舟师和陵师大概是二位一体的，上了船就是舟师，登了岸就是陵师，类似于现代的海军陆战队。[①]事实并非如此。从伍子胥训练舟师所建造的战船来看，种类繁多，舟师兵卒专业性强，而且水战频繁，不太可能舍船登陆，从事陆战。除非舟师覆没，兵卒不得已而上陆。《春秋左传》记载："蔡侯、吴子、唐侯伐楚，舍舟于淮汭。自豫章与楚夹汉。"[②]《国语·吴语》载，吴王夫差"使王孙苟告劳于周曰：……遵汶伐博，篝笠相望于艾陵"。只能说明在柏举、艾陵之战中，吴军是以陆军乘舟沿水路推进的，并不能说明陆上作战任务是由舟师兵卒承担的。然而，吴王夫差开凿邗沟以通江淮，疏浚开通菏水以沟通泗水与汶水的措施，不仅为吴国的军事行动做了前期准备，而且为伍子胥运用舟师创造了条件。

---

① 张正明：《楚与吴越文化异同辨》，《浙江学刊》1990年第6期。
② 左丘明：《春秋左传》卷五十四。

伍子胥来到吴国之时，正值各沿江、沿海诸侯国创建舟师之时，对于舟师的训练和使用，各诸侯国并无现成经验可以借鉴，伍子胥和孙武把训练陆军的经验引入舟师训练中，开创了舟师训练的新方法，不仅提高了舟师的战斗力，而且以水战的战略战术推动了战船的发展。作为颇有建树的军事家，伍子胥在舟师训练实践中不可能不把训练心得加以总结，并将之系统化，如中国古代其他军事家一样编写成书，以教导时人和后人，故《水战兵法》的诞生是完全有可能的。

第二，文献对《水战兵法》有零星记载。

推断毕竟不是事实，况且伍子胥的《水战兵法》已经散佚，人们对《水战兵法》是否存在表示怀疑亦在情理之中。然而，伍子胥之后的许多典籍记载了《水战兵法》的存在，有些典籍直接或间接地对其中的内容进行了叙述。《汉书·艺文》"兵家类""兵技巧十三家百九十九篇"有伍子胥的著述，班固曰："技巧者，习手足，便器械，积机关，以立攻守之胜者也。"这其中就包括"《伍子胥》十篇，图一卷"[①]。在"杂家"亦有"子胥八篇"。这里的《伍子胥》即指他的《水战兵法》。《汉书·帝纪》"武帝卷"载："甲为下濑将军，下苍梧。"颜师古在解释这句话时说："服虔曰：'甲，故越人归汉者也。'臣瓒曰：'濑，湍也，吴越谓之濑，中国谓之碛。《伍子胥书》有下濑船，师古曰濑。'"[②]这里的《伍子胥书》也指《水战兵法》。《史记·南越尉佗列传》载："元鼎五年秋，卫尉路博德为伏波将军，出桂阳下汇水；主爵都尉杨仆为楼船将军，出豫章下横浦；故归义越侯二人为戈船、下厉将军，出零陵或下离水，或抵苍梧。"裴骃在集解戈船时说："瓒曰：'《伍子胥书》有戈船，以载干戈，因谓之戈船也。'"[③]这里的《伍子胥书》与《汉书》所指相同。

《水战兵法》虽已经散佚，但在《越绝书》中保留了其中的部分内容："伍子胥《水战兵法·内经》曰：大翼一艘，广一丈五尺二寸，长十丈（文

---

① 班固：《前汉书》卷三十。
② 班固：《前汉书》卷六。
③ 司马迁：《史记》卷一百一十三。

选侍游曲阿后湖诗注：《御览》三百十五作广丈六尺，长十二丈），容战士二十六人，櫂五十人，舳舰三人，操长钩、矛、斧者四，吏仆射长各一人，凡九十一人。当用长钩、矛、长斧各四，弩各三十二，矢三千三百，甲、兜鍪各三十二（《御览》三百十五）。中翼一艘，广一丈三尺五寸，长九丈六尺（原作五丈六尺依七，命注改）。小翼一艘，广一丈二尺，长九丈。"①注中所说《御览》即宋代大型类书《太平御览》，该书"水战"篇中将伍子胥《水战兵法》称为《伍子胥水战法》。②该书"叙舟下"篇引《越绝书》："阖闾见子胥：'敢问船运之备何如?'对曰：'船名大翼、小翼、突冒、楼船、桥船。今船军之教比陵军之法，乃可用之。大翼者当陵军之车，小翼者当陵军之轻车，突冒者当陵军之冲车，楼船者当陵军之行楼车也，桥船者当陵军之轻足剽定骑也。'"③清代学者王先谦在《补注》中云："《御览》三百十五并引《子胥水战兵法》皆明言出《越绝书》,《御览》七百七引《越绝书》'子胥船军之教'。以上今《越绝书》所无。"

　　《越绝书》是记载吴越地区历史的史书，内容以春秋末年至战国初期吴越争霸历史为主线，涉及这一时期吴越地区的政治、经济、军事、天文、地理、历法、语言等多个方面。难能可贵的是它保存了有关舟师的若干史料，伍子胥建设舟师的情况及其《水战兵法》是其中的一部分。很显然，《越绝书》的作者袁康读过《水战兵法》。可惜的是书中收录的《水战兵法》内容不全，才有了李昉在《太平御览》中的补充。

　　北宋军事著作《武经总要前集》在"水战"篇中也收录了伍子胥关于水战的论述："吴楚扬越之间，俗习水战，故吴人以舟楫为舆马，以巨海为平道，是其所长。春秋时，吴以舟师伐楚，又越军舟战于江。伍子胥对阖闾，以船军之教比陆军之法：大翼者，当陆军之车；小翼者，当轻车；突冒者，当冲车；楼船者，当行楼车；桥船者，当轻足骠骑。"④显然，这些论

---

① 袁康、吴平：《越绝书·札记》。
② 李昉：《太平御览》卷三百一十五。
③ 李昉：《太平御览》卷七百七十。
④ 曾公亮、丁度：《武经总要前集》卷十一。

述来自《越绝书》。

从以上典籍的零散记载可知，伍子胥确有《水战兵法》的著述，而且影响十分广泛，被历代军事家重视和引用，正如有的学者所言："中国早期兵书很少有论述水军作战方法的，故《伍子胥水战法》显得十分宝贵，伍子胥也因此被视为水战鼻祖。"[①]伍子胥《水战兵法》的内容不外乎舟师战船的种类及作用、战船的装备和兵卒配置、舟师的运用及水上作战战术等，集中反映了早期舟师建设的状况及伍子胥训练和运用舟师的思想，表明春秋时期舟师已成为独立兵种，其理论开始产生并在实践中应用。

作者简介：张良，辽宁财贸学院马克思主义学院讲师；马骏杰，中国甲午战争博物院首席专家、教授。

---

① 邵鸿：《张家山汉墓古竹书〈盖庐〉与〈伍子胥兵法〉》，《南昌大学学报（人文社会科学版）》2002年第2期。

A Discourse on the Construction of Navy and Maritime Warfare in the Three Coastal States at the end of the Spring and Autumn Period

Zhang Liang Ma Junjie

Abstract: At the end of the Spring and Autumn period, the naval construction of the three coastal states of Qi, Wu, and Yue was mainly reflected in the organizational system, personnel allocation, types of warships, weapon use, and naval warfare tactics. Due to the limitations of historical literature, this article focuses on the origins of ancient Chinese warships, weaponries, and tactics, as well as the scale and status of the naval forces of Qi, Wu, and Yue states. It particularly discusses the maritime wars among the three states and their impact on the rise and fall of their states. It is believed that the construction and maritime use of naval forces by coastal vassal states have a comprehensive impact on the rise and fall of their states through politics, economy, and culture, and can serve as a reference for today. At the same time, preliminary research was conducted on Wu Zixu's *The Art of War in Water Warfare*.

Keywords: Spring and Autumn; Coastal Three States; navy; maritime warfare

域外视角

英国档案与中日甲午战争（1894—1895）

——一个中国海军军官团的创建

［英］马克·霍斯金　著　徐淑钰　译

【摘要】英国保存的与甲午战争相关的档案大致有两部分，本文论述的是第一部分，其中包括在北洋海军服役的中国海军军官在英国和中国的训练情况。这些档案包括官方、半官方和非官方的文献和史料，它们共同构成了英国皇家海军对这一特殊时期的历史印记。这些档案始于1866年，当时福州船政学堂及其驾驶学堂正在筹建当中，从这里走出了中国近代最早的一批海军人才，他们与英国皇家海军教育发生了联系，正是这些人影响了几代中国人的海洋安全思想。他们在这一时期的知识转变，在塑造我们如何从海洋角度看待中国，以及在工业化时代理解中国海军历史的能力方面具有深远影响。

【关键词】北洋舰队　中国海军　李鸿章　皇家海军　海军训练

目前朝廷迫切需要增强海军实力，特别是在铁甲舰方面。台湾孤悬海外，澎湖是其门户，没有铁甲舰则无法防护之。中国要防御西方侵略，火炮口径不能小于八九英寸，铁甲厚度不能薄于十二英寸，航速不能低于十五节。最难的是吃水，不能超过十八英尺。浅水舰船一般不能携带大型火炮或重型装甲，也不能快速航行。①

——李鸿章，1885年

---

① "Li Hung-Chang to Marquis Tsêng, China's Minister in London." In: Boulger, D. C., *The Life of Sir Halliday Macartney, K.C.M.G, Commander of Li Hung Chang's Trained Force in the Taiping Rebellion, Founder of the First Chinese Arsenal, for Thirty Years Councillor and Secretary to the Chinese Legation in London*, London: John Lane, 1908, p.322.

北洋舰队、威海和英国之间的紧密联系至今仍未被完全理解，想要找到它们的信息，如同大海捞针。皇家海军所保存的记录是由官方、半官方和非官方的组成的，它们既不简单也不集中于一个档案馆中。官方文件的形式包括向海军部（特别是海军情报部）提交的报告、向以香港为基地的中国站负责人提交的区域传阅报告，以及向海道测量局提交的调查报告。半官方文件包括向当地英国领事、驻北京公使和英国外交部提交的报告。这一体系部分地导致皇家海军军官被称为"灰色外交家"[①]。非官方文件包括日记、军官之间的通信，以及记者采访的资料，其中许多由私人收藏。当这些文件组合在一起时便形成了一个公认的在时间上不完整的记录，但它们可以通过英国人的视角讲述北洋舰队和威海的故事，这是不可忽视的。英国虽已称霸海洋，但也非常担心俄国势力会影响其在印度的统治，同时也担心其他西方国家会在中国羸弱时趁机与其发展贸易，从而取代英国。

英国此时与中国打交道的原因成为这一时期西方半殖民化的组成部分，其目标最早形成于18世纪晚期。它通过除占领以外的任何手段寻求影响力，即采取各种各样的举措。然而，最终与乾隆皇帝1793年给英国国王《敕英咭利国王谕》中所说不符，即英国所提供的自认为中国人想要的东西并非清政府所需，或谓与中国社会的生活方式或文化不符。马戛尔尼远征的主要目的之一是增加英国工业制品的输出，通过突出体现西方技术进步的产品，如钟表、望远镜、武器和纺织品等，激励中国人购买更多的英国商品，以解决贸易逆差问题。两次鸦片战争后，19世纪中后期，中国在工业发展和加强海防方面为英国提供了其迫切想要抓住的机会，即建立培养既能从事武器装备推销，又具有政治影响的人才的制度，直到1946年被美国所取代。

虽然中英两国地位不平等，但此时中英关系的发展为中国的工业发展尤其是海防领域提供了独特的视角，成为英国这一时期信息记录的依据。英国渴望在中国拥有影响力，并在全中国范围内拥有尽可能大的市场份额，这在平衡英国与其他西方国家的关系方面起到了积极作用，但在提供竞争

---

① Edwards, K., *The Grey Diplomatists*, 1st Ed., London, Rich & Cowan, Ltd., 1938.

对手的贸易信息方面却产生了消极作用，英国就是利用这些信息在与中国的贸易中寻求额外的利益。当我们思考英国在中日甲午战争（1894—1895）及其后果中所扮演的角色时，英国保存的记录提供了这一时期外国对华贸易的视角，包括来自德国的海军舰艇订单。这些舰艇构成了北洋舰队的一部分，这些宝贵的订单是英国工业错失的机会。

北洋舰队购买的舰船只是故事的一部分，因为舰船需要人来操作。虽然舰船上的人员主要是中国人，但也有200多名外国顾问和教习，其中许多人来自英国。这些人成为"灰色外交家"的一部分，英国希望他们能产生自葡萄牙和意大利传教士来华以来从未有过的政治影响，葡萄牙和意大利传教士曾对清廷有举足轻重的影响。正是这些英国顾问和教习，通过在马尾船政学堂和格林威治皇家海军学院对中国海军军官的培训，直接影响了几代中国人的海洋安全思想。其他皇家海军军官，包括在这一时期培训中国海军军官的琅威理，他们中的一些人正如鸭绿江之战（1894年9月17日）后李鸿章向皇帝描述的那样："该洋员等，以异域兵官，为中国效力，不惜身命，奋勇争先，洵属忠于所事，深明大义，较之中国人员，尤为难得。"[①] 事实上，构成北洋舰队的舰船、操纵舰船的人，以及他们的教习，成为战争故事的重要组成部分，战争开始两年以前就在很大程度上印证了他们的努力。

当我们思考他们的成就时，短暂的中日甲午战争无法完全诠释他们的成功与失败。这些人不是凭空出现的，而是随着时间的推移在努力中成长起来的。他们也没有完全消失，一些人存活下来，在人民共和国成立过程中发挥了影响力，并为国家服务到20世纪60年代末。将他们所受的训练和人生结合起来考察，可以让读者深入了解本文范围之外当今中国的一些领域。因此，读者如何思考他们的故事所能表达的内容取决于读者自己，但我确认，这是本文的一个重要方面。中日甲午战争的记录不仅本身很重要，而且历史给我们的教训远远超越了那次战争，甚至影响中国的未来。

---

① 《海战请奖恤西员片》，《李鸿章全集》15，奏议十五，安徽教育出版社，2008年，第467页。

　　从本期开始，接下来的5个章节将挖掘北洋舰队的发展及其相关领域的原始资料，通过观察它的发展、它的舰船、它所依托的港口基础设施，以及它进行的训练，我们可以更好地理解为什么在关键的鸭绿江之战和威海之战中，它发挥了应有的作用。后面的章节增加了超出战争本身的材料，将阐释英国人如何研究这场战争，并将其运用到战后在不列颠群岛周围水域使用海军的战略思维中，虽然这种思维在飞机用于战争时逐渐落伍，但直到1941年英日战争开始时仍在运用。本专栏提供的基础资料显示，后续所公布的史料对中日甲午战争史、威海和中国现代海洋安全发展也将十分重要，汲取历史教训能够更好地解释中国今天看待海洋的方式，正如1881年北洋舰队初创时李鸿章向我们展示的那样。

　　　　一个拥有强大武装的中国，必然会对任何外国都保持绝对独立；它应该痛斥鸦片贸易。①

　　　　　　　　　　　　　　——查理·乔治·戈登将军，1881年7月5日

　　巡洋舰于10月15日抵香港，现在正缓慢地沿海岸北上，在广州、福州和上海停靠以炫耀一番。李中堂因太后葬礼现在北京，他看到中国水手在没有保险的情况下把两艘船驶回，大为高兴。派水手去什切青把几艘装甲舰驶回的工作已准备就绪。李正忙于建立北洋海军的准备工作……左宗棠昨天被任命为两江总督，将立即去南京，他在那里除了别的工作外，还掌管南洋水师。我记得他开办福州船政局并信任日意格，因此如果日意格不久就来这里……我是不会觉得奇怪的。②

　　　　　　　　　　　　　　——罗伯特·赫德，1881年10月31日

―――――――――――

　　① Gordon, C. G., to Hennessey, 5 July 1880. Quoted in: Kiernan, E. V. G., *British Diplomacy in China, 1880 to 1885*, Cambridge: Cambridge University Press, 1939, p.213.

　　② Liang-kiang Tsung-Tuh, lit. Governor General of Liang King; Kiangsu, Anhwei, and Kiangsi. "Letter No. 344, Z/60, Hart to Campbell, Peking, 30 October 1881." In: Hart, R., Fairbank, J. K., Bruner, K. F., Matheson, E. M., eds., *The I.G. in Peking: Letters of Robert Hart Chinese Maritime Customs 1868-1907*, Vol. I, Cambridge: Harvard University Press, 1975, p.391.

本章着重论述晚清至民国时期（1870—1949）中国海军军官的海外教育。中国海军军官的海外教育是通过先进的西方海军训练考核、实践以及获得技术大变革时代的经验实现的，这些都成为中国经验。中国外交顾问、语言学家、作家辜鸿铭（1856—1928）在1901年写道："子曰：君子怀德，小人怀土。"[①]这是对一个人及其地位的衡量标准，通过考察海军军官在皇家海军学院以及在更广泛的皇家海军系统中训练的能力，进一步提高他们的专业技能，我们可以看到这种训练对他们以后的职业生涯以及对当代中国海洋空间观念形成的影响。此外，我们可以认识到这种在海外实施的训练的活力，以及后来在中国社会结构中的作用。这样一个综合系统的发展最终促使现代中国海军的诞生。教育是技术学习的基础，从这段历史经验中得出的教训至今仍适用。

英国对海洋世界以及对外国海军建立的影响，最关键之处在于水道测量技术、法律条文，以及并不局限于涉及中国的历史教训。在历史上，加布里埃拉·弗雷曾描述："简言之，19世纪中叶是人们把海洋作为法律和战略空间加以理解的分水岭。英国是19世纪70年代世界领先的经济体，它的财富和繁荣是建立在控制海洋的基础上。"[②]然而，当法国和俄国成为世界舞台上的安全威胁，以及无论身在何处，殖民主义都成为本民族的灾难时，英国在1879年才开始批判性地分析自己的帝国防御。约翰·科隆布上尉早就提出了这个问题，1881年他发表了一篇有影响力的论文《海军情报和战争中的贸易保护》，由于使用的数据显示了英国的弱点，从而开始改变人们对海洋领域的看法。[③]由于广泛的贸易网络依赖于商品的安全流通，以满足

---

① Ku, Hung-ming［Gu Hongming］, *Papers from a Viceroy's Yamen. A Chinese Pleas for the Cause of Good Government and True Civilization in China*, Shanghai：Shanghai Mercury, 1901, ii.

② Frei, G. A., *Great Britain*, *International Law*, *& The Evolution of Maritime Strategic Thought*, *1856-1914*, Oxford：Oxford University Press, 2020, p.29.

③ Colomb, J. C. R., "Naval Intelligence and Protection of Commerce in War," *Royal United Services Institution Journal*, Vol. 25, Issue 112, 1881, pp.490–520. For more on Captain Colomb's pioneering work as a Naval Historian, see：Schurman, D. M., *The Education of a Navy*：*The Development of British Naval Strategic Thought*, *1867-1914*, London：Cassell and Co., 1965, pp.16–35.

不断增长的人口的需求，致使不断扩大的工业基础在1850年达到了不可逆转的程度。当时，矿产资源被开发，威尔士在工业中雇用的人比农业中更多。[1]在同一时期，先进的海军教育包括军官对海商法的学习和考试。[2]西方工业化最终导致所有领域的全球霸权，在这种背景下，中国海军军官被派往欧洲接受先进的训练，其收获正如约翰·劳顿在1875年所说："不仅仅是实用的航海技术，而且是辅以仔细的研究和战术、航海、卫生、机械方面的扎实知识的实用航海技术。"[3]中国海军军官在他们的性格形成时期就已经完成了全面的教学和训练课程，并通过了考试，他们被选拔参加这样的训练是对中国未来的一种投入。

几个世纪以来，中国的自然环境造就了航海者，然而作为渔民和海上贸易者，他们通常具有和平的天性。中国漫长的海岸线，众多的海湾和浅滩，以及数以千计的岛屿，长期以来为专业化渔业村落的发展提供了条件。[4]除此之外，福建和广东等省的商人从事海外贸易，其范围延伸到了日本、帝汶岛，甚至远至红海，以寻求从贸易中获利。中国所缺乏的是真正的海军领导者和集中训练的基础，以提供创建现代海军所需要的连续性的实践和技术。对于一个可以通过海上贸易实力支撑的国家来说，建设一支能够运用现代装备和战术进行训练的军官队伍，要具有海上实力和历史的基础。海军实力历来影响着国家统治阶级的兴衰，今天的中国并没有忘记历史上的教训。西方列强强迫开放有利于它们而不是有利于中国的贸易平衡的港口，为抗衡西方势力，中国需要在西方阵营中培养这样一支海军

---

① Minchinton, W. E., Ed., *Industrial South Wales*, *1750-1914*: *Essays in Welsh Economic History*, London: Routledge, 2006, xi. For a study of Britain's economic change in the 19th century, see: Mathias, P., *The First Industrial Nation*: *The Economic History of Britain*, *1700-1914*, 2nd Ed., London: Routledge, 1993.

② USN, Ex. Doc. No. 51, Soley, J. R., *Report on Foreign Systems of Naval Education*, Washington: Government Printing Office, 1880, p.285.

③ Laughton, J. K., "Scientific Instruction in the Navy", *Royal United Services Institution Journal*, Vol. 81, Issue 112, 1875, p.220.

④ Worcester, G. R. G., "Some Brief Notes on Fishing in China", *The Mariner's Mirror*, Vol. 44, No. 1, 1958, pp. 49–63.

军官队伍。这支队伍的建立，须具有现实的人才资源基础和悠久的海洋传统基础，然而遗憾的是在这个殖民主义盛行的时期，中国没有时间这样做。本章将通过马尾船政学堂和它创办后所接受的外国训练，努力讨论和研究这批改变了中国的海洋国土观，以及未来战争所依赖的海军军官。

这些人在中国曾经不被重视，就像他们在西方国家经常不被重视一样，直到"海上力量"之说出现，并在国内传播。然而，中国海军力量的发展与西方截然不同。中国海关巡江事务长伍斯特在描述中国人早期对轮船的兴趣时说："中国涉海人口的规模和素质为特殊类型的水手提供了人力资源，与其他任何国家的水手相比，这些水手都毫不逊色。"[①]正是由于这个原因，海关总税务司罗伯特·赫德建议在1864年组成"英中阿思本"舰队时，水兵群体由来自不同省份的人混合编成：

1.武弁应先派总兵官会同实纳阿士本管理一切事宜。

另派武弁七名（日后随时添派）。

其武弁不应过三十岁。

2.炮手湖南人二百名（可以在汉口俟船前来）。

3.水手山东人二百名（可以在登州俟船前来）。

4.水师兵满洲人一百名（可以在天津俟船前来）。

5.送药子满洲人五十名（可以在天津俟船前来）。

其炮手水手水师兵应在十八岁以上、三十岁以下调选。其送药子应在十四岁以上、十八岁以下调选。

各船亦应用厨子数名。

其轮船七只内或有四大三小。其大船应用炮手四十名、水手四十名、兵约二十名、送药子约十名。

其小船应用炮手十余名、水手十余名、兵十余名、送药子三四名。

---

① Worcester, G. R. G., "The Coming of the Chinese Steamer", *The Mariner's Mirror*, Vol. 38, No. 2, 1952, p.141.

在船上当差事苦，所派之人，均须坚壮。非则不行。

以上不过系大约之光景，俟船到来，方可知其实。①

此外，他在1863年12月12日写道：

我（赫德）要通过舰队实现如下目的：

1.根据政府的意向在北京部署一支强大的机动兵力，并在中国政府体制允许的范围内实行一定程度的集中；

2.肃清中国沿海盗贼；

3.通过给予船只保护，使政府得以解除所有装备重武器商船的武器，从而消除对海上劫掠行为的刺激；

4.保护税收，取缔走私等；

5.镇压长江上暴徒流氓活动；

6.保护各口岸和沿江各地免受叛军侵扰；

7.防止叛军越过长江，等等；

8.取下南京。②

他的思想是务实的，他认识到了中国政府体制的缺陷，注意他的计划的灵活性，这一点与李泰国的固执想法不同。早在福州船政学堂建立之前，他就有了为清政府建立一支国家海军的想法，但没有成功，有迹象表明，

---

① "Regulations proposed by Mr Hart in regard to the（Chinese）Officers, Gunners, Sailors, &c., to be appointed to the seven Steam-Vessels. Inclosure 13 in No. 23." In: UKHP: China, No. 2, 1864, *Correspondence respecting the Fitting Out, Dispatching to China, and Ultimate Withdrawal, of the Anglo-Chinese Fleet under the Command of Captain Sherard Osborn; and the Dismissal of Mr Lay from the Chief Inspectorate of Customs, Presented to the House of Commons by Command of Her Majesty, in pursuance of their Address of February 9, 1864*, London: Harrison and Sons, 1864, pp.28–29.

② "Robert Hart, entry of 12th December 1863." In: Hart, R., Fairbank, J. K., et al., Eds., *Robert Hart and China's Early Modernisation, 1863-1866*, Cambridge: Harvard University Press, 1991, p.48.

英国对他发展中国海军的想法给予了支持。

19世纪70年代，北洋舰队开始创建。与此同时，赫德在寻找有威力的小型炮舰，关于这个主题的第一份备忘录写于1875年6月10日。首批订购了4艘"蚊子船"，被描述为"中国现代海军的开端：总督李鸿章通过总税务司订购的炮舰"①。1878年8月16日，李鸿章又从阿姆斯特朗公司订购了另外4艘炮舰。李鸿章购买阿姆斯特朗炮舰给道格拉斯·斯莱登留下了这样的印象：

> 英国为中国政府建造的这种袖珍炮舰停泊在下游约一英里（约1.61千米）处，它虽然不比一艘大型木帆船大，但却载有一门32吨巨炮（该炮存在严重缺陷，只能垂直移动，如要水平操作，就必须移动舰船）。它是一个丑陋的家伙，它有突出的船头，甚至不比我们在吴淞看到的六艘木质战船更好看。②

符合中国财政预算的这类舰艇，对于那些使用威慑才能遵守法律的人来说是有震慑作用的，如果配备得力的官兵，也能够在该海域与外国海军舰艇作战。它们也是戈登将军沿着李鸿章的思路在1880年建议购买的舰船。③两人都能认识到中国在海军建设上存在的问题，而寻求将海军的发展

---

① "No. 81, Staff No. 283, Memorandum: The beginnings of China's Modern Navy: Gunboats ordered for the Viceroy Li Hung-chang through the Inspector General, Robert Hart to J. D. Campbell, Peking, 10th June 1875." In: CMCS, IV: Service Series: No. 69: *Documents illustrative of the Origin, Development, and Activities of the Chinese Customs Service, Vol. VII: Despatches, Letters, Memoranda, etc., 1842 to 1901*, Shanghai: Statistical Department, 1940, p.87. See also: SOAS PP MS 67 Box 05, Bundle III, "Correspondence between Sir Robert Hart and James Duncan Campbell: Papers Relating to the Chinese Fleet, 1876–1894." King, J. W., *Report of Chief Engineer J. W. King, United States Navy, on European Ships of War and their Armament, Naval Administration and Economy, Marine Constructions, Torpedo-Warfare, Dock-Yards, etc.*, 2nd Ed., Washington: Government Printing Office, 1878, pp.148–149.

② Sladen, D., *The Japs at Home, Fifth Edition: To which are added for the first time some Bits of China*, New York: New Amsterdam Book Co., 1895, p.283.

③ TNA FO17-1300, 1880–1896 "General Gordon's Statements respecting Sir T. Wade's advice to Li Hung Chang (to march on Peking and seize the Emperor, etc.), Reception of Li Hung Chang in England."

建立在坚实的基础之上。

英国驻中国公使弗雷德里克·布鲁斯爵士也经历了这一发展过程。作为对1863年6月19日与恭亲王交流的回应，他有效地将恭亲王的注意力转向了中国政府在管理和财政，尤其是军事事务方面存在的问题：

> 关于雇用外国军官问题，我重申，这对中国的安全是必要的。清政府应该承担起军事组织之责，而不是把它留给地方督抚。那些有品格的军官无法任职，除非他们提供的服务以及他们的地位得到清政府的认可。迄今为止，在镇江和江苏推行的制度，对所有在意中国安宁的人来说都很危险。①

后来，琅威理上校的问题之一就在于此，当需要更高权力的支持时，他却无法依靠皇权。后面我们将看到，赫德非常清楚戈登和琅威理所面临的困难，因此他试图在提议中减少这些困难，而上面提出的预警则是对1894—1895年北洋舰队面临的问题的预演，这也使他的漫长而辉煌的职业生涯达到顶峰。

雇用军官训练呈现出一种不同于普通官兵和外国随船顾问的景象，首先是由中国的社会和文化基础造成的。中国职业的四大支柱是文人阶层和农民，以及社会地位较低的工匠和商人。②在这种社会结构中，商人的地位最低，在法律适用方面得到的尊重最少，从而影响了他们对自身社会价值的感知。③在与英法发生两次战争之后的一个时期里，随着西方列强将新的

---

① "Sir F. Bruce to Prince Kung, Peking, 2 July 1863." Inclosure 3. In: UKHP, China. No. 8, 1864, Copy of Prince Kung's Answer to Sir Frederick Bruce's Memorandum relative to the Affairs of China. Presented to the House of Commons by Command of Her Majesty, in pursuance of their Address dated July 26, 1864, London: Harrison and Sons, 1864, p.4.

② Lee, K., *Warp and Weft*: *Chinese Language and Culture*, New York: Eloquent Books, 2008, p.272.

③ Chen, C. V., "China's Reception of the Institution of Consular Relations", *The Annals of the Chinese Society of International Law*, 1971-1972, No. 8–10.

税收制度和贸易保护制度强加给中国，这种感知发生了变化。左宗棠总督（1812—1885）在主张建立马尾船厂的奏折中指出：

> 江浙大商以海船为业者，往北置货，价本愈增。比及回南，费重行迟，不能减价以敌洋商，日久消耗愈甚，不惟亏折货本，浸至歇其旧业，滨海之区，四民中商居什之六七……[①]

左宗棠总督关注的是商人流通货物的能力、与现代轮船竞争的有利条件，以及他们在海洋社会中的优势。他的回应是寻求清政府对建立一个教育机构的支持，以便于在海军舰艇方面为他们提供支持和保护。日益重要的商业社会影响着中国的社会结构，此经验教训正如南宋时期一样，当需要船只和人员来保卫其王朝时，才逐渐开始认识到商人阶层的重要性。[②]中国在这点上面临着与许多参与海军建设的国家相似的问题，商人阶层虽然在军官阶层的发展中没有扮演任何角色，但在政治上变得更加重要，这种情况引发了已经建立的社会支柱和那些需要建立现代国家的人之间的一场斗争。

英国对许多同样的问题做出了回答，这些问题影响了商船队和皇家海军应对帝国发展中需求增长的能力，东印度公司成为这段历史的一部分。1858年，英国驻华海军司令赖德指出：

> 部分男孩子厌恶去当水手。这种情况在一些港口存在，而在另一些港口却不存在。当航海学校建立在自由的基础上，而且靠近任何港口城镇的码头时，这种情况都将会减少，无论港口城镇的规模大小和

---

① Tsou Kao, chüan 18, 1. Quoted in: Chen, G., *Tso Tsung T'ang*: *Pioneer Promotor of the Modern Dockyard and the Woollen Mill in China*, Peiping: Department of Economics, Yenching University, 1938, p.20.

② See generally: Lo, Jung-Pang, "The Emergence of China as a Sea Power During the Late Sung and Early Yuan Periods", *The Far Eastern Quarterly*, Vol. 14, No. 4, Special Number on Chinese History and Society, 1955, pp. 489–503.

重要程度如何。对此，我已经建议提供引导。把学校设置在这样的地方是明智的，因为男孩子们放学后可以在船上玩耍，而且能够目睹和长期模仿水手们在桅帆上的位置变换等。①

这一发现能够在左宗棠总督的回应中找到，也反映在赖德的观点中，二人都发现，现存航海学校的资金是由政府拨款、海军部服务费、海洋协会投资和地方捐款共同构成的。②赖德还发现了马尾船厂后来遇到的一个问题，尽管方式略有不同："认为航海学校在任何意义上都可以自食其力的说辞是一种错误的理论，这一点很容易被证实。"③

为消除体制中固有的普遍看不起水手和军人的厌恶情绪，左宗棠总督决定通过支付学生学费的方式激发他们的兴趣。根据其表现，他们还将获得伴随其进步及通过内部考试而递增的津贴。④当马尾船厂因开销问题遭到保守官员谴责时，李总督对收支问题做出回应，他在1872年6月29日的奏折中提出许多今天的国防官员也应该认识到的请求：

> 国家诸费皆可省，惟养兵、设防、练习枪炮、制造兵轮之费万不可省，求省费则必屏除一切，国无与立，终不得强矣。⑤

---

① Ryder, A. P., "Report of an Inquiry into the State of the Navigation Schools, September and October 1858." In: UKHP, *Sixth Report of the Science and Art Department of the Committee of Council on Education*, London: HMSO, 1859, p.176.

② Ibid, 151.

③ Ryder, "Report, September and October 1858", p.151.

④ Biggerstaff, K., *The Earliest Modern Government Schools in China*, Ithaca: Cornell University Press, 1961, p.228. Chen, G., *Tso Tsung T'ang: Pioneer Promotor of the Modern Dockyard and the Woollen Mill in China*, Peiping: Department of Economics, Yenching University, 1938, pp. 40–43.

⑤ Wording as quoted in: Feuerwerker, A., *China's Early Industrialisation: Sheng Hsuan-Huai (1844-1916) and Mandarin Enterprise*, Cambridge: Harvard University Press, 1968, p.98. Li Hung Chang, DOC. 29. "Li Hung-chang's Defense of Building Steamships, 1872." In: Teng, Ssu-yü, Fairbank, J. K., *China's Response to the West: A Documentary Survey, 1839-1923*, New York: Antheneum, 1965, p.109.

在争论这一点时，李总督认识到有效军事力量的持续支撑、持续训练、防御的建立以及为了国防而进行的舰船建造和维修都需要成本。尽管马尾船厂的持续性问题依然是支付问题，但左总督通过将他的注意力从西北的军事活动转向福建经费问题，以及在担任两江总督后，通过在马尾船厂为南洋舰队建造一艘新船而支付订单来持续解决问题。[①]李和左也都认识到了人力方面的问题，并试图通过使用类似于英国议会调查航海学校状况的方法来解决这些问题。

李和左两位总督也是最早提出中国时间不多的人。左总督在另一份给皇帝的奏折中写道："东洋日本始购轮船，拆视仿造未成，近乃遣人赴英吉利学其文字，究其象数，为仿制轮船张本，不数年后，东洋轮船亦必有成。独中国因频年军务繁兴，未暇议及。"[②]李总督在1872年也说道："日本日后必为中国肘腋之患。积弱至此，而强邻日逼，我将何术以处之。"[③]1840—1864年间中国的内部斗争和帝国主义之间的斗争不在本文讨论范围，在此不再赘述。然而，应该记住的是中国虽然首次购买一支西方海军舰队的尝试以失败而告终，但也得到了宝贵的教训，它促使早期规章制度的形成，包括罗伯特·赫德和总理衙门制定的规章制度。中国掌控西方介入的想法并非最近才有，两位有影响力的中国官员已经具备了掌握主动的能力，在更具危险性的日本活动有了新的发展的背景下，他们向皇帝进言必须要做些什么。这两种答案都要求中国要在技术上训练自己的人，用李鸿章的话说就是，如果能够及时去做，可以利用他们应对这些问题。

早期采用西方海军装备的中国人并没有从正规的训练制度中获益，这影响了他们理解和正确使用其从不良商人那里购买的装备的能力。最早尝试吸收西方装备的官员之一是处于被审查期间的钦差大臣林则徐，他在英

---

① Hsü, I. C. Y., *The Rise of Modern China*, New York：Oxford University Press，1970，p.338.

② Tso Tsung-t'ang, DOC. 21. "Tso's Plans of 1866." In：Teng, Ssu-yü, Fairbank, J. K., *China's Response to the West：A Documentary Survey, 1839-1923*, New York：Antheneum，1965，p.83.

③ Li Hung-chang, "Memorial（1874）considering Japan as China's great anxiety." In：Teng, Ssu-yü, Fairbank, J. K., *China's Response to the West：A Documentary Survey, 1839-1923*, New York：Antheneum，1965，p.119.

中战争（第一次鸦片战争）前试图巩固广东的力量，不仅通过购买设备，而且通过建造一座干船坞和开辟厦门的中西联合航线，以防止鸦片走私。①

虽然因英国军队拥有先进的武器和训练有素的人员导致了这一尝试的失败，但接下来作为中国早期现代化推动者之一的总督李鸿章进行了广泛的努力。②1864年1月，他购买了由李–阿思本舰队和马格里带来的制造武器的设备，最终促成了江南制造总局的建立。③李总督的倡议早于清朝中央政府在北京建立一所西方培训学校的努力，他在1867年1月29日的奏折中，以日本为例详细阐明：

> 东洋日本近亦遣人赴英国学其文字，究其象数，为仿造轮船张本，不数年后亦必有成。西洋各国雄长海邦，各不相下者无论矣。若夫日本，蕞尔国耳尚知发愤为雄，独中国狃于因循积习，不思振作，耻孰甚焉！④

---

① Hall, W. H., & Bernard, W. D., *Narrative of the Voyages and Services of The Nemesis from 1840 to 1843, and of the Combined Naval and Military Operations in China: Comprising a complete account of the Colony of Hong-Kong, and Remarks on the Character & Habits of the Chinese*, 2nd Ed., London: Henry Colburn, Pub., 1845, p.280. Hummel, A. W., *Eminent Chinese of the Ch'ing Period, 1644-1912*, Taipei: Ch'eng Wen Pub. Co., 1975, pp.511–514. See: Chen, G., *Lin Tse-hsü: Pioneer Promotor of the Adoption of Western means of Maritime Defense in China*, Peiping: Yenching University, 1934, pp. 32–50.

② Hummel, A. W., *Eminent Chinese of the Ch'ing Period, 1644-1912*, Taipei: Ch'eng Wen Pub. Co., 1975, pp.464–471.

③ Moll-Murata, C., *State and Crafts in the Qing Dynasty, 1644-1911*, Amsterdam: Amsterdam University Press, 2018, p.325. Boulger, D. C., *The Life of Sir Halliday Macartney, KCMG, Commander of Li Hung Chang's Trained Force in the Taeping Rebellion, Founder of the First Chinese Arsenal, for Thirty Years Councillor and Secretary to the Chinese Legation in London*, John Lane, 1908, p.125. See also: Mackenzie, J. J., "The Chairman of Hongkong Chamber of Commerce to Earl Russell, Victoria, 22 Oct. 1863", *North China Herald*, Vol. XV, No. 718, 30 April 1864, p.70. Smith, R. J., *Mercenaries and Mandarins: The Ever-Victorious Army of Nineteenth Century China*, Millwood: KTO Press, 1978, pp. 183–186.

④ Translations of Imperial Decrees, "Memorial of the Yamen of Foreign Affairs, in continuation of one earlier presented, submitting further reasons for the education of Chinese in Foreign Science and Languages, and proposing Rules for the selection and encouragement of Students." In: CIMC, *Reports on Trade at the Ports in China open by Treaty to Foreign Trade, for the Year 1866*, Shanghai: Imperial Maritime Customs Press, 1867, p.159.

27年后，在与日本的现代化竞争中，中国面临的首要考验是技术和发展的同化。虽然这场战争以中国战败而告终，但从人的角度来看，这是一场失败，还是一支已经建立且有经验，并在经受了巨大社会变革后生存下来，成为新的中国一部分的军官队伍的开始？虽然后者是可能的，但许多人在著述中排除了这种结果的任何可能性，这个问题还有待于回答。除了必要的理论培训制度，还有实践性，通过海上历练来巩固并进一步发展它。正如皇家海军的支持者托马斯·布拉塞爵士所指出的那样："没有实践的理论不会造就一名水手，即使是那些对航海技术有直觉能力的人。"[1]因此，应该考虑的是受过理论训练的人按照其训练行事，并且具备了必要的精神品质，在以后的职业生涯中运用这些技能定会成功。如果能找到这些规律性的东西，中国海军军官就能够吸收西方的技术和技术进步。他们中的一些人可能就根本不会失败，他们只是在战场上被打败，但这不是衡量一支军队能力的唯一标准。

这种建立西式海军的努力，以及自强运动的许多方面，也许被认为是绝对的失败。1938年，陈其田在其反思性著作《左宗棠：中国近代造船厂和毛纺厂的先驱者》中提到上述过程，此时福州船政局（马尾船厂）还在运营中，他说："虽然他们的工作收效甚微，但这些有远见的政治家的改革创新，标志着中国机械动力工业的开始。"[2]陈教授的系列专著内容一般都集中在每个时期引进的器物上，专注于以装备性能作为成功的衡量标准。约翰·罗林森在《中国为海军发展而奋斗》中也专注于装备，在评论小型且主要由桨驱动的木制轮船时，将1874年建造的排水量1500吨的"万年清号"与9330吨的英国皇家海军军舰"雷神号"进行了不同寻常的比较。[3]这种比较忽略了此类军舰在中国使用的可能性，李鸿章在1881年就曾描述

① Brassey, T., *The British Navy: Its Strength, Resources, and Administration*, Vol. IV, Pt. IV, London: Longmans, Green, and Co., 1883, p.464.

② Chen, G., *Tso Tsung T'ang: Pioneer Promotor of the Modern Dockyard and the Woollen Mill in China*, Peiping: Department of Economics, Yenching University, 1938, iv.

③ Rawlinson, J. T., *China's Struggle for Naval Development, 1839-1895*, Cambridge: Harvard University Press, 1967, p.52.

过，特别是在许多木船航行的浅海和内河中忽略了这样的事实："雷神号"
是一艘具有装甲炮塔的战舰，装备有4门12英寸（304.8毫米）阿姆斯特朗
前装线膛炮，1877年在其姊妹舰"蹂躏号"成功试航后才完工，1876年7
月的一次锅炉爆炸造成它推迟完工。①徐中约也以类似的角度描绘了造船厂
的工作："所制的船、炮根本无法与西方同类制品相比。"②莫克莉也表达了
类似的观点，并总结道："从产量的角度来看，这两家造船厂（福州船政局
和江南制造总局）在数量和质量上的成就与那些率先发展蒸汽船只航海的
西方国家相比并不令人印象深刻。"③然而，爱德华·罗兹在研究中国留美幼
童（CEM）时说过："无论如何，它（CEM）既是最早的海外学习项目，又
是最大的。"④不过，该教育团也遇到了困难，这将在后面讨论，而且120名
学生的数量可能不是最多的，其成员在后来发挥的社会影响力方面也不是
最成功的。

这一时期，比装备发展更重要的是福州船政学堂在塑造人的特质方面
取得的成果。约翰·比勒说过："这一时期（1815—1900）见证了皇家海军
在装备及其他许多方面的大规模转型，包括人员和行政管理……然而，海

① Note：The Armstrong RML's were suspected to have issues with breech explosions. Thunderer herself suffered one after being double loaded on 2 January 1879. Dingle，N.，*British Warships 1860-1906：A Photographic Record*，Barnsley：Pen & Sword Books，2009，p. 27. Chesneau，R.，& Kolesnik，E. M.，Eds.，*Conway's All the World's Fighting Ships*，*1860-1905*，Greenwich：Conway Maritime Press，1979，p.23. Note：While "Muzzle Loading Rifle" is generally abbreviated as MLR，a practice which Dingle and Conway's follow，this writer uses the RML designation given by Brigadier Oliver F. G. Hogg，Assistant Master-General of the Ordinance，War Office and Director of Technical and Military Administration，Ministry of Supply. Hogg，O. F. G.，*The Royal Arsenal：Its Background，Origin and Subsequent History*，Vol. II，London：Oxford University Press，1973，p.812.

② Hsü，I. C. Y.，*The Rise of Modern China*，New York：Oxford University Press，1970，pp. 343–344.

③ Moll-Murata，C.，*State and Crafts in the Qing Dynasty*，*1644-1911*，Amsterdam：Amsterdam University Press，2018，p.143.

④ Rhoads，J. M.，*Stepping Forth into the World：The Chinese Educational Mission to the United States*，*1872-81*，Hong Kong：Hong Kong University Press，2011，p.3.

军在舰船和人员方面的所作所为却很少引起关注。"①这一时期中国海军的研究情况也是如此，也许因为研究不容易量化，其失败导致人们对从其他方面获取成果和学习缺乏兴趣。然而，当1938年福建船政仍在运行时，陈其田说："左宗棠推动福建船政的真正目的是发展海军工程，所以海军学校的学生可以利用造船厂作为他们的实验室，这是整个计划的重要组成部分。"②因此，其结果是不仅通过书本学习，而且通过实践来促进学习，换句话说，这是一种具有发展能力的高级学徒制，而不是单纯建立一座生产先进舰船的工厂，这些舰船的一部分在发展中遇到了问题。如果陈其田的观点是正确的，那么把建造舰船这样的器物作为衡量标准就是不正确的。他所说的话是有分量的，因为在造船厂运行期间，在建造亚洲最大的干船坞时，他访问了造船厂。通过训练而获得的知识代代相传，被视为左宗棠设定的可带来无形利益的目标，一个可资证明的例子是虽然日意格和沈葆桢的倡议导致了1894—1895年期间在黄海的失败，但从长远来看，在其他地方还是有成功之处的。

这些人的发展有两个方面：第一，作为海军初创基础的必要的技术和实践训练；第二，自身或训练他人在一定条件下按计划行动的能力。如果成功可以通过在炮火及由于在履行职责过程中的行为而受到高度评价的人来衡量，那么中国官员是在19世纪60—90年代播下了必要的种子，还是他们的尝试失败了？如果他们是成功的，那么那些掌握了先前讨论过的海洋空间概念的人，以及在他们之前就已经掌握了这一领域的人的所作所为，对于我们理解晚清时期的中国发展及整个发展过程的结果是非常重要的。

如前所述，一般来说，中国军人在19世纪并没有受到高度重视。然而，戈登将军用"常胜军"证明了经西式训练的中国士兵的能力，罗伯

① Beeler, J., Ed., *The Milne Papers*: *The Papers of Admiral of the Fleet Sir Alexander Milne, Bt., K.C.B. (1806-1896)*, Vol. II, The Royal Navy and the Outbreak of the American Civil War, 1860–1862, London: The Navy Records Society, 2015, ix.

② Chen, G., *Tso Tsung T'ang*: *Pioneer Promotor of the Modern Dockyard and the Woollen Mill in China*, Peiping: Department of Economics, Yenching University, 1938, p. 32.

特·赫德也认为19世纪60年代初的海军军人同样可以如此，他的想法是用阿思本舰队中的皇家海军人员训练来自不同省份的中国人。他们是这种能力的早期观察者，这一点被美国驻华使馆参赞何天爵更早地记录下来，他指出：

整个文明世界都愿意供应中国。但它却不能在任何市场上购买到训练有素的军官和纪律严明的士兵，他们必须在中国本民族中培养和教育出来。李鸿章并没有考虑过他在这方面的职责……陆军和海军中也缺乏有技能的军官，要等到这些人接受了训练继而训练了他们的士兵，帝国的有效国防才有可能实现。①

这样的说法并不罕见。然而，问题是谁能正确地训练这些人。在19世纪美国处于内战状态时，有国内和国际问题需要解决，这为英国抓住这个机会获取政治和商业利益敞开了大门。②

英国处于一条不同的轨道，它看到了中国工业化的潜力，但同时也担心被另一个列强所控制的情况发生。英国国会议员、后来担任印度总督的乔治·寇松写道：

---

① Holcombe, C., *The Real Chinese Question*, New York: Dodd, Mead & Co., 1909, p.136.

② Domestically, the United States was contending with many financial issues that it could not resolve, after one fourth of the male population of the Union, 2,653,06 servicemen, were disbanded within a year of the war's end. For example, the *1872 Act relating to Soldiers' and Sailors' Homesteads* gave certificates for the acquisition of public land, rather than paying bounties or grants due to sudden unemployment on discharge from service. While this saved the country public funds it didn't have after the US Civil War, the land given was an expansion of territory into what is now the American West by means other than direct conflict with Native American societies. The result was the beginning of a settled West, yet it did not result in an increase of industrial output, which would have kept the Union area's factories operating as they had during the Civil War. US.CON, Sanger, G. P., Ed., *Public Laws of the United States of America*, *passed at the Second Session of the Forty-Second Congress*, *1871-2*; *and Proclamations*, Boston: Little, Brown, and Co., 1872, p.333. Barnard, H., *Military Schools and Courses of Instruction in the Science and Art of War*, *in France, Prussia, Austria, Russia, Sweden, Switzerland, Sardinia, England, and the United States*, *Revised Edition*, New York: E. Steiger, 1872, p.716.

在良好的领导下，他可以打得足够好，正如戈登的士兵所展示的那样。因此，尽管在当前条件下和管理下，我们可能认为中国军备毫无价值，但在其他列强的掌控下，它们的潜在价值不容忽视。可以想象，在如此组织和指导下，中国陆军和海军在决定远东命运方面可能仍有很大发言权。[①]

后来有兴趣的观察者和知情者都得出了与戈登将军和罗伯特·赫德依据其经历而得出的相同结论。戈登将军在1880年进一步阐述的他对中国保卫其海岸线能力的观点是建立在现有航海知识和能力的训练基础上，而不是建立在购买技术的基础上："如果中国想要改革军队，就必须自己去做它能做的任何事情，除了基础指导之外，外国人做的都是昙花一现。"[②]戈登将军的结论是中国必须自行改革军队，这反映了本章所考虑的问题。也就是说，必要的技术和实践训练是开始创建海军的基础性工作。而且，在他们的训练中，这些人或他们训练的其他人，在战斗条件下按计划行动的能力是否得到了提高？如果建立了一个被认为是实现这一结果所必需的训练基础，那么什么时候开始、结果如何就可以通过训练有素的海军军人的存在来证实，这在西方国家是常见的，他们在其他领域可以继续发挥才能。最终的问题是这些人对中国社会的贡献，而不仅仅是他们在战争中发挥才能。

在19世纪60年代晚期，中国需要的是有纪律和领导技能的可依赖的人，而纪律和领导技能是通过军事训练造就的，这些人能够以合乎逻辑和显而易见的方式将这些技能应用于各行各业。1867年，阿礼国回答了中国和参与全球殖民化的西方列强所面临的问题：

---

① Curzon, G. N. *Problems of the Far East*: *Japan*, *Korea*, *China*, London: Longmans, Green, and Co., 1894, p.362.

② Gordon, C. G., to Sir Thomas Wade, Woosung, 12 July 1880. In: TNA FO17/1300 1880–1896 "General Gordon's Statements respecting Sir T Wade's advice to Li Hung Chang (to march on Peking and seize the Emperor, etc.). Reception of Li Hung Chang in England."

　　如果外国列强想要引导而不是强迫这些人民，它们必须从说服和劝导他们开始。如果这是一个强迫的问题，通过铁路和电报等外国事物迫使他们改变其政府制度和管理状况，那么缔约国应该准备承担这些措施的全部责任，并利用自身机制来控制普遍的瓜分和肢解。征服和占领虽被提上议事日程，但很难看出欧洲势力对中国的政治、军事、商业等任何方面的利用有何用处。如果欧洲势力没有做好进入这种状态的准备，那么它们应该慢慢地采取一种使整个国家的发展停滞，并直接导致这种问题出现的政策……只要看一看刚刚过去的两年中发生的巨大变化，便可知虽然存在种种困难和障碍，但已做了很多工作。[①]

　　阿礼国的意见和建议是负责任的，问题在于中国太大了，任何国家都无法通过正式的殖民统治来控制中国，而在这样做的过程中，当年的读者可能会想到所涉及的成本是任何一个国家都无法承担的，虽然日本人在19世纪末20世纪初曾试图这样做。海洋世界的发展，以及中国整体的巨大变化，将来自于向海外派遣学生，特别是他们的高水平的海军训练。在这个动荡的时期，海军课堂的影响将与外部世界的影响结合起来，无论在装备上还是在思想的竞争中，都会进一步呈现正式训练的成果。

　　虽然以上所述并非不为人所理解，但它对另一些人的影响，特别是对来自有组织社会的人的影响，仍未受到普遍考虑。在由那些被期望控制海洋和执行国家法规的人构成群体的过程中，清政府直接邀请西方国家将它们创造的精神上的国家帝国主义形式带入了一个衰弱国家的内部政治结构中。美国传教士、外交官卫三畏的儿子卫斐列描述了19世纪末中国的政治问题："中国控制下的民主，本质上不可能使北京的中央机构在帝国实行全新的政策，正如当时日本所做的那样，没有在全国范围内首先改变文人

---

　　① "Sir R. Alcock to Lord Stanley, Peking, 23 Dec. 1867." No. 33, in: UKHP, *China, No. 5 (1871)*, *Correspondence Respecting the Revision of the Treaty of Tien-Tsin. Presented to the House of Lords by Command of Her Majesty, in pursuance of their Address dated March 24, 1871*, London: Harrison and Sons, 1871, p. 84.

阶层。"①

卫斐列可能忽略的是日本通过在国内使用武力改变了它的社会，导致了几次叛乱，有效地创造了一个均等化的社会，并消除了大名的地方基础，为一系列摧毁旧的社会的战争扫清了道路。②格克·泰特勒在《职业军官团的起源》一书中描述了一个机能正常的军官群体的形成过程："首先是拥有技术能力，其次是军事、传统、荣誉准则和命运共同意识，最后是为国家服务的民族精神。"③形成军官们的有价值的职业道路所需要的专业化程度是需要时间来达到的，而且依赖于政府的支持和同样重要的公众的支持。在中国，公众无法支持这种类型的倡议，因为清朝本身并不代表大多数人，只是在军事上强加其统治，明朝也经历了这个过程，南宋也是历史上的一个例子。

上述思考的是一种通过威胁或使用武力来剥削和统治其他人民的有形的殖民方法，然而，还有一种一般意义上无形的精神方法。它是一种迟迟不能消亡的思想和概念结构，它通过输出教育和训练的方式影响着人们，而这些教育和训练被认为比其他思想更优越，这便是帝国主义。这种迟迟不能消亡的思想是强制性的，通过几代帝国主义建立起结构之后，它或许披着自由选择的外衣，可能使法律和规范继续发展，或者在后殖民时代新的政治和地理结构形成之后重新建立。爱德华·萨义德在《文化与帝国主义》一书中描述了属于这一过程的范围和结果：

> 帝国主义意味着一个统治遥远土地的宗主中心的实践、理论和态度。几乎永远伴随着"帝国主义"而来的"殖民主义"，意味着向边远土地上移民……我们将看到，帝国主义像过去一样，存在于具体

---

① Williams, F. W., *Anson Burlingame and the First Chinese Mission to Foreign Powers*, New York: Charles Scribner's Sons, 1912, p.59.

② See generally: Jansen, M. B., *The Making of Modern Japan*, Cambridge: Belknap Press, 2002. Neary, I., Ed., *War, Revolution, and Japan*, Folkestone: Japan Library, 1993.

③ Teitler, G. *The Genesis of the Professional Officers' Corps*, London: Sage Pub., 1977, p.112.

的政治、意识形态、经济和社会活动中，也在一般的文化领域中继续存在。①

如果我们把这一点与格克·泰特勒对军官团的描述联系起来思考，那么我们可以看到帝国主义和军事力量的有意融合，在这一点上，并没有强加给对方，而似乎是一种自由意志的表达。米歇尔·多伊尔的定义是帝国通过帝国主义来维持：

> 因此，帝国是一种正式或非正式的关系，在这种关系中，一个国家控制了另一个政治社会的有效政治主权。这种控制可以通过武力，通过政治合作，通过经济、社会或文化依赖来实施。帝国主义不过是建立或维持帝国的过程。②

回顾法学家胡果·格劳秀斯富有说服力的定义，萨义德和多伊尔扩大了自由的缺失，格劳秀斯说这是不公正和不适宜的。从根本上来说，这是我们正在寻找的过程。所渴望的外国知识被人民应用于他们所处的社会中，也许是通过不完全被理解或以不寻常的方式出现的过程加以实施。洋务运动尝试学习西方在军事上的做法，同时控制西方势力进入中国社会，它试图控制殖民主义，但其所做的却是引入了帝国主义，无论对错，这都将改变中国社会。③洋务派试图对抗西方势力的进入，建立了一支西式蒸汽化海军，却承担了引入帝国主义者的后果。如果这种引入是成功的，它自然会通过教育导致清朝的终结，不仅使儒家传统主义者纠正其对西式现代化的

---

① Said, E. W., *Culture & Imperialism*, London: Vintage Books, 1994, p.8.

② Doyle, M., *Empires*, Ithaca: Cornell University Press, 1986, p.45.

③ Hsü, I. C. Y., *The Rise of Modern China*, New York: Oxford University Press, 1970, pp.349–352. Note: For an examination of how it is thought China considers security threats from a contemporary perspective, which exhibits many of the same dilemmas, see: Craig, S. L., *Chinese Perceptions of Traditional and Nontraditional Security Threats*, Carlisle: Strategic Studies Institute, US Army, War College, 2007, pp. 106–129.

消极反应，而且确定了他们自身的消亡。

如果即将发生的事情会失败，连皇帝都允许失败的发生，那么失败的原因就在于在建立中国海军的过程中缺乏公众的参与。皇帝看到了它的价值，除其他海军项目外，至少他允许马尾船厂的发展。1866年6月25日，左宗棠从福州发出一封详述马尾船厂的奏折，7月14日接到了皇帝的上谕，显示了陈其田后来所描述的"急切和准备"。[①]不像19世纪后期的英国，没有公众倡议为这些项目提供公众支持。威廉·莱尔德·克劳斯爵士在英国看到了这一过程，将其视为一个可持续发展的过程：

> 公众的兴趣没有被彻底唤醒，直到1884年英国公众经引导开始对其舰队产生明智且不断增长的兴趣。在本世纪的最后16年里，这种兴趣迫使历届政府经常违背它们的意愿，扩大和改进海军，直到它变得比以往和平时期更有效率。[②]

学习外国不仅会导致国家看待自己的方式发生巨变，而且使这个国家学会如何看待周围世界。与欧洲列强的两次战争、太平天国运动引起的国内动荡，以及中国必须改变才能生存，更不用说繁荣了，使左宗棠发展海军的倡议对清廷的影响在其内部产生作用。在研究文化变革如何影响一支海军的过程中，后来观察到的结果可以从海军直接参与社会变革的影响中得到更好的理解：鉴于可预测未来的社会和文化变革的范围和性质，海军参与社会发展和提供社会服务的范围似乎未来将会扩大。[③]清政府并不懂得这种性质的变革不仅需要公众的关注，而且需要国家在变革中持续不断地

[①] Chen, G., *Tso Tsung T'ang: Pioneer Promotor of the Modern Dockyard and the Woollen Mill in China*, Peiping: Department of Economics, Yenching University, 1938, p.19.

[②] Laird Clowes, W., *The Royal Navy: A history from the Earliest Times to the Death of Queen Victoria*, Vol. Ⅶ, London: Sampson Low, Marston & Co., 1903, p.82.

[③] DTIC AD0749912 Wermuth, A. L., *Potential Impacts of Cultural Change on the Navy in the 1970's*, Vol. Ⅰ, Falls Church: Center for Advanced Studies & Analyses, Westinghouse Electric Corp., 1972, p.67.

关注，如果它适应了这一不以人的意志为转移而发生的变革，那么就要保持其4个主要机构——政府、家庭、行会和宗教的力量。[1]为了海军自卫，清朝实施学习外国势力的技术和其他方法的计划，直接导致了国家改革，并最终导致中国如何看待和定义自己。

本章采用两种思路思考上述问题。首先，对被送往海外接受高级训练的海军军官进行培训和激励，他们在皇家海军舰船上接受海上历练，以表明其资质，并在他们回国后，通过对其职业生涯的考察，包括任何变化，为了中国的发展而提供他们培训的成果。其次，还将考虑他们回国后接受的训练，以及他们将获得的知识传给下一代的能力。如果我们把海军军官的发展作为一种社会利益来考虑，不仅提供了一种自我和它所构建的社会群体的感知，而且还提供了适用于各种复杂环境的先进教育的有利条件。因此，这对更广泛的社会是有益的。此后，这种训练将在战争中得到检验，以考察其在个人层面和整体运行上对中国海军行为的影响。因此，倡议建设马尾船厂的左宗棠、沈葆桢和日意格，经历了海军的服务过程，他们在思想上和行为上对海军内外的影响应该被更好地理解。人们可以看到，这些知识与中国自身的技术、结构和政治变革结合了起来，对20世纪末确认中国的传统海洋空间产生了影响。

总之，我们应更仔细地去思考派往格林威治皇家海军学院的海军学生，清华大学的周教授用负面的语言描述了中国留学生回国后的反应。然而，他接着说："我相信，如果一个人有远见，坚持自己的信念，他会发现有很多人在等待他成为领袖。"[2]他在1918年写道，新中国的远景将是民族最首

---

[1]　Thwing, C. F., *Education in the Far East*, Boston: Houghton Mifflin, Co., 1909, p. 130.

[2]　Chau, K. L., "Present Weaknesses Found In The Life of The Returned Student." In: *In Conference with the Western Returned Students: A Report of the Proceedings of the First North China Returned Students Conference Held at Peking*, Peking: Peking Leader Press, 1918, p. 6. Note: The Secretary of the Interior Commissioner, Elmer Ellsworth Brown, wanted to foster "new educational relations between the American and Chinese peoples." US.EDU, Fryer, J., *Admission of Chinese Students to American Colleges*, Washington: Government Printing Office, 1909.

要的远景。他描述了许多归国学生的失望，以及由此可能引起的愤怒，这种状态促使了五四运动的发生和1949年新中国的建立。我们不应该简单地以战场上的损失和他们的结局来衡量这些积极的成果，我们应该通过考察他们的训练和职业生涯的实质来思考中国因这一发展而得到的历史教训，以昭示未来。

作者简介：马克·霍斯金，英国伦敦国王学院战争研究系研究员。
译者简介：徐淑钰，中国甲午战争博物院陈列研究部负责人。

British Records and the Sino-Japanese War (1894–1895)

—The Creation of a Chinese Naval Officer Corps

Mark R. G. Hoskin（Author） Xu Shuyu（Translator）

Abstract: This work is the first of two parts to discuss materials held in the UK, which describe British efforts to train Chinese Naval Officers, many of whom served in the Beiyang Fleet. These records, the official, semi-official, and the unofficial, comprise in combination the Royal Navy's record keeping of this extraordinary period, beginning in 1866 when the Imperial Naval College, with its English Navigation School, was founded in Mawei, Fuzhou. It was these men who directly influenced generations of Chinese thought concerning the sea in security terms, making the transfer of knowledge at this time far-reaching in its ability to shape how we can view China from a maritime perspective and understand China's naval history in the industrial era.

Keywords: Beiyang Fleet; Chinese Navy; Li Hongzhang; Royal Navy; naval training

史料整理

美国华盛顿县历史学会藏威海水师学堂学生作文

张黎源　译

译者注：原件藏于美国宾夕法尼亚州华盛顿县历史学会（Washington County Historical Society），感谢胡劲草女士和江宇翔先生提供的照片原件。

1860年，马吉芬（Philo Norton McGiffin）出生于美国宾夕法尼亚州华盛顿县，就读于美国安纳波利斯海军学院（United States Naval Academy，Annapolis），毕业后前往中国，在李鸿章创办的天津水师学堂任教习，后出任威海水师学堂教习。1894年甲午战争爆发，他自告奋勇登上北洋海军"镇远"铁甲舰参加作战，任帮带，在9月17日进行的黄海海战中负重伤。战后他回到美国，撰写了许多关于甲午战争的文章，但因负伤后遗症加剧而于1897年在纽约的医院中自杀。

马吉芬去世后，他的许多遗物（图1）被其家乡的华盛顿县历史学会收藏，包括他在威海水师学堂任教期间指导中国海军学员写的英语作文。1890年6月，威海水师学堂在刘公岛开学，首批来自福建、广东、安徽等省的年龄在16岁上下的30名学员入校学习，4年后结束堂课进入实习阶段。然而不久甲午战争爆发，中断了他们的学业。北洋海军覆亡后，他们中的一部分人在晚清重建海军时继续供职，民国时期担任了一定职务，如海军部次长吴纫礼、海军练习舰队司令杨敬修、陆军部次长罗开榜等，也有一部分人不知所终。

本次刊登的作文写作于1892—1894年，部分写于甲午战争爆发前夕。这些历经130多年的英语作文，如今依然完好如初，学生们的字体飘逸隽秀，表现出良好的书写功底，然而在语法和用词方面却略显幼稚，正说明他们刚刚接触英语，英语水平尚在初级阶段。作文的主题包括自传、儒学、清明节、新大陆和中日关于朝鲜的争端等。从这些文字中，我们能够窥见学生们的身世、他们的内心世界，以及他们对于国家的责任和对国际形势的思考，具有较高的史料价值。

图1　美国宾夕法尼亚州华盛顿县历史学会陈列的马吉芬遗物
（照片由江宇翔先生提供）

Imperial Naval College

Wei Hai Wei

Dec 27th 1892

Composition

Autobiography

I was born at Foo-chew in Kong-Shue 1st. I have two brothers and one sister. When I was childhood my parent send me to learn Chinese language，but I am very ignorant and very lazy to learn it，so that my father is very angry and punish me and tell me that if you don't pay more attention to learn your lesson you will never be succeed for our business to yourself. When I was 15 years old I was a good friend，who is in the Mar Moi Naval College and is very well to me and sometime send me a letter to my house to ask me. I the Kong-shue 16th my parent send me to the Wei Hai Wei Naval College. During that time I was 16 years old.

Imperial Naval College

Wei Hai Wei

Dec. 27th 1892

3rd Class

Chen Pang Shiong

威海卫水师学堂

1892年12月27日

作文

自传

光绪元年我出生于福州。我有两个兄弟和一个姐妹。我小的时候我的父母送我去读书，但我不学无术又懒惰，所以我的父亲非常生气，惩罚了我，对我说：如果你不专心读书就别想继承家业了。我十五岁的时候有了一个好朋友，他在马尾水师学堂读书，对我非常好，有时候会给我家里寄信问候我。光绪十六年，我父母送我到威海卫水师学堂。那时候我十六岁。

威海卫水师学堂

1892年12月27日

三班

陈鹏翔[①]

---

① 陈鹏翔，民国时期曾任"飞鹰"驱逐舰舰长、"永翔"炮舰舰长。

Imperial Naval College

Wei Hai Wei

Dec. 27th 1892

Autobiography

In China，I was born in Foo Chew when the first part of life is an infancy. Day after day night after night，I can run about and talk while I was a little boy. I can take care of myselves while I have a little knowledge. After this time my father and mother were very well to me，and sent me to school to learn Chinese of which reading，writing and some others. When I was seven years age so that my memory so bad and ignorant. During fourteen years ago，my father and mother said to me and will sent me to the Imperial Naval College which was built in May-Moy of the the Foo-Chew. In the school I learned English only one year，while I was sick and returned to home. Now my father and mother died a long time，and my brother heard in Wei Hai Wei which was built an Imperial Naval College. Those who sent me to this school was very happy；and I was examined by commander-in-chief and came here by the ship of Lai-yuen.

Respectively submitted

KurhPoa Pin

Imperial Naval College

Wei Hai Wei

Dec 27th 1892

Composition

My autobiography

KurhPoa Pin

威海卫水师学堂

1892年12月27日

自传

我出生于中国福州，我人生的第一段是婴儿时期，日复一日，我很小的时候就能走路说话了。我懂点事之后就能自己照顾自己了。后来我的父母对我很好，他们送我去学校学习中文，包括阅读、写字等。我七岁时记忆力还不太好，也不太懂事。十四岁时父母告诉我要把我送到位于福州马尾的水师学堂。我在学堂里只学了一年英语，后来就生病回家了。现在我的父母早就去世了，我哥哥听说威海卫开办了一所水师学堂，他非常高兴地把我送到这所学堂。我通过了提督的考试，乘坐"来远"舰来到这里。

谨呈

葛保炎

威海卫水师学堂

1892年12月27日

作文

我的自传

葛保炎①

---

① 葛保炎，甲午战争后任"通济"练船管带，民国时期先后任"通济"练习舰舰长、"肇和"巡洋舰舰长、北京政府海军总司令公署军械课课长、南京政府国民革命军海军总司令部军衡处处长等职，军衔至海军中将。

Imperial Naval College

Wei Hai Wei

Dec. 27 1892

Composition

"My Autobiography"

I will tell the following account of my own life: I was born at Canton, in the 1st year of Kwang Sue, during which, there occurred a violent storm known by the people of the province of Kwang Tung as the great storm. Many of the people were drawn and the houses were almost all destroyed, while I was a babe and did not know any thing about them, but after a few years I was told the accident by my parents. In the 6th year of Kwang Sue I was sent to school to learn Chinese and other things. Four years hence, my family was moved to Hong Kong. I left my home and followed my father to go to Shang Hai, Han-Kow, and Amoy &c for two years more. Once when we went to Han-Kow, the ship in which we were, had saved some persons who were sailing to Han-Kow, a ship which had struck upon a sunking rock and soon gone down, and on returning, we also had encountered a violent storm at sea, this we did, I had met several accident during my life. At the 16th year of Kwang Sue I came to the Naval College and learned English &c up to present.

Imperail Naval College

Wei Hai Wei

Dec 27, 1892

Respectively Submitted

Sung Ying Hai

Midshipman, I. C. N.

2nd Class

威海卫水师学堂

1892年12月27日

作文

"我的自传"

我将叙述我人生中的以下故事：我于光绪元年在广州出生，那时候发生了一场大风暴，广东人都叫它大台风，许多人被淹死了，房屋基本上都被毁了，我那时候还是个婴儿，对此一无所知，但几年以后我父母告诉了我这场灾难。光绪六年我被送去上学，学习汉语和其他知识。4年后，我家搬到了香港，我离开家跟着父亲去上海、汉口和厦门等地，去了两年多时间。有一次我们前往汉口，我们的船救起了一些人，他们坐船去汉口，一艘轮船碰上了暗礁，很快沉没了，回程的时候我们也在海上碰到了一场风暴。就这样，我人生中碰到了好几次灾祸。光绪十六年时我来到了水师学堂，学习英语和其他课程，一直到现在。

威海卫水师学堂

1892年12月27日

谨呈

宋应垓

北洋海军学生

二班

Imperial Naval College

Wei Hai Wei

Dec 27th 1892

"My Autobiography"

At Foo-chew, my home was built near the side of a larger hill, so that my firm family can keep out from any danger, but the wild birds and animals were often seen. When I was six years old, my father sent me to learn Chinese to a school, in which my four brothers were. Several year afterwards my father went to Si-Huen, and my second and third brother went to Tientsin school, one of them now has left the school, and the other one is still kept in it, my father was a scholar and died in Kwang-Shu 14th, and two years afterwards I left Foo-Chew by Lai yuen, which arrived the port of Foo-Chew in the end of last year. When arrived Shanghai, I did not go to shore, because it was the admiral order. When I came to Wei-Hai, I first went to gunnery school, in which when my brother was, and now I have been in the school for two years.

Respectively submitted

Fung Chia Too

威海卫水师学堂

1892年12月27日

"我的自传"

我的家在福州，建在一座大山的边上，因此我坚固的房子能避开危险，但我们能经常看见野鸟和野兽。当我六岁时，我的父亲送我去学堂读书，我的4个哥哥都曾在那里读书。几年后我的父亲去了Si-Huen，我的二哥和三哥去天津的学堂读书，他们中的一位现在已离校，另一位还在学堂里。我的父亲是一个文人，他在光绪十四年去世，两年后我乘坐"来远"舰离开了福州，它是去年年底抵达福州港的。当军舰到达上海时我没有上岸，因为这是提督的命令。当我来到威海后，我先去了枪炮学堂，我的哥哥在那里。现在我已在水师学堂两年了。

　　谨呈

　　冯家陶

Imperial Naval College

Wei Hai Wei, Dec 27th, 1892

"My Autobiography"

When I was a boy at home my father sent me and my eldest brother to learn Chinese in a school, which was built on a hill. In which had five student, one of them is my cousin. The teacher of the school had a very good character and I stopped there for a few years. Then me teacher began to teach me how to do the Chinese compositions. After two years my died. So I returned home for several months. Then my father sent me to the Naval school, which was built on an island in LueKwangTou. When I was brought here by Young-Wei.At that time I went to shore and found a place for living. But here no place could be found. So that I lived in Young-Wei.During that time I practice writing and doing Chinese compositions. Some days after Admiral Ting gave order to the captains to examine us in the Naval school, when I came in and I met many friends. After I have passed this examination, I began to be a cadet of college and studied both Chinese and English.

Respectively submitted

Lee Yee

Midshipman I. C. N.

3rd class

威海卫水师学堂

1892年12月27日

"我的自传"

当我还是个孩子的时候我的父亲把我和我大哥送到一所学堂去读书，学堂建在一座山上。学堂里有五个学生，其中一位是我的表兄。学堂的先生脾气很好，我在那里待了几年，后来先生开始教我如何写文章。几年后我的（？）去世了，所以我回家了几个月。后来我的父亲送我去水师学堂，学堂建在刘公岛上。我是乘"扬威"舰来的。那时候我到岸上去找地方住，但找不到地方，所以我就住在"扬威"舰上。那时我就练习写字和写汉语文章。几天后丁提督命令管带们在水师学堂安排我们考试，入校时我遇到许多朋友。我通过考试后成为学堂的学员，既学习汉语也学习英语。

谨呈

李绮

北洋海军学生

三班

Imperial Naval College

Wei Hai Wei

Dec 27th 1892

Composition

My Autobiography

I was born at Foochow Province in the 11th moon of the 1st year of KwangShui. When I became 5 years old, my father felt a heavy diseases, and died after few months. When I became seven years age, my mother sent me to the Chinese School to learn Chinese recitations. Sir, I think, you are certainly knowing the children's work that are always like to play, and hence my memory was so stupid, and have no a little ability to attend my duty; therefore I left the school at 12th year. During the 13th year of KwangShui, the people said "the Pei Yang squadron will make a cruise to the southward in this year". When I heard that, I was very glad to see it. Few weeks afterwards, the Pei Yang squadron arrived Foochow and I went on board to visit the Capt. Kew, and he said to me "my ship will go to Hong Kong and Singapore, if you want to see the beautiful sight of other places you may come to my ship and go together", after I heard these, I returned to my home and took the luggages to his ship. Begin from that time, I staid his ship about…

Kew Pao Ming

Midshipman I.C.N.

3rd class

威海卫水师学堂

1892年12月27日

作文

我的自传

我于光绪元年十一月出生于福建省。我五岁时我的父亲得了重病，几个月后去世了。我七岁的时候，我的母亲送我去学堂学习汉语朗诵。先生，我觉得您肯定知道小孩子都喜欢玩，所以我记性很差，完不成学业。所以我在光绪十二年就离开了学校。光绪十三年时人们说"北洋舰队今年要南巡"。我听到这个消息后非常开心地想去看它。几星期后，北洋舰队抵达了福州，我登船拜见了邱管带，他对我说"我的船要去香港和新加坡，如果你想看其他地方的美景就到我的船上来一起去"。我听后回到家中，携带行李来到他的船上。从那时起，我就待在他的船上……①

　　邱豹鸣

　　北洋海军学生

　　三班

---

① 原件文字到此为止。

Imperial Naval College

Wei Hai Wei

Dec 27 1892

Composition

"My Autobiography"

When I was at home, I was accustomed with some of my friends to walk on the top of the mountain situated in the eastern bank of a large river. But, one day, reaching at the foot of it, I met a dreadful lion which stood in front of my way and made me frightened. But, during which time I saw two persons. When I called on them, the lion which I had met ran away. On returning home, I told this accident to my friends. When they heard so, some of them were trembled, and some were frightened.

When I took the journey from my home to Wei Hai Wei, I had seen a poor woman and her son. Both of them were crying and weltering on the ground. When I asked them, they told me that her husband had died and no expense was to be got in burying him.

Respectively submitted

Woo Yum Lee

Midshipman

2nd class

威海卫水师学堂

1892年12月27日

作文

"我的自传"

我在家时习惯与一些朋友去爬山，这座山位于一条大河的东岸。有一天我来到山脚下，遇见一只可怕的狮子挡住了我的去路，我非常害怕。但那时我看到了两个人，当我叫他们时那只狮子逃走了。回家后我把这件事告诉了我的朋友，他们听说后有的在发抖，有的感到惊恐。

当我从家乡踏上来威海卫的旅程时，我看到一个可怜的女人和他的儿子。两个人都在地上痛哭打滚。我问他们，他们对我说她的丈夫死了，没钱安葬。

谨呈

吴纫礼 [①]

北洋海军学生

二班

[①]　吴纫礼，甲午战争后任清政府筹办海军事务处第五司秘书，民国时期任北京政府海军部军械司司长、海军部次长兼总务厅厅长、国民政府海军总司令部候补员，军衔至海军中将。

Imperial Naval College

Wei Hai Wei

Dec 27，1892

My Autobiography

I was born in Nagan-hwei in the 13th year of "Tong Chee" while I was five years old，I met many dangers. Once during I was walking up to a mountain，I met a wolf siting on a rock，then I took a stone and threw upon it，and it jumped down to come near me，but I was fortunately saved by an old man，who took a rod to strike the wolf，and then it ran away. About two minutes afterwards the old man had gone away，and not any human being was to be seen there，so I returned home. Until the 14th year of Kwang Sue，when I was walking on a long journey to a place，I feel thirsty and tiresome，so I went up to a village to find water to drink，suddenly I saw a pond，of which the water was very clear，then I jumped down to swim，but the water was so deep，that was near drown. I have two brothers one was in TienTsin and the other still learned Chinese at home，but at 16th year of Kwang Sue I left my home and came to the Naval College to learn English &c up to present.

Respectively submitted

Lo Kye Pong

Midshipman，I.C.N.

2nd Class

威海卫水师学堂

1892年12月27日

作文

我的自传

同治十三年我出生于安徽，我五岁时遇到了很多危险。有一次，我爬山时遇到一只坐在一块石头上的狼，我捡起一块石头向它扔去，它跳下来向我靠近，但我幸运地被一个老人救了，他拿了一根棍子打狼，它就跑了。

两分钟后老人离开了，边上也没别的人，我就回家了。光绪十四年，我在一次长途步行旅程中又渴又无聊，就前往一个村子找水喝，我突然看到一个池塘，水非常干净，我就跳进去游泳，但水太深了，我差点被淹死。我有两个兄弟，一个在天津，另一个还在家读书。光绪十六年，我离开家来到水师学堂学习英语等，直到现在。

谨呈

罗开榜[①]

北洋海军学生

二班

---

① 罗开榜，民国时期先后担任北京政府陆军部军需司司长、陆军部次长、代理陆军总长，军衔至陆军中将。

Imperial Naval College

Wei Hai Wei

Jan 29th，1893，

（12-12-18）

"Confucius"

Confucius was in China a very wise philosopher，who was born in Chung Ping Village，in more than two thousand years ago. The name of Chenng Ping has now been changed，and it is in the city of Tsinan，the capital of Shantong. While he was young，he was very fond of establishing rites of different kinds，and whatever he played was quite different from that the others. When he became older，he was a little officer，and after when he got out of the public service for sometime，Loo，the old name for Shangtung，became very troublesome，so he went to Chee and served in the Gou Chin Tsz's family. Afterwards Gou Chin Tsz sent a report concerning his great ability to CheeChing Kung，so Ching Kung wished to give him part of his territory to rule，but his minister，Yan An，objected to him，for he did not like Confucius，so Confucius returned to Loo. At that time Loo was still very troublesome and when he saw that Ge Se，the minister of Loo，was so powerful and cruel，he was very tired of taking the public service in Loo，so he established an academy in Loo for instructing rites，musics，mathematics &c，disciples was gradually increased when the people knew about his great ability. The total number of disciples was three thousand，of which those who had succeeded. ......many books and compiled many of the books that were written before that time. Afterwards he was called by Loo Ding Kung to be a "Chung Do Jy" and had taken the service for one year，then everywhere was very peaceful，so he was promoted to "Se Kung" and then to "Dar Se Kow"，and at last to "Shiong"，the highest position in the public service. At that time Chee Ching Kung saw that Loo was so peaceful and that every people was so obedient to Confucius，so he wished to make some trouble in Loo and presented some handsome women to Ding Kung when Confucius saw that he had received them, and not attended to his duty for three days, again he got out of the service, and made excursions to everywhere to propagate his doctrine. Wherever he went, he was accompanied by many of his disciples. He died at the age of seventy three in the 11th day of the 4th moon. In every dynasty, large temples were built in remembrance of great virtue, and in every year in the 11th of the 4th moon many people go to worship in the temples now. The descendants of Confucius are still living in Shangtung and in every dynasty, a certain amount of money is given by the government in every year to his descendants as pension.

Respectively submitted,

Tsin Fu Wan

Mid, I. C. N.

1st class

威海水师学堂

1893年1月29日

（12-12-18）[①]

"孔子"

孔子是中国的一位非常聪慧的哲学家，两千多年前出生于昌平乡。昌平现在已经改名了，属于山东省府济南。他年轻时非常热衷于构建各种礼仪，他所行之礼仪与其他人完全不同。后来他做了一名小官，当鲁国（山东的旧称）陷入了极大动荡的时候，他离开了公职一段时间。于是，他前往齐国，在高昭子家中任职。后来，高昭子向齐景公上书，提及孔子的卓越才能。因此，齐景公想赐予孔子一部分领地让他治理，但齐景公的大臣晏婴表示反对，因为他不喜欢孔子。因此，孔子回到了鲁国。此时，鲁国局势依旧混乱。当孔子看到鲁国大臣季氏权势熏天且手段残忍时，他对在

---

① 指"光绪十八年十二月十二日"。

鲁国为官感到厌倦。于是，他在鲁国创办了一所学院，教授礼仪、音乐、数学等。随着人们对他的卓越才能的了解，他的弟子逐渐增多。他的弟子总数达三千人，其中包括一些成功者。……[1]许多书和编纂了创作在他之前的许多书。后来，鲁定公召见他，并任命他为"中都宰"。在他任职一年中，鲁国各地都变得十分太平。于是，他先后被提拔为"司空""大司寇"，最终升任"相"，这是公职中的最高职位。当时，齐景公看到鲁国如此太平，百姓对孔子又如此顺从，便想在鲁国制造事端，于是向鲁定公进献了一些美女。孔子看到鲁定公接收了这些美女，且连续三天不理朝政，便再次辞去官职，四处游历以传播他的学说。无论他走到哪里，都有众多弟子相伴。孔子在四月十一日去世，时年七十三岁。每个朝代都会修建大型庙宇纪念他的伟大德行。每年四月十一日，许多人都会前往寺庙祭拜。如今，孔子的后裔仍生活在山东。每个朝代，政府每年都会给孔子的后裔发放一定数额的钱财作为补贴。

谨呈

崔富文

北洋海军学生

一班

---

[1]　原文有漏行。

Imperial Naval College

Wei Hai Wei

Jan 25 1893，9/12/18

Composition

Confucius

Confucius was a very important and wise man in the Chinese Empire. The ancestors of the Confucius was belonging to the Sung Kingdom. His grandfather was named Kung Foo and be Board of Revenue in the state of Sung and he disagree with the prime minister whar of that state，so he was executed，then Confucius' father removed to the state of Loo when he reached this state he lieved in the Chung Ping village of the KokFau district and marry his as a wife. Few years after his marry he had no sons then he brought his wife to the Ni Chui hill and Jin Jin Joss.

At last aus brought forth a son and named Kung Mau. This is the name of the Confucius. In the time which he was born，the smell air can be smelt for several miles. When he was few years old，he did not play with the small boys but only tried to look the old books or history. When he grew up he was called to be officers and after few years he retired and went to the state of chow where he learned civility from Loo Tsz，and he settled his instruction in Han-tan. At that time he got three thousand scholars of whom seventy two were the best，and there he stayed for several years and brought some of his scholars and made a long travel to different states and wish to make himself and his scholar officers；but no one knew that he was so clever，therefore no one gave him any service. This long travel took them more than ten years，and at last he went back to the state of Loo and wrote books to teach the people of the world and at last as he was seventy three years of age he died and all his scholars funeral ceremonies for three years，only one named "Tsz Kung" built a cottage near the tomb and dwell six years there.

Respectively submitted

Chan Tsan chau

Midshipman，I.C.N.

1st class

威海卫水师学堂

1893年1月25日 9/12/18[①]

作文（图2）

孔子

在中国，孔子是一位非常重要且睿智的人物。孔子的祖先来自宋国。他的祖父被称为孔父，[②]是宋国掌管财政税收的官吏。由于他与宋国的宰相华督意见不合，因而被杀。随后，孔子的父亲迁至鲁国。抵达鲁国后，他居住在曲阜的昌平乡，并在此娶妻。婚后几年，他们一直没有儿子。于是，他带着妻子前往尼丘山祈祷。

最终，他的妻子生下一个儿子，取名"孔丘"，即孔子。他出生时，几里之外都能闻到空气中不同的气息。年少时，他不与其他孩童玩耍，而是热衷于阅读古籍、研习历史。长大后，他入朝为官。几年后，他辞官前往周朝，向老子学习礼仪。之后，他在邯郸讲学。那时，他有三千弟子，其中七十二人尤为出众。几年后他带着部分弟子周游列国，期望自己和弟子能获任官职。但无人赏识他的才华，所以无人给他提供官职。此次漫长的游历持续了十多年。最后，他回到鲁国，著书立说以教化世人。孔子七十三岁时去世，所有弟子守孝三年。唯有弟子子贡在孔子墓旁搭建茅庐，居住了六年。

谨呈

陈镇秋

北洋海军学生

一班

---

① 应为"8/12/18"，指"光绪十八年十二月初八日"。

② 此处有误。孔子的祖父是伯夏，为孔父嘉之玄孙。

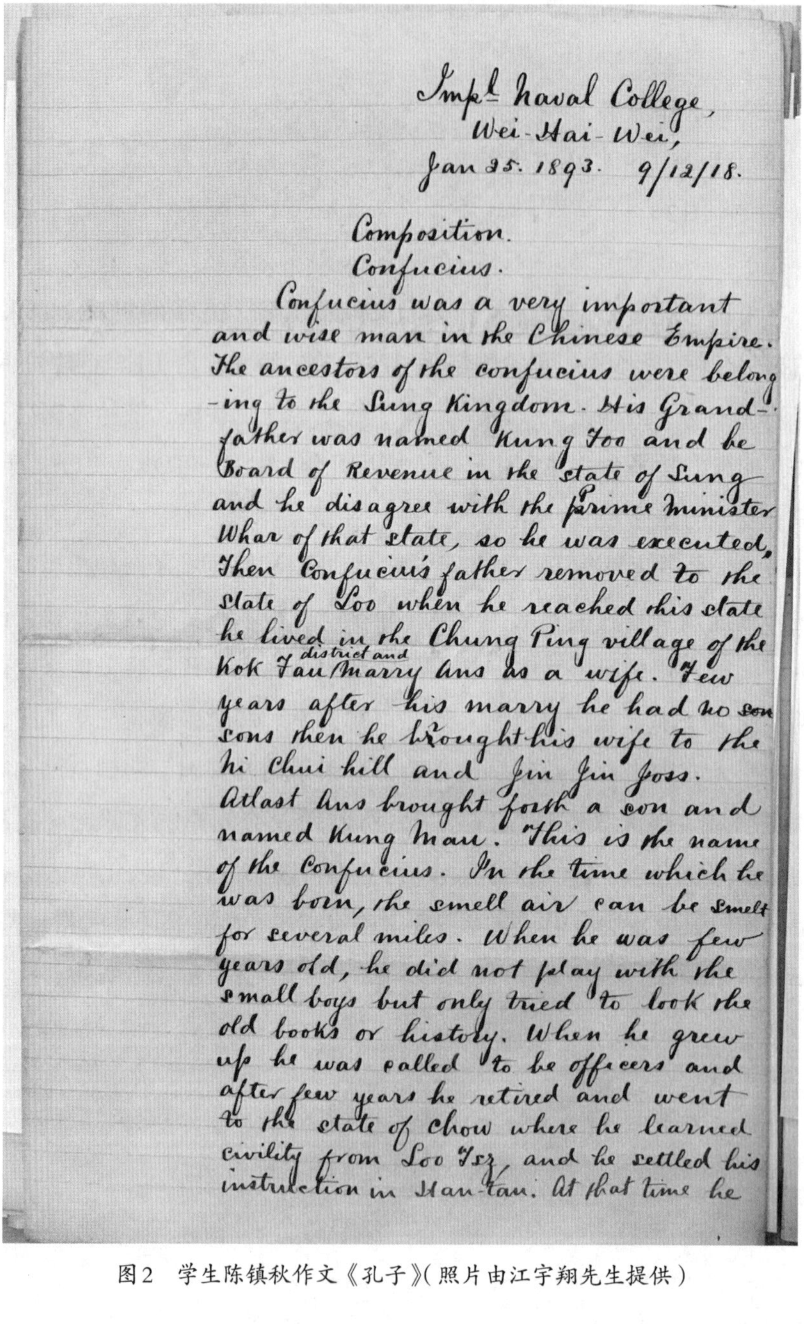

Impl. Naval College,
Wei-Hai-Wei,
Jan 25. 1893.   9/12/18.

Composition.
Confucius.

Confucius was a very important and wise man in the Chinese Empire. The ancestors of the confucius were belong-ing to the Sung Kingdom. His Grand-father was named Kung Foo and he Board of Revenue in the state of Sung and he disagree with the prime minister Whar of that state, so he was executed, Then Confucius's father removed to the state of Loo when he reached this state he lived in the Chung Ping village of the Kok Fau district and Marry Ans as a wife. Few years after his marry he had no sons then he brought his wife to the ni Chui hill and Jin Jin Joss. Atlast Ans brought forth a son and named Kung Man. This is the name of the Confucius. In the time which he was born, the smell air can be smelt for several miles. When he was few years old, he did not play with the small boys but only tried to look the old books or history. When he grew up he was called to be officers and after few years he retired and went to the state of Chow where he learned civility from Loo Tsz, and he settled his instruction in Han-tau. At that time he

图2　学生陈镇秋作文《孔子》（照片由江宇翔先生提供）

Imperial Naval College

Wei Hai Wei

Jan 6th, 1893 (19-11-18)

Composition

"The New World"

More than three hundred years ago, the new world was found by Columbus. It is composed of two continents called North and South America. They exlind between Pacific and Atlantic Oceans and are connected by the Isthmus of Panama. The area of the New World is about fifteen million square miles. Its eastern coasts are much more irregular than the western. Along the western coasts, there a very long mountain range, the part, which is in North America, is called the Rocky, and the part which is in South America is called Andes.

The people who live in the upper part of the New World are nearly all British, but in the lower part are mostly black natives. Upon the upperst part of the New World, there is a vast British territory called Canada. In this country, large quantities of lumber and coal are exported. The chief products are grain, fur, coal, iron, copper and petroleum. Its climate is severe, the winters begin long and cold. The soil in many places is very fertile. In the upper part of the New World, there are occupied by the United States. This country may be called the richest place in the World. It is bounded on the north by the Dominion of Canada, on the south by the Gulf of Mexico, on the east by the Pacific Ocean, and on the west by the Atlantic Ocean. In the United States, there are very many beautiful buildings, wide streets and long rail roads. Its productions are extensive and various. Wheat, rye, barley, Indian corn, oats and various grains are produced. The mineral products are also valuable. Copper and lead abound in the north central part. The government is a Federal Republic. Its population is about fifty million four hundred and forty five thousand three hundred and thirty six. The capital is called Washington. The central part of the New World is situated by the country of Mexico. It has an area of seven hundred and fifty one thousand five hundred and eight five square miles. The great chain of the Sierra Madre mountains runs through Mexico, but it is broken in the centre, into spurs, lofty peaks and elevated table-lands. Mexico is famous for its mineral products. The silver and the quicksilver mines are particularly rich. In the lower and lowest part are country Brazil, Venezula, Guiana, Uniteds States of Columbia, Chili, Bolivia, Peru, Argentine Republic &c. these countries connect together to form a continent, called South America. Among them, the largest is called Brazil. It forms nearly three fourths of the northern part of the continent, and the nest is called Argentine Republic. It forms the whole southern part with the country of Chili. In the northern part of South America, there is a very large river, called Amazon. It takes its name from the black natives who live on its banks. The climate is very hot, and the precious metals are very rich. In this part, there are plenty of luxuriant forests, and have many thousands of venomous reptiles and large cruel animals live inside. In the south of South America, the climate is very warm, but in the extreme south it is as cold as Pekin. In this part, except Chili, the north is generally level and contains immense pampas or plains filled with wild cattle.

Respectivly Submitted,

Chin Tsan Kwok

Midshipman, I.C.N.

1st class

威海卫水师学堂

1893年1月6日（19-11-18）[①]

作文

"新大陆"

---

① 指"光绪十八年十一月十九日"。

三百多年前，新大陆被哥伦布发现。它由两个大陆组成，即北美洲和南美洲。它们位于太平洋和大西洋之间，由巴拿马地峡相连。新大陆的面积约为1500万平方英里（3885万平方千米）。其东部海岸比西部海岸更为曲折。沿着西海岸，有一条很长的山脉。在北美洲的部分被称为落基山脉，在南美洲的部分被称为安第斯山脉。

生活在新大陆北部的人几乎都有英国血统，但在南部大多是黑人原住民。在新大陆的最北部，有一片广阔的英国领土叫加拿大。在这个国家，大量的木材和煤炭用于出口。主要产品包括谷物、皮毛、煤炭、铁、铜和石油。其气候恶劣，冬季漫长寒冷。很多地方的土壤非常肥沃。新大陆的北部由美国占据。这个国家可以说是世界上最富有的地方。它北与加拿大自治领接壤，南与墨西哥湾相邻，东临太平洋，西濒大西洋。[①]在美国，有许多漂亮的建筑、宽阔的街道和漫长的铁路。其物产丰富多样，盛产小麦、黑麦、大麦、玉米、燕麦和其他各种谷物。矿产资源也很有价值。铜和铅在中北部地区储量丰富。美国的政体是联邦共和国。其人口约为50445336。首都是华盛顿。新大陆的中部是墨西哥。它的面积为751585平方英里（约1946605平方千米）。雄伟的马德雷山脉贯穿墨西哥，但在中部断裂成支脉、高峰和高原。墨西哥以其矿产资源而闻名。银矿和汞矿尤其丰富。在南部和最南端是巴西、委内瑞拉、圭亚那、哥伦比亚合众国、智利、玻利维亚、秘鲁、阿根廷共和国等国家。这些国家共同构成了一个大陆，即南美洲。其中，最大的是巴西。它几乎占据了南美洲大陆北部的四分之三，第二大的是阿根廷共和国。它与智利一起构成了整个南部地区。在南美洲北部，有一条非常大的河流叫亚马孙河。它得名于生活在其两岸的黑人原住民。那里的气候非常炎热，贵金属丰富。在这个地区，有大量繁茂的森林，里面生活着成千上万的有毒爬行动物和大型凶猛动物。在南美洲南部，气候相对温暖，但在最南端，气候和北京一样寒冷。在这一地区，除了智

---

① 应为"东临大西洋，西临太平洋"。

利，北部地区通常地势平坦，有广袤的草原，里面到处是野牛。

谨呈

陈镇秋

北洋海军学生

一班

Imperial Naval College

Wei Hai Wei

Jan 6，1893，19/11/18

Composition

New World[①]

The new world which divided into two portions，namely north and south America，which extends from north and south is about 9000 miles. They were found by Columbus，wished to find a new and short route to India.

North America is bounded on the north by the Arctic Ocean on the east by the Atlantic Ocean and Gulf of Mexico on the south by the Isthmus of Panama，on the West by the Pacific Ocean. North America is divided into four divisions，British North America，United States，Mexico，and the West Indies. Of all United States is the most principal. It contains a vast territory，which stretches entirely across the continent. The boundaries of which are，on the north by Canada and other portions of British America，on the east by the Atlantic Ocean，on the South by Mexico and the Mexico Gulf，on the west by the Pacific Ocean. Its area is about 3200000 square miles. It has Mississippi river which runs through the country and makes it fertile. The most important among the great natural features of United States are the Rocky mountains and the Alleghany[②] mountains. The Alleghany mountains lies with the United States. The vast region between the Rocky and Alleghany mountains watered by the Mississippi and its tributaries. The most important river of the United States is Mississippi，which is joined by the Missouri，the Ohio，the Arkansas，Red river and numerous other navigable tributaries. The inhabitants is about 50000000. South America is bounded on the North by Caribbean Sea and Atlantic Ocean，on the east by the Atlantic Ocean，on the west by the Pacific.

---

① 教习对此文修改颇多，有 "Recopy corrected" 批语，即 "修改后重新抄写"。

② 应为 "Allegheny"，下同。

Its area is about 1000000 square miles. It has three mountain chains, Andes, Guiana, and Brazil. The Andes mountains stretch along the whole western side of South America. The highest summit is Socotra, on the western side of Bolivia reaches 24800 ft above the sea level while many others are also reached above 20000 ft. They rise above the line of perpetual snow. The Andes mountain are rich mineral products such as gold, silver, copper, iron lead. The population is about 30000000 about a third of the whole are of European race and almost exclusively of Spanish and Portuguese origin.

Respectively submitted

Tan Jiar Whar

Mid, I.C.N.

1st class

威海卫水师学堂

1893年1月6日，19/11/18[①]

作文（图3）

新大陆

新大陆分为两部分，即北美洲和南美洲。它从北到南延伸约9000英里（14484.1千米）。它是由哥伦布发现的，当时他希望找到一条通往印度的新的较短路线。

北美洲北临北冰洋，东临大西洋和墨西哥湾，南临巴拿马地峡，西临太平洋。北美洲分为四个区域：英属北美、美国、墨西哥和西印度群岛。其中美国最为重要。它拥有广袤的领土，横跨整个大陆。其边界为：北与加拿大及英属美洲的其他部分接壤，东临大西洋，南接墨西哥和墨西哥湾，西临太平洋。其面积约为320万平方英里（828.8万平方千米）。美国有密西西比河贯穿全国，使这片土地肥沃。美国最重要的自然地理特征包括落

---

① 指"光绪十八年十一月十九日"。

基山脉和阿勒格尼山脉。阿勒格尼山脉位于美国境内。落基山脉和阿勒格尼山脉之间的广阔区域由密西西比河及其支流灌溉。美国最重要的河流是密西西比河，它由密苏里河、俄亥俄河、阿肯色河、红河以及众多其他可通航的支流汇合而成。美国人口约为5000万。南美洲北临加勒比海和大西洋，东临大西洋，西临太平洋。其面积约为100万平方英里（259万平方千米）。它有三条主要的山脉，安第斯山脉、圭亚那和巴西。安第斯山脉沿南美洲整个西侧延伸。最高峰是玻利维亚西侧的索科特拉山[①]，海拔达24800英尺（7559.04米），其他许多山峰也超过20000英尺（6096米）。它们高耸于积雪线以上。安第斯山脉富含黄金、白银、铜、铁和铅等矿产资源。南美洲人口约为3000万。约三分之一的人口为欧洲后裔，几乎全部源自西班牙和葡萄牙。

谨呈

邓家骅[②]

北洋海军学生

一班

---

① 原文如此，南美洲最高峰应为阿空加瓜山。

② 邓家骅，甲午战争后任"通济"练船驾驶三副、二副、大副、管带，"江亨"炮舰管带。民国时期任北京政府海军总司令处司法长、海军第一舰队司令处参谋、烟台海军练营营长、"江元"炮舰舰长兼烟台海军枪炮练习所副所长及"海筹""海容"等巡洋舰舰长。

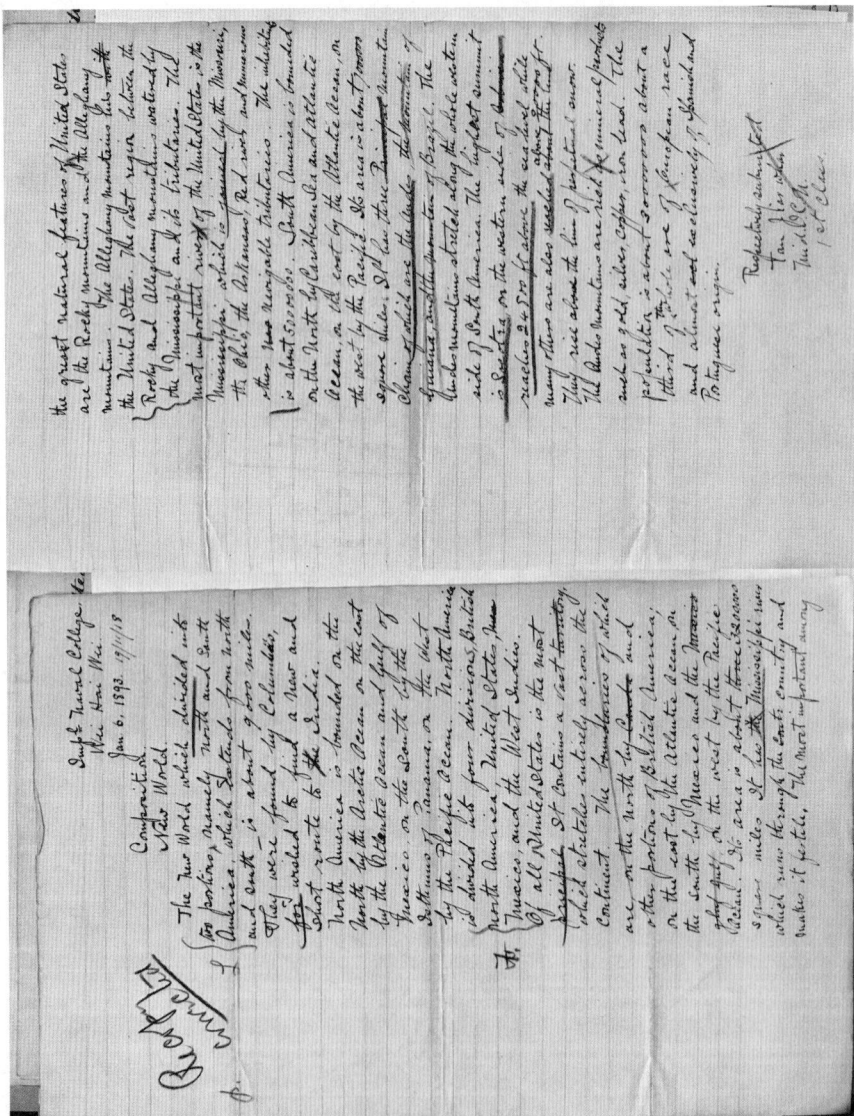

图 3　学生邓家骅作文《新大陆》及教习先生批改（照片由江宇翔先生提供）

Imperial Naval College

Wei Hai Wei

Jan 20 1893，3/12/18

Composition

"Ching Ming Holidays"

In spring，we have a festival called "Ching Ming" which takes place 106 days after the winter solstice of the preceeding year. At this festival，we visit the tombs of our predecessors，according to the customs of the southern province，this festival is considered very great，and all the workmen and tradesmen will get several days of leave from their heads，and will return home to worship the tombs. If you go up to Canton from Hong Kong by this time，you will find that the river steamer will convey by far the much more passengers than any other days of the year. Moreover，if you go out the north gate of the Canton city you will see men，women and children are scattered all over the hills，and hillocks，some are bowing down，some are carrying the sacrifice，some are sitting down by the roads for the sake of fatigue. in short all are busy，while on the other days of the year，you would find no more than the hundredth part of the numbers you see by this time.

Respectively submitted，

Midshipman，I.C.N.

Chin Tsan Kwok

1st class

威海卫水师学堂

1893年1月20日，3/12/18[①]

作文

---

① 指"光绪十八年十二月初三日"。

"清明节"

在春天，我们有一个名为"清明"的节日，它是头一年冬至后的第106天。在这个节日里，按照南方各省的习俗，我们会回家去祭拜祖先的坟墓。这个节日非常受重视，所有的工人和商人都会从雇主那里获得几天假期，回家祭拜先祖。如果你在这个时候从香港前往广州，你会发现江上的汽船搭载的乘客比一年中的其他任何时候都要多得多。此外，如果你走出广州市的北门，你会看到男人、女人和孩子们散布在大大小小的山丘上。一些人在鞠躬致敬，一些人拿着祭品，还有一些人因为疲惫坐在路边。简而言之，每个人都很忙碌。在一年中的其他日子里，你看到的人数还不到这个时候人数的百分之一。

谨呈

北洋海军学生

陈镇秋

一班

Imperial Naval College

Wei Hai Wei

4/6/20 June[①] 6th，94

The dispute between China & Japan

The commencement of the dispute between China and Japan is the reason which relative to the treaty of them. The agreement was made between China and Japan after the conquer of Korea；form that time to long afterwards，if the Koreans have any trouble，then both Chinese and Japanese are to send soldiers to help them or subdue them. From ancient time to the present，Korea is under the control of China，and not under Japan. But now，many of the Koreans are making a great deal of trouble in their own country；so both the Chinese and Japanese send soldiers and warships to subdue them. When the Chinese Minister and the Japanese Admiral are meeting，the Japanese asked him how many soldiers and warships have he prepared. He said that he have prepared ten thousand men and ten large warships，while at that time Japanese only have one thousand men，and a few warships. So the Admiral send at once a telegraph to Japan to have some more soldiers and ships there. At last when the Japanese arrived Korea，they found that the Chinese are only two thousand more soldiers. So the Japanese admiral says that the minister cheats him. So he wish to war with China.

In common speaking，the war ships of China are not so much as those of Japan，but two iron ships of China are well constructed and much thicker than those of theirs. If they want to fight with China，many people will say that they are fools，although the war ships are not so much in number as they have，but when the war commence who can say that Japan will get the victory，that is one thing，on the other hand if they make war on land they must be defeated. For the soldiers of China are great in number and among them，many are good fighers，so the

---

① 应为 "July"。

Japanese can not get their victory. If they compel the Chinese to make war, first, stop all the commerce, second, they have a poor country and cannot last long without commerce, third, the Chinese are not afraid of them. If they make the Chinese Emperor angry, many people think that Japan will be under his command also. For when both were at war, the Chinese Emperor will send three large armies, for this purpose, one will make war in Korea, the fleet to fight their fleet on the sea, and the other two large armies will go to invade their kingdom, then they are dropped into trouble and at that time everyone wish to know how they make their plan to repel the Chinese. If they repent at that time, every one will say it was too late.

Respectfully submitted

Midshipman Ho Yan-Chung

1st class

威海卫水师学堂

4/6/20① 1894年7月6日

中日争端

中日争端的肇始与两国之间的条约有关。在控制朝鲜后，中日双方达成了协议。从那之后很长时间里，如果朝鲜遇到了任何麻烦，中国和日本双方都派兵帮助或进行镇压。从古至今，朝鲜都是在中国的控制下，而不是日本。但是现在，许多朝鲜人正在他们自己的国家里制造很多麻烦，因此中国和日本都派出了军队和军舰进行镇压。当中国大臣与日本舰队司令会面时，日本人问他准备了多少士兵与军舰。他说他准备了一万人和十艘大型军舰，而那时日本人仅有一千人和几艘军舰。于是日本舰队司令立即向国内发了一封电报，请求更多的士兵与军舰。最后当日军抵达朝鲜时，他们发现中国只有两千多名士兵。于是日本司令称中国大臣欺骗了他。于

---

① 指"光绪二十年六月初四日"。

是他要与中国开战。

坦率地说，中国的军舰没有日本的多，但中国的两艘铁甲舰建造精良，装甲比他们的厚得多。如果他们想与中国开战，人们都会说他们是傻瓜。虽然中国的军舰在数量上没有他们的多，但当战争爆发时谁能说日本会取胜呢。这是一方面，另一方面，如果他们在陆上开战，他们肯定会被击败，因为中国的士兵在数量上是巨大的，而且其中许多人都是优秀的战士，所以日本人是不可能取胜的。如果他们强迫中国开战，第一，停止所有贸易，第二，他们的国家很穷，没有贸易不可能坚持很久，第三，中国人不怕他们。如果他们把中国皇帝惹怒了，许多人认为日本也会被他征服。因为当两国交战时，中国皇帝会为此派出三支大军，一支在朝鲜作战，舰队与其舰队交战于海上，另两支大军将会侵入他们的王国，然后他们就会陷入困境，到那时候每个人都想知道他们如何制订计划击退中国人。那时候如果他们后悔，每个人都会说太晚了。

谨呈

海军学生

何恩宠

一班

Imperial Naval College

Wei-Hai-Wei

July 6th 1894

The dispute between China and Japan concerning Korea

Korea is a peninsula which situates on the western side of Pacific Ocean between Chinese and Japanese Empire. In this place, the precious stones mines and coal mines are very much and many good places for naval stations. Therefore, all the countries will attend to seize it, but the most are Japan and Russia. It is the colony of China, so that if any country troubles with Korea, China will send troops and warships to protect it, then its king will send the embassy to Pekin with tribute every year. In Korea, the subjects are divided into two companies, called 'Tung sirk Dand' and 'Se sirk Dang', they always trouble with Korean king and wish to get his throne. Last year, they had troubled once; but no sooner they were suddend[①] by the Chinese troops. One and half months ago they troubled again and also joined the Japanese to be a helper. When the minister Yuen heard this, he at once sent a telegraph back to Viceroy to get 1000 soldiers to protect, but he spoke to the Japanese minister said, "I have sent 10000 soldiers and several large warships to here." Therefore the Japanese minister quickly sent a telegraph to his own country to get as many soldiers and warships as what the minister said. Sometimes, later, he saw there was not much Chinese troops, therefore, he knew the minister Yuen was talking…

威海卫水师学堂

1894年7月6日

中日关于朝鲜的争端

朝鲜是一个半岛，位于太平洋西侧，在中日两帝国之间。这里有丰富

---

①　根据文意判断应为"suppressed"。

的宝石和煤矿资源，还有许多优良的港湾可以作为海军军港。因此，所有国家都想占有它，但最甚者为日本和俄国。它是中国的属地，因此如果任何国家给朝鲜制造麻烦，中国都会派军队和战舰去保护它，然后其国王就会每年派使者来北京进贡。朝鲜国民被分为两伙人，称为"东学党"和"西学党"，他们总是给朝鲜国王制造麻烦，想要夺取他的王位。去年，他们就暴乱了一次，但不久就被中国军队镇压了。一个半月以前他们又再次暴乱，日本人也来帮忙。当袁大人[①]听说后，他立即给总督发电报，要求派1000名士兵来保护，但他对日本公使说："我派了10000名士兵和几艘大型军舰来。"因此日本公使立即给他的国家发了一封电报，要求派出与袁大人所说的一样多的士兵和军舰。不久之后，他发现并没有那么多的中国军队，因此他知道袁大人在说……[②]

---

① 即袁世凯，时任清朝驻朝鲜总理交涉通商事宜。
② 原件文字到此为止。

Imperial Naval College

Wei Hai Wei

July 6，1894，4/6/20

"The dispute between China and Japan concerning Korea"

Two months ago，an army of 2000 soldiers had been sent from China to protect Corea[1]. But as a rule，China，Japan，and Russia should send the same member of soldiers to protect her，as treaty between them had been established some five or six years. So as the Japanese knew our army had landed，he ask the minister "Yuen" the number of soldiers，and at once sent a wire to Japan for the same number of soldiers he had been told. But now no trouble is occurred，she still increases soldiers and ships，instead of taking our advise as to draw back her soldiers and ships，trying to get some interest from China，for she think that she may whip her. But if she truly does so，the longer the battle lasts，the poorer her country will be，and if the trouble lasts for 8 or 7 years，her country will be ruin，for her commerce is stopped，and she has not much money for buying powder，guns and provisions，&c.

Respectfully submitted，

Lan yin，

Midshipman，I.C.N.

1st class

威海卫水师学堂

1894年7月6日，4/6/20[2]

"中日关于朝鲜的争端"

两个月前，中国派了2000人的军队去保护朝鲜。但作为一个规定，中

---

① 应为"Korea"。

② 指"光绪二十年六月初四日"。

国、日本和俄国都应派遣相同数量的军队去保护她，因为五六年前他们之间签署了条约。因此当日本人知道我们的军队登陆了，他就问袁大人军队的数量，并立即向日本发电报请求他被告知的相同数量的士兵。但现在事端并未发生，她依然在增加士兵与军舰的数量，而不是采纳我们的意见撤出士兵与军舰，她试图从中国身上攫取利益，想着她可以彻底击败中国。但如果她真的这样做的话，战争持续的时间越长，她的国家就会越穷，如果争端持续8年或7年，她的国家就会被毁灭，因为当她的贸易停止后，她就没有很多钱来购买火药、枪炮和给养等了。

谨呈

蓝寅①

北洋海军学生

一班

---

① 蓝寅，民国时期曾任北京政府海军部总务厅副官处副官、国民政府海军总司令部中校候补员。

Imperial Naval College

Wei Hai Wei

July 6th 94，4/6/20

"The dispute between China and Japan concerning Korea"

The dispute between China Japan is that which has some relation to Loo Choo Isles. For at that time the Chinese Emperor did not punish Japan，so the Japanese thought that the Chinese are easily deceived，and always wish to get chance to invade China. Although China has made treaty with them to protect Korea，so they said that the Chinese minister telling lie，so they want to make war with China.

Japan alone is a poor country and rely on the commerce to make their country prosperous，if they want to make war with China for several years I think that the Japanese will all die by press of hunger，so I hope that the subjects of king will pray the king to stop this if not they will be in distress. If they stop this nonsense a little earlier，then a peace will be made，for the Chinese Emperor is a kind hearted man and he must admit to peace with him. For in making war is an unlucky thing to them，then what is the use of doing so. If they want to make war I think that they will be defeated and drive away.

Respectfully submitted

Tang Jior whar

Midshipman I.C.N.

1st class

（nothing about the subject at all！）[1]

威海卫水师学堂
1894年7月6日，4/6/20[2]

---

[1] 此为教习的批语。

[2] 指"光绪二十年六月初四日"。

"中日关于朝鲜的争端"

中日争端与琉球群岛有关，那时中国皇帝没有惩罚日本，因此日本认为中国很容易被欺骗，于是总想找机会侵略中国。虽然中国与他们签订了保护朝鲜的条约，因此他们称中国大臣对他们说了谎，所以他们要跟中国开战。

日本本身是一个贫穷的国家，靠贸易使得国家繁荣，如果他们与中国进行几年战争，我认为日本人都会因为饥饿而死，所以我希望日本国王的臣民恳求国王停止战争，否则的话他们就会危在旦夕。如果他们早一点停止这一愚蠢的行为，和平就会实现，因为中国皇帝是个非常仁慈的人，他肯定会与他讲和。因为开战对他们来说是一件不幸的事，那么这样做有什么用呢。如果他们要开战，我认为他们将会被打败、被赶走。

谨呈

邓家骅

北洋海军学生

一班

（完全文不对题！）（图4）

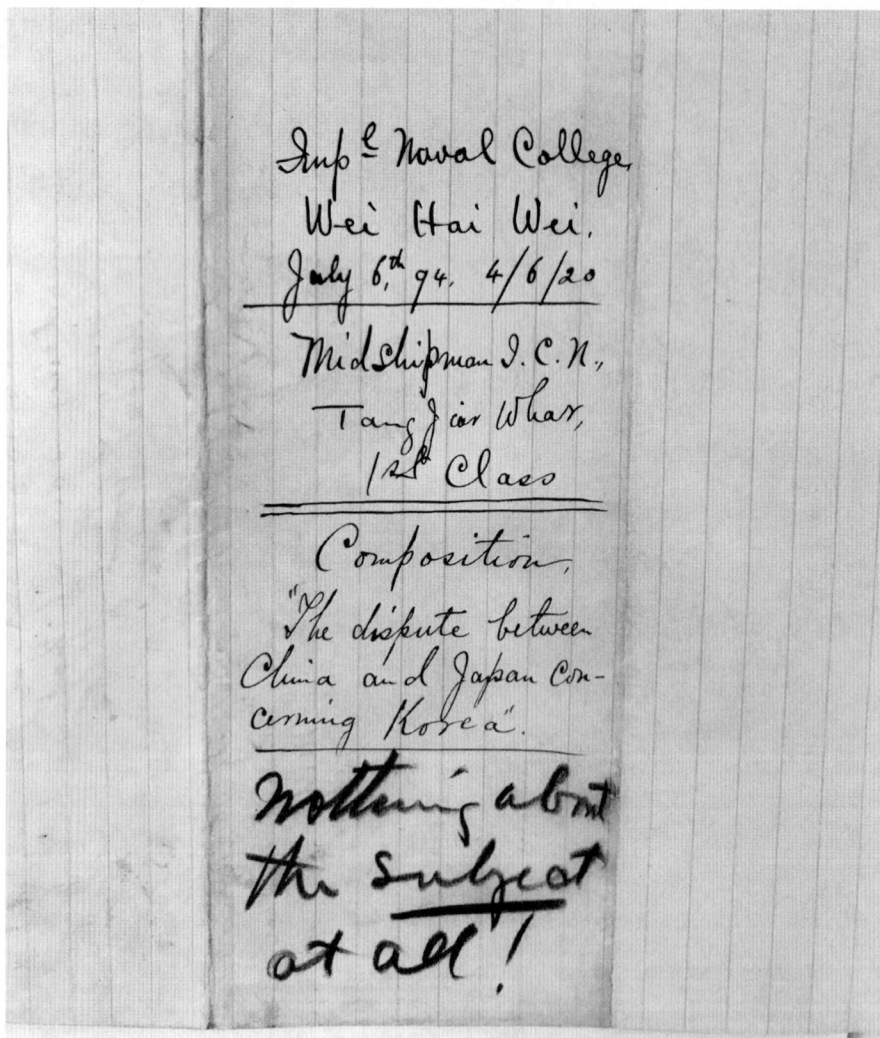

图4　教习对学生邓家骅作文《中日关于朝鲜的争端》的批语
（照片由江宇翔先生提供）

Imperial Naval College

Wei-Hai-Wei

1894

The dispute between China & Japan concerning Korea

Korea is subjected to China and has been under the Chinese protectary since four hundred years. Korea was treatied that he, whenever asking China for any help, ought to let Japan and Russia know. Two months ago, as the riots at Korea were so troublesome that he asked China for help, afterward the Chinese government sent their troops to defeat them. Just as the soldiers arrived, the Japanese cousul knew this and asked Chinese minister how many troops had he sent there, he answered that twenty troops had been sent. As the Japanese consul was so told that he at once sent telegram back to his own country for soldiers and then his government sent some ten thousands of soldiers there also. After and it is consulted that the soldiers of both countries will be called to retire in a certain day. Japanese are very foolish and do not think that however powerful their country may be, they have only a few small islands, yet China is a large country and the armies are so disciplined that a Chinese soldier would defeat five or six Japanese ones. Now if we send several thousand of soldiers to Japan, then the country would at once become ruin, as the navy & the armies are almost all removed to Korea. As Japan is nearly the smallest and the poorest country and if any country takes pains and be attentive to wage wars upon him, then these few islands would at once become desolated.

Respectfully submitted,

Sheh Yoon Chih

Midshipman 1st class

威海卫水师学堂

1894

中日关于朝鲜的争端

朝鲜藩属于中国，受中国保护四百年。朝鲜签署了条约，无论何时向中国寻求任何帮助，也需让日本和俄国知道。两个月前，朝鲜的暴乱引起了麻烦，它向中国寻求帮助，后来中国政府派兵去平定暴乱。士兵刚刚抵达，日本领事就知道了，并问中国大臣他派来了多少军队，他答道派了二十个（营）兵力。日本领事得知后他立即发电报回国请求派兵，随后其政府就派来了一万人的军队。后来两国商定双方军队须在某一天同时命令撤军。日本人非常愚蠢，他们没有想到他们的国家无论有多强的实力，也只有几个小岛，而中国是个大国，军队训练有素，一名中国士兵能够打败五六名日本士兵。现在如果我们派几千名士兵到日本去，他们的国家将立即变成一片废墟，因为他们的海陆军几乎都去了朝鲜。因为日本几乎是最小、最贫穷的国家，如果任何国家致力与他们开战的话，这些小岛会将立即变得荒无人烟。

谨呈

谢用楫

海军学生

一班

Imperial Naval College

Wei-Hai-Wei

July 6th，1894

4/6/20

The dispute between China and Japan Concerning Korea

In Korea many nations riotors[①] made trouble with Korea. According to the treaty it is dutiful for both China and Japan，to send their soldiers & naval ships to protect Korea，if any trouble had been occurred. But on being carelessness minister Yuen without giving an information to Japan，brought there two thousand soldiers to attack the riotors. From this case up the Japanese anger，in a few days she sent out ten thousand soldiers and five hun[②] cavalry round the capital of Korea. On hearing this viceory Lee professed himself a little mistake and said kindly that both countries draw back their soldiers. But Japan against what he said，reinforce her soldiers daily. Japan wishes to have Korea as her colony，but is rather impossible，since she is not a large nor a rich country and also her people get their living mostly by treating[③] with Chinese. I think that the foolish derived from thinking that China seldom has a battle with other country，whenever a country wishes to have a battle with her the emperor always gave some money to make herself calm. Really China is not afraid others，but the virtuous emperor often thinks that if a battle take place numberless men will be killed，and also towns，houses and lands will be ruined，so that she wishes to loss a little money than to have a battle. If afterwards still not draw her soldiers and ships back. If fear that she will repenr[④] it at the end. If I were the viceroy，I would not fight with her on ships，since her navy is not worse than Chinese but I would order the ships to protect those important ports and cities，and

---

① 应为 "rioters"，下同。
② 应为 "hundred"。
③ 应为 "trading"。
④ 应为 "repent"。

then send twenty or thirty thousand soldiers to go to Korea and enclose the Japanese and do not let their men to have provisions from outsiders. Again I would bring an army to Japan to make war there and also stop the treaty.

Respectfully submitted

Lo Kye Pang

Midshipman ICN

1st class

威海卫水师学堂

1894年7月6日

4/6/20[1]

中日关于朝鲜的争端（图5）

在朝鲜，许多当地暴民在国内制造动乱。根据条约，如果有任何动乱发生，中国和日本都有责任派士兵和海军舰船去保护朝鲜。但因为疏忽，袁大人没有通报信息给日本，中国派了2000名士兵来平定暴民。此事引起了日本的愤怒，几天后她派出了一万人的步兵和500人的骑兵包围了朝鲜的首都。李总督[2]听说后自称这是他的一个小错误，并友善地说两国都应撤军。但日本反对他的说法，每天都在增派更多的军队。日本希望把朝鲜变成她的殖民地，但这是不可能的，因为她既不是大国也不是富国，而且她的国民几乎都是靠与中国做生意为生。我认为愚蠢源于认为中国很少与别的国家发生战事，当一个国家想与她打一场时，皇帝总是给敌国一些钱，让自己得到安宁。事实上中国并不惧怕其他国家，但仁德的皇上总是认为如果发生战斗的话无数的人会遭杀戮，村庄、房子和土地将变成废墟，因此她希望损失一点钱而不是发生一场战斗。如果此后日本仍不撤回她的士兵和军舰的话，恐怕她最后会后悔的。如果我是总督的话，我不会用军舰

---

① 指"光绪二十年六月初四日"。

② 即李鸿章，时任直隶总督兼北洋通商事务大臣。

与之作战，因为她的海军不比中国的差，我会令军舰保护那些重要的港口和城市，然后派两三万士兵前往朝鲜包围日军，不让他们的人获得外部补给。另外我还会率领一支军队去日本发动战争，同时停止执行条约。

谨呈

罗开榜

北洋海军学生

一班

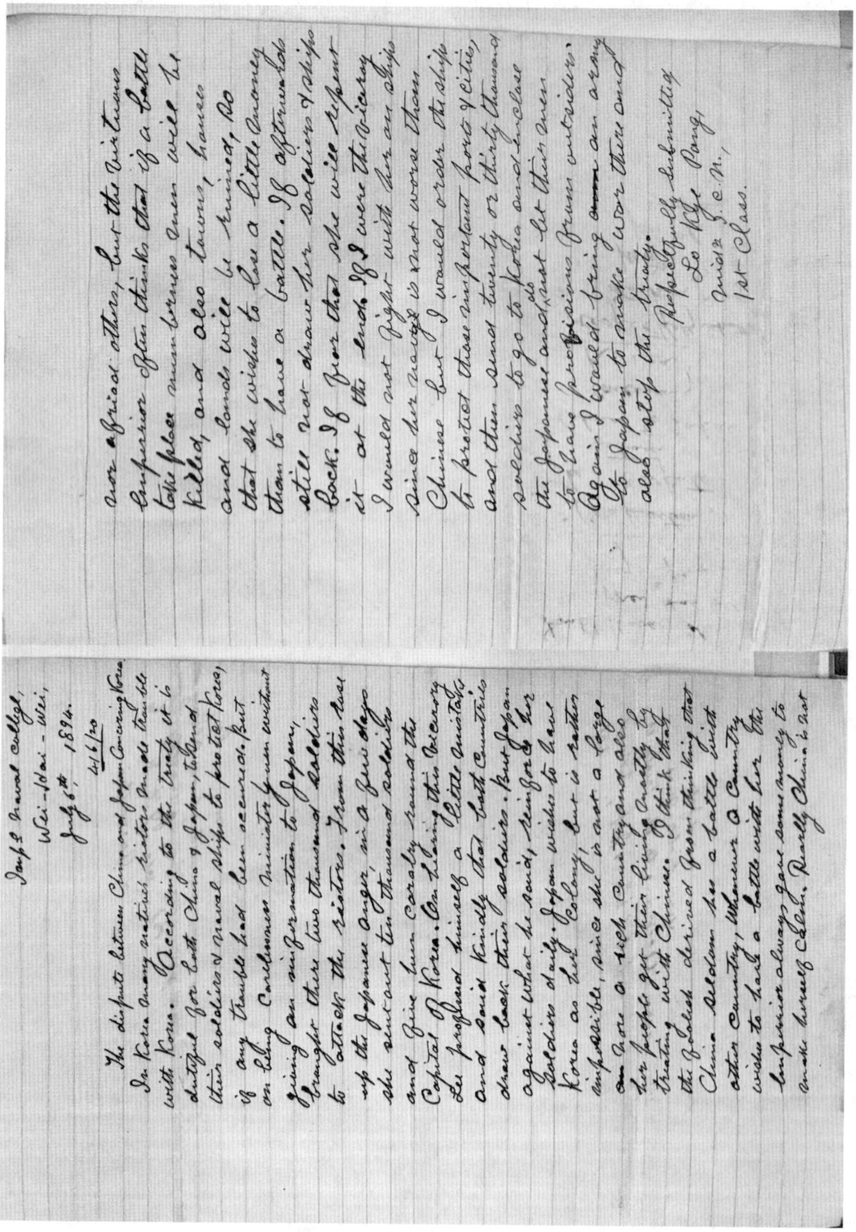

图5 学生罗开榜作文《中日关于朝鲜的争端》（照片由江宁翔先生提供）

译者简介：张黎源，浙江蓝乐建筑设计有限公司建筑师。

The Compositions of Cadets from Weihai Naval School Collected by Washington County Historical Society

Zhang Liyuan（Translator）

Note：The original manuscripts are collected in the Washington County Historical Society in Pennsylvania，USA. Thanks to Ms. Hu Jingcao and Mr. Jiang Yuxiang for providing photos of the originals.

Philo Norton McGiffin was born in 1860 in Washington County，Pennsylvania，USA. After graduating from the United States Naval Academy in Annapolis，he went to China and joined the Tianjin Naval Academy founded by Li Hongzhang as an instructor. Later，he transferred to the Weihai Naval Academy. During the First Sino-Japanese War in 1894，he volunteered to board the Beiyang Fleet's battleship Zhenyuan to assist the Chinese in the war and was wounded in the Battle of the Yalu River. After the war，he returned to the United States and wrote many articles about the Sino-Japanese War. However，due to severe sequelae of his injuries，he committed suicide in a hospital in New York in 1897.

Many of McGiffin's relics were collected by the Washington County Historical Society in his hometown，including the English compositions written by young Chinese naval cadets under his guidance during his tenure at the Weihai Naval Academy. In June 1890，the Weihai Naval Academy started classes on Liugong Island. The first batch of 30 cadets were from provinces such as Fujian，Guangdong，and Anhui，and they were around 16 years old. Four years later， this group of students graduated and entered the Beiyang Fleet as Midshipmen. However, soon after, the First Sino-Japanese War broke out, and they were unable to complete their studies. After the collapse of the Beiyang Fleet, many of them disappeared without a trace, but some could still be traced later. These included Wu Renli, who served as the Vice-Minister of the Admiralty, Yang Jingxiu, who served as the Admiral of the Training Fleet, and Luo Kaibang, who served as the Vice-Minister of the Army.

These compositions were written from 1892 to 1894, and some were even written on the eve of the First Sino-Japanese War. These English compositions from over 130 years ago are still in pristine condition. Most of the children's handwriting is elegant and shows good calligraphy skills, but there are also some amusing mistakes in grammar and word usage, which indicates that their English proficiency was still immature when they first came into contact with the language. The compositions are divided into several themes: autobiography, Confucius, the Qingming Holidays, the New World, and the dispute between China and Japan concerning Korea. From these compositions, we can gain insights into the cadets' backgrounds, their inner thoughts, as well as their reflections on the country and the world, making them of high historical value.

台岛劫灰[①]

吉 辰 整理

　　按:《台岛劫灰》，抄本，全一册，现藏日本东洋文库。本件以时间为纲，重点记载了甲午战争时台湾的防务，包括澎湖失陷、兵勇哗变、"台湾民主国"成立等事件。其中附有详细的全台各炮台炮位单、全台各营名目单与全台各项行炮及各项枪名单，可以借此了解台湾守军的番号与装备，对军事史研究极有价值。文末有一段关于英国"巴山"（Pathan）轮交涉事件的记载，也可补现有史料之不足。关于它的史料价值，台湾学者吴密察有较为详细的解读，在此不再赘述。[②]

　　本件未署作者，整理者认为可能是甲午战争期间在台北任军械局委员的陈昌基。根据有三:其一，文中对台湾守军军械情况记载极详，符合军械局委员的身份。其二，行文中以"昌基""基"为第一人称。其三，文末对"巴山"轮事件的记载完全以"基"的角度叙述，与文中陈昌基奉派拦截英国商船的记载相符。

　　本件扉页书有"昭和十五年（按:1940年）九月十五日松村太郎殿惠贶"字样。松村太郎（？—1944），日本藏书家，曾任《顺天时报》记者，兼任《每日新闻》驻北京记者，长期寓居京、津、沪等地，曾受东洋文库的委托为

---

　　① 本文系中山大学高校基本科研业务费青年拔尖人才培育项目"近代日本军方甲午战史的编纂与书写研究"（24wkqb02）的阶段性成果。
　　② 吴密察:《乙未之役的新史料——日本东洋文库藏〈台岛劫灰〉》，李永炽教授六秩华诞祝寿论文集编辑委员会编:《东亚近代思想与社会——李永炽教授六秩华诞祝寿论文集》，月旦出版社，1999年。

之搜集图书（如1940年曾为东洋文库经手购入一册《永乐大典》），与北京书肆松筠阁、文殿阁交往尤多，著名的鸦片战争史料《抚夷日记》稿本便是他转卖给文殿阁的。他的藏书后多赠予东洋文库，本件就是其中之一（图1）。

图1 《台岛劫灰》书影

查台湾前仅设提学道一员，兼按察使衔，统辖一府两厅四县府曰台湾；厅曰澎湖，曰淡水；县曰台湾、凤山、嘉义、彰化。嗣因开垦番社，地面扩充，由福建巡抚兼辖，半年驻台，半年驻闽。甲申中法和议告成后，改台北为行省，福建巡抚移驻台北，名曰福建台湾巡抚，统辖全台文武，兼学政、海关事务。添设布政使一员，续添二府七县府曰台南，曰台北；县曰新竹，曰宜兰，曰恒春，曰苗栗，曰淡水，曰云林，曰安平。设有洋关四座，一在基隆，一在沪尾，一在安平，一在旗后。防军额设三十六营，各海口炮台共十一座。所有各县，地丁钱粮每年约征乙百余万。至洋关税项，出口大宗如茶税每年约四十余万，台糖什货年约二十余万，脑税年约十余万。进口之洋药年约七十余万，什货税约三十余万金。

省会设立各局，如制造局、电报局、商务局、善后局、筹防局、军械局、磺磠局、盐务局、税厘局，金纱［沙］局、通商局、抚垦局，凡十有二处。抚垦局专管抚番开垦。抚番者乃抚新化之番，按月给以口粮衣服；开垦者乃化番之界，本无田地，由垦户到局请领垦照，由某处至某处某人承垦，数年后开辟成田，即请升科纳赋。前太常寺卿林维源系帮办全台抚垦事宜，兼带隘勇两营以资防御。殆防务事起，即以隘勇两营改劲勇前后营，一扎大料崁，一扎南崁海口。通商局专管洋人交涉事件。金钞［沙］局乃归商包办，派委稽察，每年包缴款五万两。税厘局与内地牙厘同，每年约征十万有零。盐务局综核全台大小各局，每年计征盐课等项约四十余万金。磺磠局收买土磺，稽查煎脑各灶，磺价、脑灶各费每年约收七八万金。军械局专管全台军械火药并兼核基、沪水雷局。筹防局专管各路防营事务，并有"飞捷"兵轮听候差遣。善后局专管全台正什收支款目。商务局专管火轮铁车各事，有轮船二艘，曰"斯美"，曰"驾时"。铁路南北二轨，南至新竹，计程乙百二十里；北至基隆，计程六十里。另有机器厂一座，专修铁路、火车工程，工匠约百余人。电报局专管全台官商报事收支各款，即在台地造报，不归上海电报管辖。制造局连火药厂局员、司事、工役，约有千余人。制造局能制黎意、毛瑟、林明敦各枪子，每月可造十余万。其子十颗中约有四五颗不能合膛。炮子能制十二径口起至五寸径口止，每月可造成数十颗。火药厂能制细枪药、石子药，每月可造二万有零磅。此外能制二角、一角、五分之小洋。其银色不足，台地尚可通行，上海各钱庄均不收用。若论差事之优，推制造局为首。

甲午之五月杪，奉旨办防。台抚邵奏派上海道聂缉椝设转运局于上海，以为后路接济，并派道员徐士恺为帮办。奏派台藩唐景崧为全台总营务处，以道员黄承乙副之。又奏请南洋兵轮防台，并派员赴长江及浙江温、台等处招募新兵。其时基隆口统领为提督张兆连，沪尾口统领为知府朱上泮，台中统领为已革提督李定明及候选道林朝栋，台东统领为台东州胡传兼统，台南统领为台湾镇万国本，澎湖统领为澎湖镇周振邦兼统，苏澳统领为总兵沈炳珊。

六月上旬，南洋派"南琛"兵轮防台，载到各防营所用军装一船，并由上海制造局拨到水雷匠四名、炮教习四名。所有各防营应用军械等件，均由"斯美""驾时""飞捷"三船逐日由上海陆续运台。自此，防务日紧一日。查"南琛"管驾为记名提督、南洋兵轮左翼翼长袁九皋。该船系德国所造，船内员弁兵丁共二百二十人，有英国阿姆斯脱浪八寸径口炮二尊、江南制造局仿阿姆斯脱浪式四寸径口快炮一尊、英国四寸径口瓦瓦司炮八尊。该船奉饬驻基隆口。是月中旬，派阅社寮炮台，又命派得力炮弁赴沪尾演放大炮，旋又另调台中统领李定明赴沪尾，以朱守所统七营拨四营归李统带。六月下旬，南洋又派"威靖"兵轮到台，亦载到各营军装一船。该船管驾为参将徐九成。台抚邵以该船既无大炮，不能御敌，随即饬回南洋。

七月上旬，厦门水师提督杨岐珍奉旨会办台湾军务，南澳镇刘永福、台藩唐景崧均帮办防务。杨会办即督带提标数营，乘"福靖""琛航"两轮抵台。到台后，另添募十营，分驻基、沪、台北三处。杨会办驻省垣，考棚为行营。是月，台抚邵又调台中绅士道员林朝栋所统栋军各营移扎狮球岭，以扼基隆陆路之咽喉，派陈尚志驻扎新竹。七月下旬，派"南琛"驾驶二副李德林管带沪尾炮台，撤沪尾统领李定明，以前署澎湖镇王号兰亭总统沪尾各军约十余营。七月廿六日，唐帮办在校场祭旗。

八月初，添租"爱而勃"轮船运兵运饷，每月租价银三千两。是旬，王总统在营身故，派已革提督綦高会为统领，所统仅有八营。八月中旬，北洋来电，内开：新架坡领事黄遵度［宪］电称，有英国商船一只满载军火赴日本交卸，当过福建台湾洋面，请派船往截等语。台抚邵接电后，一面电请南洋酌派兵轮来台协截，一面饬"南琛"兵轮出洋往截，并派军械所委员陈昌基至"斯美"船安设炮位，帮同"南琛"截捕，又派"飞捷"同往。八月廿一日，由"南琛"在福建洋面获到英国商船一只，廿二日带回基隆。其时南洋亦派"开济"兵船到台，管驾为总兵徐传龙。该船系福建船厂所造，船中有德国二十一生克鹿卜炮二尊，又江南制造局仿阿姆斯脱郎式四寸径口快炮一尊。该船因后到，未预缉捕，不数日即饬回南洋。所有缉获之商船，台抚邵派"南琛"袁管驾、制造局总办苏绍良、通商局提调台北府管元善、署基隆同知吕兆璜、军械局委员陈昌基、沪尾海关税务司美国人马士帮办。唐又派已革都司康长庆。诸员会同英国金领事检搜，金领事与该船主诸般阻难，不能详细搜查，嗣由该船自行缴出小手枪两箱、小弹子乙箱。九月初六日，奉总理衙门电开：命该船驶至上海，由南洋派员查办。旋即放行。台地此案遂了。

是月，帮办防务南澳镇刘永福由粤乘"驾时"船到台，并带旧部黑旗两营暂驻台北。九月中旬，添募五营移驻台南，分扎旗后一带。台抚邵撤沪尾统领綦高会，派提督廖得胜总统沪尾各军。上海转运局会办徐士恺购到瑞生洋行不知名目大小前膛锈炮十八尊，炮架、零件均无，计价银六万两，闻此系从前英攻广东时所用之废炮也。防务吃紧，分建火药库一所于南城外板寮地方，估价银八千余两。又租用"公平"轮船装兵渡台，触礁沉于浙江洋面。是日奉上谕：台抚邵调署湖南巡抚，以台藩唐景崧护理。另有密谕一道：唐景崧既经护理巡抚，责任綦重，所有防事着与杨岐珍、刘永福妥为商办，不得刚愎自用，自以为是。倘与僚属动辄龃龉，贻误事机，恐该署抚不能当此重咎也等因。是月，派黄道承乙为上海转运会办。廿三日，邵友濂交卸巡抚事，唐景崧接巡抚篆，调台南道①顾肇熙署台湾藩司，以台中府陈文骡署台南道。是晚，制造局火药厂失慎，幸天晚停工，伤人不多。

十月，派中军黄义德赴粤招勇，以武巡捕参将方良元署中军事，派已革候补府罗建祥、知府程祖福办营务处。由罗建祥经手，添购得忌利士之"新福建"轮船，船价银十二万两，以作运兵运饷之需。"斯美""驾时"两船均改德国旗号，由上海壳件洋行保护。又派机器局陈委员赴东洋侦探。派朱守上泮带两营，添募三营，会同澎湖镇周振邦扼守澎湖各口。派杨道汝翼统翼字营驻扎台中，派游击李文忠统关渡炮台各营。关渡炮台管带已革参将王廷楷因与李文忠挟嫌，经李禀唐署抚，密派员往查，炮勇少额五名，随即传往严讯正法。派军械局委员庄惠往基、沪两口开掘地营。又，

----

① 应为台湾道，下同。

是月，将"爱而勃"轮船退租。

十一月，退道员徐士恺前购不知名目锈坏炮十八尊，陆续运沪，贴赔该行运台之费二万两。是月，派知府茅延年赴上海购办军装，复由已革知府罗建祥购到挖金砂机器，价银十万余两。

十二月，由知府茅延年及上海转运局购定哈吃开司炮十生的三十三磅三寸九分四口径四十二倍身长新式后膛钢快炮六尊，连炮弹、炮架等件，又石子炮药二十万磅、芝麻枪药四万磅，共计价银、运费十二万五千两。派候选道赖鹤年接办聂缉椝上海转运局事务。时防务稍松，唐署抚通饬全台各营，每营裁减二成队伍。

乙未正月上旬，撤"南琛"管驾袁，派已革都司康长庆管带。嗣因防务又紧，添设多营，饷需支绌，通饬各县与台地绅商息借商款以裕饷源。旋奏派统领全台义勇邱主事逢用〔逢甲〕赶募仁、礼、智、信四项义勇二十营，分扎台北之南崁及新竹、后垅、大甲沿海一带。

二月，黄义德由粤招募四营回台，内有营官胡大海，旧系广东大盗。前台湾镇吴光亮带飞虎五营由粤来台，驻扎新、苗一带。李文忠招募粤勇忠字两营，仍扎关渡一带。狮球岭本有栋军及屯军五营，续添募栋军五营。基隆张提督原统铭军定海及各炮台共十三营，又添连胜军五营。全〔金〕包里本有筹防前、左两营，归知县谢谦所统。谢谦因病请假，派陈尚志接统，添募一营，改曰尚字营。沪尾廖总统所统十七营，嗣添募陈得胜胜字两营。黄宗河原统隘勇三营，续添募两营。是月，旗后炮台失慎，伤毙兵丁乙百八十余名，炮位炮台俱毁尽。台南军械分局因装配后膛枪子失慎，伤毙四十余人。二月廿四日，倭船到澎湖，电达台北。廿五日，仍泊澎湖口。廿六日，进攻大城北炮台，炮台还击，倭船退出。旋接来电报捷，唐署抚随即发电奏捷，并保朱上泮以道员用，加二品衔，周振邦赏穿黄马褂。廿七日电已断，信不通。随电询台南，复电云：是日闻澎湖炮声彻夜，亦不得其详。后悉倭由文良港登陆，仅二百余人，周、朱所统廿余营随即溃退。各军均附商船，或由安平，或由鹿港，或由厦门内渡。朱上泮诈伤掩饰。澎湖镇周振邦逃回厦门，往见厦门提督黄少春，当即电达唐署抚，电复饬令速来台有要事相询。周振邦抵台谒见后，即饬府监禁请旨定夺，旋奉旨绞监候，即解闽省。是月派军械所提调查阅基、沪各炮台。是月，由沪聘到洋人五名到台，即派往基隆管理炮台、水雷、教习事务。

三月上旬，唐署抚官眷内渡，因全台各绅董极力敦劝唐太夫人内渡，俾唐署抚得以尽力督办军务。而唐太夫人以二子均受国恩，理因［应］全家尽忠，因各绅董坚请再三，方允起程。是旬，唐署抚亲赴基、沪各口察看炮台。为顶石阁炮台演放大炮时因阻力汽门未关，致炮坐力太大，将油管震开，唐署抚将以该教习军法从事，经各人跪求方免，发淡水县监禁。是月，由南洋解到新枪万杆，另由制造局总办苏由香港购到杂枪数千杆，枪子均不能配用。是月廿五日，闻割台确音，传谕制造、军械各局停造停发，预备内渡。是月廿七日，又命制造局照常开工，军械局照常给发。廿八日下午二点钟，有唐署抚之妹婿俞同甫内渡，由抚署搬出箱笼数件。行至抚署大街，突遇游勇李文揆等四五人持刀拦住，劈开箱笼，见衣物等件，随饬其党羽扛往关帝庙中。押抬箱件各勇均逃回抚署，李文揆等亦追进抚署。至头门内，经方中军出谓李曰："尔欲造反耶?"李迎面一刀劈来，方抱头遁进仪门，李等随亦追上，将方连砍十八刀，登时毙命。其时内外已乱，中军帮带赶将营门紧闭，知营内各兵均与李同党。营内各兵朝天放枪，以此为号，唤李之党羽。李以黄布缠头，持刀直入大堂，欲杀唐署抚。适唐抚衣冠由内而出，遇李文揆。文揆惊惧，未刺，随即请安曰："不要紧，请大人放心。"唐抚询问旁人："此人向在何营?"回云："前在中军处充当什长，现已革去。"唐抚谕李云："尔颇有胆识，速往外间与我弹压，明日来辕，另有差遣。"当闹事之初，台北府管即往杨会办行辕请发兵救护。杨坚不肯行，管请之再三，杨始带队至抚署。时头门已闭，杨命开门，内不答，杨命开炮攻打，头门方开，其围始解。黄义德已带广勇围城，闻抚署之围已解，随即撤回防所。计枪毙兵勇十九人，次日每名给恤银乙百两。饬李文揆招募缉捕一营，即命其为管带。查李文揆系直隶保定府人，由刘省三宫保派作亲兵。前在抚署派看大堂，后因不法被武巡捕方良元斥革，李文揆即在中军处充当什长。后方接中军时见李在营，又即责革。李被革后交接游勇，勾连本地土棍，本约三月廿五日先抢藩库，后因风雨交加未能动手。李砍毙方中军，乃挟两次责革之仇。唐抚明知方系李所杀，未敢以军法处之。后出示捕拿凶手，就此含糊了事。自此人心惶惶，各营均有不听号令之势。广勇驻扎省城，每多滋事，因调邱逢用［逢甲］统义勇来省与黄义德之勇更换。乃邱抗不遵令，旋发令箭数次往调，仍不遵调来北，并将各营抽回中路，大有自主之意。唐抚因南崁、新竹各口空虚，即调林朝栋栋军各营填扎新竹一带，黄义德所统粤勇调扎狮球岭。是月添设瞭望台二处，一在大坪山，一在观音山。

是月上旬，已有立民主之意，有谣传以基隆归法国保护，以沪尾归英国保护，以安平归德国保护。是月廿三日，立民主之意已坚。唐抚奏台湾可以自立，民情不愿割倭，奉电谕，有"既能自立，以后毋庸奏闻"之语。旋饬在台缺差文武各员愿内渡者准其内渡，愿留台者另派差委，厚给薪水，限于初四前内渡，逾限再行告退，即以军法从事。自奉饬后，文武各员十去六七。五月初二日，台藩府县均卸篆内渡。是日九点钟，有倭兵船二只至沪尾口下碇。该船放小火轮进口，炮台管带请示于綦统领，适綦统领不在营中，由文案处电禀唐署抚。其时小火轮已进港，港内有英兵轮一、德兵轮一。倭小火轮至英兵轮探问交割台湾之钦差李〇〇来否。英兵轮告以"台湾已立民主，定有开仗之事，尔可速行出口"。该小火轮即展轮出口。其时綦统领已回，饬放水雷，乃小火轮已过水雷埋伏之境，遂止。营务各人十分喽唝惊惧，唐署抚回电云："看准开炮。"綦统领得电后，饬差官至炮台云："请李大老爷看准开炮，不要乱放。"见小火轮至东洋兵船，将小火轮吊起，两船均即开驶至炮台炮子所不及之处下碇。

是日，台湾立唐署抚为民主，改国号为永清元年。台绅铸呈银印二颗，一曰"总统台湾义民之宝"，唐抚改为"总统台湾义民之章"。一曰"台南大将军印"，此印先系台绅送与刘永福者。用黄亭两架扛抬，前用銮驾、香亭引导，后有乘轿绅士百余人恭送至抚署。唐总统吉服出迎，将印供于大堂之中，行两跪六叩首礼受印。即日添派余［俞］恪士为内部大臣，李姓副之，任如涝提调。派陈季同为外务大臣。改筹防局为军务衙门，用前筹防局委员陈敬方为督办，该局差遣委员倪仁宏为提调。初三日十二点钟，改用虎旗，旗用五幅蓝纺绸所做，中用黄粉描画黄虎一只，以君礼升炮廿一响，恭贺即位。此礼本应于初二日举行，因倭船到口之时仓卒不及，故改初三日补行。虎旗挂后，适为大雨沾湿，未及一时，虎形全没。三点钟，得忌利士之"康麽沙"船开轮，载台藩顾、台北府管出口。后遇东洋兵轮，命即停轮。该兵轮即派舢板来查，询问系装何人，开往何处，问后亦即放行。初六日，东洋兵船绕越基、沪炮台，在基隆之汉港澳底登岸，约有百余人。防营绝无人知，东洋人迳驻三貂岭。迨基隆张兆连统领探悉，调铭军前、左、右三营五成队伍前往拒敌，适遇风雨，各营行至瑞芳，不能前进，随即驻扎。初八日，东洋大队亦由三貂岭进发，适胜字营陈得胜、尚字营陈尚志在该处御敌，不能取胜。兵勇死伤甚多，陈得胜、陈尚志亦俱阵亡。唐总统因前敌吃紧，调林道栋军各营前往狮球岭迎敌。迨栋军赶至台北，闻狮球岭已不能守，随即退回新竹。所有前敌淮军、广勇、土勇，彼此互相争斗，统领、营官均不能约束。张统领退至水返脚，遇李文揆持令前来督队，问张何往，并曰："李某奉令前敌督队，退者斩！"即斩张之侍从一人以示威。张惧，仍回，改由金包里小路潜回郡城。斯时兵不听令，将各思逃，唐总统至此亦无计可施。十二晚九点钟，改装微服出署。适是时有沪尾炮台李德林管带因领饷至省，便往抚署探听情形。行至大堂，不见一人，随即进内，一直撞至上房。见地上有箱笼等物，均已用刀劈开，随即退出。外间已乱，游勇土匪劫抢藩库。藩库存银约有二十四万余两，守藩库者有广勇乙百名，开枪攻击，伤毙该匪不少。复有游勇、土棍由藩库后墙而进，击毙守库广勇，纷纷抢夺一空。计彼此伤毙约五六百人。该匪又抢军械所及火药库，因持火入库，被轰伤乙百余人。唐总统出署后乘小火轮至沪尾，登"驾时"船。李文揆由基隆回郡，闻唐总统已行，即至该船。搜查未着，随至炮台，适"驾时"出口，李文揆在炮台开炮轰击，"驾时"当即驶回港内停泊。有海关税务司马士至炮台与李商说，愿付银三千元，即放"驾时"出口。李允诺，马即回海关取洋照付，随将炮台各炮之炮闩尽行撤下带去。李收银后，分给炮台管带李德林洋二百元。迨

"驾时"将欲出口，观音山之炮垒又开炮轰击_{此炮系格鲁森快炮}，中该船大餐间，伤毙二人。有德国兵船回击两炮，均系开花，炮垒随被轰坏，"驾时"始得驶出。自此，台北、沪尾各处抢劫伤人无数。有旅居大稻埕之德国人毕第兰致书与东洋兵官，言台地兵民混乱，请派兵登岸。倭人恐其有诈，先于十五日派兵八十名进台北府城，十六日方到大队千余人，台垣从此归倭矣。

查台省库饷尚存廿余万两，大小各营不下三百座，核计实数不及百营。前后膛枪约十余万杆，其中前膛来福枪最多，约有四万。次则毛瑟，约三万左右。毛瑟子弹一项，除发出各营外，库存二百八十余万。大小炮位约三四百尊。全台各口每炮一响，计需火药八千四百余磅。各口炮台及行营备用大小炮药，每炮约存五六十出。火药库所存之药仅四万余磅，且潮湿不能用者居十之七八。再，澎湖地方于二月失守，该处各营尚余六个月粮饷及洋枪六千杆。统计台省办防一年，大小各官无不利市三倍，而昌基亦复稍沾余润云。

全台各炮台炮位单

基龙［隆］口

社寮炮台　管带陈华亭

　　十二寸径口英国后膛阿姆斯脱浪炮一尊

　　十寸径口英国后膛阿姆斯脱浪炮两尊

　　八寸径口英国后膛阿姆斯脱浪炮两尊

顶石阁炮台　管带陈海珊

　　八寸径口英国后膛阿姆斯脱浪炮一尊

　　十二生特德国博洪炮二尊

基隆小炮台　管带庄蓉江

　　八寸径口英国后膛阿姆斯脱浪炮一尊

　　六寸径口英国后膛阿姆斯脱浪炮二尊

仙人洞炮台一座_{系顶石阁陈管带兼管}

四寸半英国瓦瓦司后膛炮一尊

狮球岭炮垒一座　管带姚善明

五寸口英国前膛炮一尊

纱帽岭炮垒一座_{姚管带兼}

四寸半径英国瓦瓦司后膛炮一尊_{此炮系"南琛"兵轮边炮}

沪尾口

沪尾炮台　管带李德林

十二寸径口英国后膛阿姆斯脱浪炮一尊

十寸径口英国后膛阿姆斯脱浪炮一尊

十二生特口径德国后膛博洪炮二尊_{内一尊炮门已坏不能开}

关渡炮台　管带林发

六寸口径英国前膛炮两尊

以上各炮能击周围三百六十度者惟有沪尾炮台十二寸口阿姆斯脱浪炮一尊而已。再，各炮均不能击平线，因护炮台之墙太高耳。

苏澳炮台　管带沈

二十一生克鹿卜后膛炮两尊

六寸口径英国瓦瓦司炮两尊

安平炮台　管带沈

十二寸径口英国后膛阿姆斯脱浪炮一尊

十寸径口英国后膛阿姆斯脱浪炮两尊

八寸径口英国后膛阿姆斯脱浪炮两尊

旗后炮台　管带万

十二寸径口英国后膛阿姆斯脱浪炮一尊

十寸径口英国后膛阿姆斯脱浪炮一尊

八寸径口英国后膛阿姆斯脱浪炮两尊

澎湖口

西屿西炮台

十二寸径口英国后膛阿姆斯脱浪炮一尊

十寸径口英国后膛阿姆斯脱浪炮两尊

六寸径口英国后膛阿姆斯脱浪炮一尊

东炮台

十寸径口英国后膛阿姆斯脱浪炮一尊

八寸径口英国后膛阿姆斯脱浪炮一尊

七寸径口英国后膛阿姆斯脱浪炮一尊

大城北炮台

八寸径口英国后膛阿姆斯脱浪炮一尊

七寸径口英国后膛阿姆斯脱浪炮一尊

六寸径口英国后膛阿姆斯脱浪炮一尊

金龟头炮台

十二寸径口英国后膛阿姆斯脱浪炮一尊

十寸径口英国后膛阿姆斯脱浪炮一尊

七寸径口英国后膛阿姆斯脱浪炮一尊

全台各营名目单

一、铭军等营张

一、铭字中军等营张

一、定海等营张

一、炮台等营张

一、连胜等营张

一、铭军卫队营张

一、基龙［隆］厅卫队营方

一、基龙［隆］团防营绅

一、栋字团防营林

一、中路隘勇营林

一、定海先锋营廖

一、台北隘勇营黄

一、定海新正营余

一、沪尾统领卫队营廖

一、全台营务处关渡炮台卫队营李

一、关渡炮队营林

一、沪尾炮队营李

一、忠字营李

一、德字营黄

一、嘉字营陆

一、厦门水师提标营杨

一、厦门水师卫队营杨

一、台北劲勇营林

一、台北筹防营谢

一、抚标亲兵营费

一、新竹防军营魏

一、新竹团防营绅

一、飞虎等营吴

一、仁字义勇五营邱

一、礼字义勇五营邱

一、智字义勇五营邱

一、信字义勇五营邱

一、敢字营周

一、苗栗防军营沈

一、苗栗团防营绅

一、翼字营杨

一、台中防军营孙

一、台中屯兵营

一、抚标中军行营方

一、台北防军营方

一、嘉义防军营邓

一、福字营刘

一、镇标营万

一、道标卫队营陈

一、南路屯兵营谭

一、忠字防军营吴

一、台南防军营邱

一、镇海中军营万

一、武毅右军营柯

一、凤旗屯军营朱

一、镇海后军营江

一、后山海防屯兵营叶

一、卑南屯兵营吴

一、台东直隶州卫队营胡

一、台东直隶州安抚军胡

一、台东直隶州中营

一、苏澳定海、镇海各营沈

一、台北缉捕营李

一、各局所均有卫队营或一二哨不等

一、基、沪督队官五员每员卫队一哨

一、胜字营陈

一、尚字营陈

一、宗字营谈

一、澎湖镇标营周

一、宏字营周

一、澎湖防军营朱

一、澎湖厅卫队营陈

一、各县均有卫队团防营或一二哨不等

一、安平旗后炮队营万

一、澎湖炮队营周

全台各项行炮及各项枪名单

五生特格鲁森快炮_{计六尊}

六生特克鹿卜炮

七生特克鹿卜炮

七生特半克鹿卜炮

十响格林炮

一寸径口美国史高德快炮_{计两尊}

旧式前膛铜炮

旧式前膛铁炮

田鸡炮

中国土炮

十一密特口径毛瑟枪

单响黎意枪

五响黎意枪

林明敦枪

必巴敌枪

马梯呢枪

格噶司枪

密尔本克枪

九响吭者士马枪

十三响吭者士马枪

五响短毛瑟马枪

前膛洋枪

六响手枪

中国抬枪

定海左营镇海中军前营兼苏澳炮台沈

　　毛瑟枪七百二十杆

　　十三响呔者枪六杆

　　七生特半钢炮一尊

　　六生特半钢炮二尊

　　劈山炮六尊

基隆小炮台庄

　　两磅半克虏伯钢炮四尊

　　毛瑟枪五十杆

定海前营

　　毛瑟枪四百杆

　　呔啫吐枪十二杆

铭军正营曾

　　毛瑟枪三百五十杆

　　十三响洋枪拾杆

　　开司枪十二杆

铭字中军左营李

　　毛瑟枪三百四十杆

　　开司枪十二杆

　　六生的克虏伯车炮三尊

铭字中军右营陶

　　毛瑟枪四百杆

　　开斯枪二十杆

铭字中军前营张

　　毛瑟枪三百四十杆

　　呔啫枪八杆

　　六生特过山炮一尊

铭军后营蓝

　　毛瑟枪三百五十杆

　　六生特过山炮二尊

基隆社寮炮台陈

　　小钢炮四尊

　　毛瑟枪二百十杆

顶石阁炮台陈

　　毛瑟枪一百杆

台北隘勇右营蔡

　　毛瑟枪四百杆

台北隘勇中营黄

　　毛瑟枪三百八十六杆

台北隘勇前营黄

　　格林炮一尊

　　两磅后膛钢炮三尊

　　七生特后膛钢炮二尊

　　毛瑟枪四百十七杆

　　呍啫枪十一杆

　　九响枪八杆

凤旗屯军营朱

　　黎意枪二百五十杆

　　红毛前膛枪二百杆

镇海前军左营徐

　　前膛来福铜炮二尊

　　克虏伯后膛钢炮一尊

　　来福前膛枪一百五十杆

　　林明敦后膛枪二百杆

全台营务处关渡炮台卫队李

　　毛瑟枪三百杆

　　　　哐呐开司枪六十杆

　　　　吭喈枪六十杆

　　关渡炮队营陈

　　　　九响吭喈土枪二十杆

　　　　毛瑟枪四十杆

　　南路屯兵营谭

　　　　红毛前膛洋枪三十六杆

　　　　大嗯前膛枪四十五杆

　　　　斠换旧红毛前膛枪三十六杆

　　　　林明敦后膛枪三十杆

　　　　六响手枪七杆

　　　　黎意后膛枪陆拾杆

　　　　劈山炮六尊

　　新竹防军营李

　　　　毛瑟枪三百六十杆

　　　　吭喈枪八杆

　　忠字营防军吴

　　　　前膛大嗯枪三百枪［杆］

　　　　后膛黎意枪一百六十杆

　　　　六响小洋枪五杆

　　　　劈山炮八尊

　　镇海后军前营江

　　　　来福前膛枪三十杆

　　　　大嗯前膛枪十二杆

　　　　红毛前膛枪二百三十六杆

　　　　前膛土枪三杆

　　　　哈吃开斯后膛枪三十四杆

　　　　林明敦后膛枪五十五杆

黎意后膛枪二百二十六杆

毛瑟后膛枪五十杆

定海中营刘

十三响吭啫司九杆

毛瑟枪四百杆

两磅钢炮二尊

抚标亲兵后营费

毛瑟枪三百六十杆

九响吭啫士十二杆

后山海防屯兵营叶

哈吃开司枪贰拾杆

来福前膛枪一百三十杆

天门炮一尊

劈山炮贰尊

卑南屯兵营吴

黎意枪肆拾杆

林明敦枪贰拾杆

来福前膛枪三杆

红毛前膛枪七杆

红毛前膛枪八十杆

定海新正营余

毛琴［瑟］枪三百六十杆

来福枪四十杆

定海新正营炮队余

钢炮一尊

定海副营杨

毛瑟枪四百杆

来福枪五十杆

钢炮一尊

定海先锋营任

钢炮一尊

毛瑟枪四百杆

台北防军前营陈

钢炮一尊

毛瑟枪四百杆

呒啫士得枪六杆

台东直隶州关

前膛洋枪六十六杆

后膛五响黎意枪三十八杆

后膛十三响呒啫士枪二杆

筹防前右等营炮队谢

六生特过山车炮肆尊

麦梯尼枪六十六杆

筹防前营谢

麦梯尼枪三百六十杆

呒啫枪八杆

筹防右营周

毛瑟枪三百六十杆

呒啫士九响枪八杆

台北隘勇后营余

后膛钢炮三尊

毛瑟枪一百九十杆

黎意枪一百六十杆

定海后营廖

十三响洋枪十八杆

毛瑟枪三百六十杆

统领沪尾各营卫队营廖

 毛瑟枪四十杆

水雷营胡

 后膛洋枪二十杆

筹防左营李

 呎啫洋枪四根

 毛瑟洋枪三百六十根

沪尾炮队营李

 六生特炮八尊

 毛瑟枪二百零二杆

 十三响枪八杆

防军副营陈

 毛瑟枪四百杆

 呎啫士枪八杆

台东直隶州州安抚军

 前膛洋枪六十六杆

 后膛五响黎意枪三十八杆

 后膛十三响呎啫枪二杆

台东直隶州中营

 红毛后膛枪壹百七十五

 大吉前膛枪一百九十八杆

 来福前膛枪一杆

 黎意枪二百五十九杆

 林明敦后膛枪十五杆

 毛瑟后膛枪五十杆

 哈吃开斯枪三杆

 呎啫司得枪贰杆

 洋火箭架一副

劈山炮四尊

两磅后膛过山炮二尊

十二磅田鸡炮一尊

廿四磅洋火箭三十七枝

十二磅洋火箭八十枝

六响小枪六杆

行军中营万

毛瑟枪二百九十杆

九响吭啫枪四十四杆

十三响吭啫士枪十八杆

哈吃开司枪八杆

镇海后军左营江

线枪八杆

抬枪六杆

前膛枪三百杆

黎意枪贰百六十杆

毛瑟枪四十杆

九响吭啫士枪八杆

来福炮四尊

天门炮十一杆

六生特半钢炮二尊

台南防军各营副左右两哨邱

土火箭四箱

来福枪二百五十杆

过山炮一尊

五分径十响格林炮一尊

玉者士十三响洋枪三十杆

前膛洋枪三百七十四杆

　　洋火箭十二枝

防军副营邱

　　黎意枪三百杆

中路隘勇正营周

　　来福枪一百杆

　　必拨贰百杆

中路隘勇副营梁

　　毛瑟枪九十七杆

　　来福枪贰百八十四杆

　　呋啫士枪一杆

台中坐带防军营邱

　　黎意枪贰十一杆

　　毛瑟枪三百贰十一杆

　　哈吃开斯枪十四杆

　　来福枪三十杆

　　呋啫士枪二杆

　　林明敦枪六杆

　　必拨敌枪五拾九杆

　　后膛开花炮二尊

水雷营胡

　　后膛洋枪贰拾杆

镇海中军前营张

　　哈吃开士枪九十三杆

　　毛瑟枪八十四杆

　　林明敦枪贰百六十二杆

　　来福枪一百六十杆

　　呋啫士枪三杆

　　线枪四杆

劈山炮四尊

七生半后膛炮二尊

六生后膛炮一尊

小六响车子炮一杆

九磅铜炮二尊

镇海中军正营万

四磅克鹿伯炮二尊

十二磅青龙铜炮一尊

十管格林炮一尊

密达过山炮一尊

七生特半两磅密达过山炮一尊

十二磅田鸡炮一尊

十二磅洋火箭架四架

毛瑟枪四百杆

云者枪二十杆

红毛前膛枪二百九十杆

武毅右军右营柯

贰磅马尾炮一尊

十二磅火箭八十三枝

洋火箭架贰架

过山炮一尊

毛瑟枪一百八十五杆

林明敦枪二杆

呒啫得枪十四杆

哈吃开四枪一百九十三杆

红毛前膛枪三百杆

镇海中军副营万

前膛枪一百五十杆

毛瑟枪三百杆

安平炮队徐

前膛小炮四尊

后膛小炮四尊

里明东后膛枪一百零九杆

哈吃开斯枪一百二十杆

二十四磅洋火箭架一副

十二磅洋火箭架二副

总署王大臣钧鉴：密。（略）①

总署王大臣钧鉴：密。（略）②

总署王大臣钧鉴：密。（略）③

总署王大臣钧鉴：密。（略）④

总署王大臣钧鉴：密。（略）⑤

闽督边帅、江督钧鉴：密。（略）⑥

山海关刘、宋钦帅钦鉴：密祈。传闻和款割辽台，崧四奏力争不可，未奉复谕。澎虽失，台犹固守。崧身处孤悬危地，犹不愿割地就和而愿战。公所部诸将皆百战元戎，岂甘拱手让人！倘能抗疏力争，誓以死战。虽败

----

① 本电为唐景崧光绪二十一年二月初六日致总署电，见中国史学会主编：《中日战争》第三册，第488、489页。

② 本电为唐景崧光绪二十一年三月十九日致总署电，见中国史学会主编：《中日战争》第六册，第382页。

③ 本电为唐景崧光绪二十一年三月二十日致总署电，见中国史学会主编：《中日战争》第六册，第383页。

④ 本电为唐景崧光绪二十一年三月二十一日致总署电，见戚其章主编：《中日战争》续编第三册，中华书局，1989年，第59页。

⑤ 本电为唐景崧光绪二十一年三月二十三日致总署电，见中国史学会主编：《中日战争》第六册，第384页。

⑥ 本电为唐景崧光绪二十一年三月二十三日致边宝泉、张之洞电，见劳祖德整理：《郑孝胥日记》第一册，中华书局，1993年，第483页。

犹战，或能回上意而有转机。倭已窘极，倘能坚持主战，不允赔款，彼即无处借贷，势必就范，我不至吃大亏。公负天下重望，握大兵权，祈熟思挽大局。景崧。漾戌。

八月十七日，晴。午间，会办营务黄芝笙观察来局云：现接北洋来电，云由新嘉坡领事黄电称："有英国商船一只满载军装赴日本交卸，定过台湾洋面，请派船缉获。如能拿到，赏银十万两，越级保奏。抚宪现已派'南琛'前往，尚欲'斯美''驾时'同去，须安设炮位，未知可能安放否。"基答："如急欲安设，只有格鲁森快炮尚可合用。"黄观察去少顷复来云："抚宪命我传谕，委尔即速将该炮带往沪尾，安设在'斯美'轮船内，随'南琛'出洋，另派卫队一哨带去调用。"基请黄观察或饬"南琛"，或饬炮台派炮勇数人随往，以资臂助，又请饬"南琛"派管通语旗兵二人。黄观察均允。晚九点钟，将炮运至渡口下驳船，用小火轮拖带。行至半途，水浅船搁。至十八日，天明涨潮，方开抵沪尾，随即运上"斯美"船，安设船头。时炮台派来炮教习一人、炮勇四名，卫队派来哨官一人、勇百名，均到。十点半出口，天晴，驶至口外，"南琛"亦到，派来管旗兵二名，由三副领来。嘱基曰："袁翼长云，出洋若见海面有由南北来之船只应访缉者，彼此互相关照。"随即开轮随"南琛"行。其时东北风甚微，约行廿五英里即停轮。是晚风狂浪大。至十九早又展轮前行。至四点半，仍驶回基龙［隆］停泊。

二十日早七点半，由基龙［隆］口开行出口，见"飞捷"来，"南琛"升旗，命该船同往。将晚六点，至福州口外白犬灯山，三船同时下碇。

廿一日，晴，东北风。六点半开行，首"南琛"，次"斯美"，又次"飞捷"。行约五英里，遇白色小火轮两只高挂龙旗，查系由香港至福州者。九点钟，"南琛"悬旗令"斯美""飞捷"在洋面停轮。基用千里镜窥见"南琛"望台并无一人守更。其时，"斯美"船主见有一轮船在西南向行，即以告基。基随命管旗兵升旗告知"南琛"。约有十分钟之久，"南琛"升旗答曰未见。至一点钟，见英国商船一只由上海方向而来，驶过"斯美"船边，船名"北洋"。一点半钟，基试放带去格鲁森炮四响。两点四十分，"斯美"

船二副见南偏东五度有一轮船行驶往北，基即升旗告知"南琛"。约有五分钟之久，"南琛"升旗令开车前进，并升万国通语旗命来船停轮，先放炮一响以示威。该船仍未停轮，"南琛"复放炮三响，该船方改向驶近前来。三点半停车，见"南琛"派一舢板船赴该船查验。时"斯美"船已与该船相近，见该船名曰Pathan①。"斯美"船主告基云："阅新闻纸，无此船名，亦无出口日期，且又烧无烟白煤。观该船行向却系新嘉坡往东洋之向，形迹可疑。"基即将此语升旗告知"南琛"。不多时，"南琛"三副来，将该船舱口单取来，交"斯美"船主阅看。"斯美"船主云："舱口单内载有两箱手枪、一箱弹子，系往东洋，另有无名目之货数十件，亦系往东洋交纳。应否截留，请'南琛'定夺。"四点钟，见"南琛"又升万国通语旗，命该船同行。"南琛"前行，该船次之，"斯美""飞捷"在后跟随。七点至福建口外，四船一同停轮。"南琛"钟帮带来召基往见袁翼长，蒙谕偕钟帮带暨张翻译往告该船船主，如有军械，务须交出，方可放行。基随即偕往转告该船之主，据云并无军装。基云："舱口单内载有手枪二箱、弹子一箱，此系何物？"该船主即唤大副诘问。大副答曰："无。"该船主对基云："想必尔等看错。"基曰："舱口单是尔等收货之要件，载货是大副之专职，岂有不知所载何物？况火药弹子，你们外国人最为慎重，定必加意安放，更岂有不知之理？尔若不信，随我们赴'南琛'观尔船之舱口单可也。"基见该船甚大，亦无从搜检，随即偕钟、张两君回"南琛"。不多时，该船主偕大副来船。袁翼长命基与钟帮带接见，将该船之舱口单与阅。彼语塞，少顷云："我将此三件交出，可放行否？"基请示于袁。袁不可，云须同往基隆搜查。该船主云："可否往福州？"基仍请示于袁，袁又不可。基告袁翼长曰："基龙[隆]口风狂浪大而无码头可靠，一时难以搜检，莫如到福州口内为妥。洋人既愿往福州，福州亦系我中国海口，况有码头，易于搜查。倘必违其意而到基龙[隆]，如不能搜检，将来洋人转有词可借。"袁坚不允。基即告该船主，言须同往基龙[隆]。该船主云："煤不足。"基云："台地甚多。"渠即允行

---

① 中文文献称"巴山"。

回船。"南琛"派出三副一人、兵二十名至该船守夜。基即回"斯美"歇。

廿二日，晴。五点钟开行，由"斯美"带路，该船次之，"南琛""飞捷"押后。下午四点一刻至基龙［隆］，该船因吃水太深，泊于口门。是晚，基回台北军械所。

廿三日，晴。早禀见抚宪，袁翼长亦到。抚宪谕基随袁翼长往搜该船。基退后，袁翼长命基随至黄芝生观察处。午餐毕后乘火车回基龙［隆］，宿于"南琛"船上。

廿四日，阴雨，东北风。早九点钟，偕钟帮带赴该船搜查第一舱，检出牛骨、马口铁。十点钟，马税务司由抚宪派来帮同搜查。见起出之牛骨甚多，渠云此项牛骨价甚大，恐被雨淋坏，或候天晴再起，或命"飞捷"来装载，设或损坏，异日赔款甚巨。钟帮带向该船主取帐篷遮盖牛骨，船主不答，即行走开。基即回"南琛"告袁翼长，请派"飞捷"装载起出各货。适台北府管、基龙［隆］同知吕均到，亦系抚宪委来搜舱。基告袁翼长，所有起货小工仅四十名太少，况系生手。若照此情形，恐一月亦不能搜完，请派"南琛""开济"之水手帮同搜查，较为熟习，数日即可了矣。袁未允。午饭后，基复至该船搜查。一点钟时，见钟帮带至该船舵楼与船主密语。基欲进舵楼，钟帮带阻基弗入。晚六点钟停搜回"南琛"歇。所有是日搜查各舱系由钟帮带专主，忽查头舱，忽查二舱四舱，舱内有东洋铁路所用等物。未曾查验三舱，亦不知何意。

廿五日，晴，东南风。七点三刻，至该船监搜，见有张统领派来兵四十名，基并饬"斯美"派来水手、伙夫二十名。张统领又续派来二百名，甚为啰唪，不能作事。基即至"南琛"请袁翼长告张统领调回，各兵复回该船。十点钟，张统领调回兵一百廿名。十一点半，抚宪派来机器局总办苏绍良司马帮同监搜，命总以见舱底为断。时马税务司及英国金领事均来，苏谓税司及领事云："须将该船驶进口内。"该船主云："我不进口，你们要驶进口内，你们派人来驾驶，我不管。"苏云："我派人来。"该船主云："须要三十尺水方可进港。"苏云："你船吃水几何？"答："二十一尺。"苏云："吃水二十一尺，何用三十尺水？"答曰："恐浪涌船底，非三十尺不可。"十二点，偕苏回"南琛"早饭。一点，又至该船，知张统领各兵业已全去，见该船所挂起货之铅丝已换铁练，是以提取舱内各货甚慢。基告该船主仍换铅丝，渠坚不允。三点半，马税司来见，示抚宪来电，命停搜。基接阅电，语系"马税务司请将舱货免验，东洋铁路等物暂留，候总理衙门电示。抚院"二十七字。四点半，袁翼长派人来云："抚宪命搜。"其时搜见松香及松香水，该船大副遂将起货机器关闭，坚不肯开云："起出之货甚多，恐要下雨，若不用船载，我不能再开。"五点停搜，见该船将取出之货又复下舱，阻止不住。六点，"南琛"三副带兵二十名来守夜，基即回"南琛"宿。九点钟，该船有广东人二名来"南琛"，由钟帮带及二司机刘世德、炮首黄高有邀进钟帮带房内密语，基无从得悉。少时，我处所派看守该船头目丁人和来报云："该船洋人俱各吃醉，备带洋枪，恐要闹事。"袁翼长即张皇失措。基即告袁翼长曰："洋人见我们兵多，理应疑惧，请饬看守兵丁不得搅扰，洋人自可安心。"袁如基所请而行，而又命小火轮架小炮至该船傍放空炮以示威。

二十六日，晴。八点钟，基至该船监搜。九点一刻"飞捷"来，靠在该船之左。该船坚不肯开起货机器，所有重大之件均未起出。十一点，苏总办来。基与苏总办向"南琛"钟帮［带］借大绳辘轳起货，钟不允。十二点，回"南琛"午餐。两点又到该船监搜，五点半停。是晚，"南琛"仍派兵二十名看守该船。

廿七日，晴，西南风。七点半钟至该船，见该船已开机器，自行起货。基询守夜之三副，云昨晚接领事来电，命该船将货自起。九点半，该船之大副在头舱内起出手枪一箱。九点三刻，该船之三副在二舱内起出手枪一箱、弹子一箱。该船主即命关闭机器，不准各人下舱搜巡，并问基曰："此种手枪能在军营用否？"基答不知。该船主云："此种手枪军营决不能合用。"基云："能击死人否？"答曰："能。"基曰："公法中清钱一项尚算军伙，何况能击死人之手枪耶？"船主语塞。钟帮带由"南琛"来云："袁翼长命停搜。"是晚并不派兵看守，将起出之手枪提回"南琛"，并将起上之货仍复下舱。

廿八日，阴雨。八点一刻钟，"南琛"派三副偕领港上带该船进口停泊。

廿九日，基回台北军械所，因感冒请假三天。

九月初一日，晴。闻抚宪派唐方伯提讯该船洋人，欲将该船即照万国公法例充公。

初二日，闻英领事及该船洋人均不肯到台北听审。

初三日，晴。下午奉抚宪传谕，命基随台北府管会同机器局苏及马税司同往基龙［隆］，偕基龙［隆］厅吕再往该船严查。随即遵行至该船，谕该船主明日仍须查验，务必开机器起货。该船主云："须抚台给我文凭，我可用机器起货，否则不能。"苏总办云："本府给予文凭可否？"答曰："不可。"税务司云："既然不肯，明日暂用人工起货可也。"诸人随即至"南琛"晤袁翼长，略说情形即散。

初四日，阴雨。早至该船，苏总办、马税司均来，即饬小工起货。"飞捷"仍来，靠在该船之左载货。下午三点，藩宪派已革都司康长庆帮同监搜。五点半停。"飞捷"驶开，"南琛"仍派兵二十名守夜。基仍回"南琛"。

初五日，阴雨。早至该船监搜，"飞捷"船仍来载货。八点半，马税司来云："抚宪来电传我，我即须赴省，此间诸事托各位照管。"三点半，苏总办来云："奉抚宪电谕，命停搜，并将起上之货妥为安放，速即放行。"基即督饬小工将各货安放下舱。五点停。

初六早，仍至该船放货下舱，十二点方毕。该船于二点时径去。基即回省禀见抚宪销差，即回军械所。闻抚宪系接总理衙门电，命饬该船至上海，另由南洋派人搜查云。

整理者简介： 吉辰，中山大学历史学系（珠海）副教授，硕士研究生导师。

琅维理拟整理海军节略[①]

蔡冬雪　整理

谨将英将琅维理所拟整理中国海军节略译呈钧览：

一、中国整理海军必先有一不拔之基，以垂久远立定主意，一气贯注到底，不至朝令夕更，法当特设海部，所有堂司各官皆由钦派，其堂官每员均有专管之某某司，庶责有攸归，事无旁贷，其各司分门别类之法另列于下。

二、设海军参谋一员或称整理海军大员以欧洲出色海军将领充之。所有海部发号施令，以及创立颁行操练并有益海军各章程均应与该大员商量办理。

三、设立海军当先定主意，或志在自守，或志在复仇，主意一定即不可移易。

四、自守之海军与复仇之海军，不但办法不同，其所需之船舰亦异，故必先行立定主意，方有所率循。

五、现在中国整理海军洵宜以自守为第一要义，其应用舰船大概如左：

一、需二等铁甲战舰数艘，如英国海军战舰名"百夫长"者之式；

二、需头等快船多艘；

三、需二等快船多艘；

四、需鱼雷炮船多艘；

五、需鱼雷猎艇多艘；

[①]　原件藏于美国哈佛大学哈佛燕京图书馆。从内容判断，该件形成时间应为1886—1890年琅威理第二次供职于北洋海军期间。

六、需头等鱼雷艇多艘；

七、需各种水雷并阻船器件，以便布置防守各口。

六、如中国立定主意，拟设复仇之海军，其所需之舰船大概如左：

一、需头等铁甲战船数艘，如英国海军战舰"乌理奴恩"之式，可装多煤；

二、需头等快船多艘；

三、需二等快船多艘；

四、需鱼雷炮船多艘；

五、需鱼雷猎艇多艘；

六、需各等鱼雷艇多艘；

七、需各种水雷并阻船器件，以便布置防守各口。

七、设立海军要领在于各船速率、式样等等相配，无少歧异，其铁甲船应用何式，即随时配造，均系何式，以昭一律。其头二各等快船、鱼雷炮船、鱼雷猎艇、鱼雷艇亦皆一律无异。

八、船式一律其善有三：

一、平时操演布队易齐整。

二、战时船队齐整，各守部位御敌折冲均易得力，胜败之机均皆如此。

三、各船之制造图式既同，则各种镶配船壳机器皆可互相更换。假如有一船大坏，将其中零件配于小坏之船，即可复得一船之用。英国达文波海口前数月有鱼雷炮船某甲，因佇头损坏，进口待修，同时有一同式之炮船某乙，因汽鼓损坏，在坞修理，惜两船机器微有不同，否则将乙船之佇头配甲，或将甲船之汽鼓配乙，皆可立时得一船之用。今因机器不同，不得不借丙船之佇头，是乙、丙二船暂时均属无用矣。若在他国船只稀少，当交战时设有此等情事，少此一船，胜败系之，正未可知。

九、制造船只如多分民厂揽办，船式机器断难一律。如果预绘图式，令各厂按图配造方可。

十、大队之军如各船异式，速率不同，即有出色水师人员临阵时亦难各守部位，惟能于全军各船设速率之表，某船每分钟推轮应若干转，以为准的。然如此办法只宜于操演，不宜于临阵。我军部位不整，敌军易来充断，利害如此立见。故当预策择尽美尽善之式，实验其可方行举办，不妨多费时日。

十一、中国如设海军，亟宜速造数船以为根柢，其造船之法，宜赴欧洲各国令著名大厂善如制造新式战舰快船者，将中国应用船舰式样送来，邀集造船名家悉心评定，必须考究万分，精详更改，至当方交，各该厂按照图式订立合同制造。

十二、中国在外洋订造船只，宜与各该厂约明，应派中国船身机器监工若干员，船匠铁匠若干名，前往监造，并可在厂学习工作。此等员匠将来技艺必精，俟其回华后，派入官厂办事，并可传授他人。

十三、鄙见中国目前不必于各官厂遽费巨款，但须觅一总厂以为各种工匠学艺之所，俟各匠学成之后，分入各官厂。即目前制造船只只以鱼雷炮船为限制，仍请延募洋师督造，俟制造炮船历练得法，然后再造三等快船。盖因中国官厂造船费既不赀，船又未能尽合新式，总须俟制造匠目练精伎俩，方可兴造大船。

十四、整理中国海军所需之物有三：

一、上等船舰；

二、安稳港澳以为船队避飓避敌之用，敌船如视我船为较强，则此等避敌之安稳港澳更不可少；

三、修理船舰之坞。

以上三者为最亟，中国如有款项先须办此。

三事俟有余款，再拟在中国官厂造船，因中国官厂所造之船费巨而不精，如将闽厂所造之船较之欧洲购来之船，优劣自见。

十五、海军各船以船坞为辅，车之倚制造在此，修理各船亦在此。如不筹坚固保守之法，徒费巨款，反诱敌人来攻。甲申马江之役，法国孤拔以老式战舰攻我船厂，足见其未曾筹备自守之法，如此覆辙，难保其不复见。即旅顺、威海卫亦因无保守善法，故致受困，皆可引以为鉴。国家既有船厂，无论海军船队大小，保守均须坚固，而小枝船队藉海口保守更有急于大枝者，盖大枝御敌远出，力能保全海口，尚赖海口为藩；小枝则维海口是依，尤须慎固。中国宜相择险要海口，处置得宜，庶可颠扑不破。船赖以存，厂赖以保，亦即进可攻退可守之一法。

十六、相择此种海口其要有三：

一、澳宽水深，无论大小船只，于澳内驾驶自如；

二、水陆均易保守；

三、近煤矿、铁矿之地，取其制造便宜。

十七、中国沿海绵亘，^{郾见}宜设三处要口，均有船坞、船厂，分为中、南、北三路。山东之胶州澳为北路之要口；福建之南关澳为中路之要口；广东之狮澳为南路之要口。而旅顺、威海则为北路之隘口，海军出奇制胜之区。至于中路、南路之隘口，尤为不胜枚举。

十八、此三处要口宜即遣员履勘测量，如系实属可用，即须从速兴造炮台，布置一切。其隘口尚在所后，现旅顺口可暂为北路要口，俟胶州澳将次成功，再来更调。

十九、海部各分司，均须选择总办，或专管某司，或兼管他司，其各司列名如左：

一、文案司；

二、肄业司；

三、海图司；

四、粮食司；

五、制造司；

六、榷算司；

七、医药司；

八、工程司；

九、储备司；

十、军械司；

十一、侦探司。

二十、各司总办均有文案、书职、供事帮同办理。英国海军大臣中有一员专管制造司、轮机厂坞并所需料件。又有一员管理粮食兼管教门，余各分司，与上所列均同，皆有文案、供事帮办一切。又有一员由海军提督出身总统战守各事宜。又有一员由议院绅士出身管理在政院议事，与各绅士剖办一切。每年国家所拨经费应如何开销海军方能得力，均由海军总统大臣作主。

二十一、政府决定自守主意或复仇主意，海部即照此主意办理。海军以期得力，估定应需船舰若干，价值若干，海部各司每年各需经费若干，由总统海军大臣呈请枢府核准照办。枢府如以为然，即须照筹经费，其常年经费于前一年估明呈请核准筹备。庶每年应办工程、应制应修船只、应用经费均有定章可循，不至临事周章。欧洲各国均系如此办理，中国自应照办。

二十二、创立海军水手练营，其水手须由北省、中省、南省沿海鱼（渔）民、村民年约十八以下、二十以下者招募，练习以七年为限，七年限满，再立第二次七年之限，第二次限满，即作为第一队储备营，或再令其立第三次七年之限，及第三次限满，即作为第二队储备营。如此法度，为立军要诀。其口粮并储备营口粮，均宜详细议定。至招募水勇，地方宜先择定，名为中路练军处，以后沿海次第再行分设各路练军处。至船上所需工匠人等，自应由船厂各处拨用。

二十三、欲立海军根基，须募外洋教习，其本领、品行皆须高人一等，以便教导学生及练勇等。海军学问分门别类，不一而足，故须延募多种教习，额数列下：

一、枪炮教习十二员；

二、鱼雷教习六员；

三、电学教习三员；

四、修理军械教习六员；

五、帆缆教习三员；

六、鱼雷军械教习三员；

七、通语旗教习三员。

以上各教习现时即须聘请，以便教导学生、水手人等。

二十四、修理军械教习所，以保守各船并各处军械不至稍有锈坏，学生、水手亦当随同学习其法。

二十五、以上各项教习，应请分派中、南、北三处要口、学堂，并训练三大枝之海军员弁、水勇。

二十六、三路要口、学堂须派出色枪炮大副管辖。

二十七、每大船须派洋水师官一员，襄助管驾官督教水师员弁，俾知各尽己职，纪律严明，以及留心船械，时加护惜，费省而器常良，方为得法。

二十八、练勇枪炮鱼雷学堂所有一切章程及配置规制，宜仿照英国练勇枪炮鱼雷学堂办理，稍加变通。

二十九、三路要口、每处练勇学堂，须各有小轮船一艘，作为练勇练船。船上所有帆缆、枪炮，一切齐备，其管带宜派水师官。又须另派洋帆缆教习帮同教导。

三十、设立海军学堂教导学生章程。

学堂宜分设三处：北路则威海；中路则福州；南路则狮澳。每处学堂宜聘洋教习，助以汉教习，其教习之数宜视学生之数酌定。学堂宜设濒海地方，令学生暇时自狎水性。现天津学堂所定章程诸多可采，惟每年夏季须以两个月为洋教习出游例假，并分派学生随往各船游历海上，俾知目前涉足之地，即将来出身之地也。

三十一、海军官员学问，门类孔繁，未能赡举，须另列细目，以备荛采。

三十二、学堂学生甫经毕业，即须送往海上练船学习，以二年为期，学习驾驶、礁石、沙线、帆缆、阵法、机器、旗帜等，学毕考以上所习之业，后再以六个月为期，学习枪炮、鱼雷，学毕考验如初，仍回学堂，再以六个月为期，学习深远各学，万国公法、海军史记均在其内，学毕考验如初，后派充海军二副之职。

三十三、天津管轮学堂，所有章程大体均可，至毕业上船后应习细目，尚须另立。

三十四、欧洲办理海军，每年应筹款目，应解何等事宜，当使海部各司一一周知，照款施行，国家亦确知用款著落之处，法良意美，但中国未能即照此法办理。为今之计，必专筹一款，专办一事，譬如筹款一千万两为造船之用，其应造之船大致如左：

鱼雷炮船二艘

二等快船一艘

头等快船一艘

铁甲战舰二艘每艘载一万顿（吨）

巡海练船一艘船上应配帆缆、轮机、枪炮，一切俱全

鱼雷猎艇六艘

以上各船应配枪炮、鱼雷、机器零星器件等费，均在估款之内。至守口炮台军械、药弹、船上料件、学堂医院、栈房房屋、聘请各项教习、船坞船厂等费在外，尚须另筹。

三十五、凡造船应视工程分数已成若干，付价若干，其未付之价，应存银行生息，以充别项经费。

三十六、如一时财力不及，一千万两之外不能另筹他项经费，即宜以若干分造船、若干分办守口炮台等等。

三十七、以上各节，恐非中国一时所能措办，鄙意宜就中国现有规模略加整顿，以供暂用。

三十八、以旅顺口为隘口，就该处已有之坞厂略加整顿，以备海军进坞修船。

三十九、以大沽船坞为修理小船之区，如鱼雷船、猎艇等均可在彼入坞修理。

四十、以福州船政为制造之区，一切炮船、小快船责成制造。该厂机器购自三十年之前，间有老式不适于用者，应派精于制造之洋员若干人，

前往该厂一一察勘，何者应留，何者应换，何者应添，务须一律精致，合于时用。所有旧式机器料件，尽行变卖，以充购新之款。至他处厂坞，亦须仿此办理，总以合于时用为本。

四十一、现时虽选择欧洲营缮司一人或称文工程师，善于营造工厂房屋等等、海军官一人如头、二等管驾官皆可、武备工程师一员善于营造炮台并武备海防一切工程，履勘中国各海口，测量形势。某口可以屯驻海军，设坞建厂，水陆如何防守，俾不至为敌军所乘，并应筹经费若干方能照办，应责令详细禀，以凭核办。

四十二、中国各处海口应雇募欧洲海军官员前往测量。

四十三、择口屯驻海军、订造船只为海军最要之事，亟宜早办。至培植海军人才更为首务，洵不容缓。

四十四、现有之海军官员，虽未十分精练，究其学问，均略有可观，堪以从事整顿。至于教练后进，自当并求精密。

四十五、中国教练水勇当较易于他国，维理从前在中国当差，如此事甚有阅历，若饷银按期散给，衣食丰瞻，则中国水勇必与欧洲各国相埒。

四十六、维理从前在中国当差时，教练水勇之法已属妥善，然尚可益求精密。至设立储备营、养老俸等事，亦不可不详细购求也。至水勇口粮，每月应扣留若干，俟至限满一并给予，洵足以维系其心，不至有逃亡之弊。维理前在中国，眼见精练之水勇逃亡者不少，是国家所费竟成虚掷。

四十七、中国招集升火诚为易事，惟须立定教练升火章程耳。华人躯干结实者多，于充当升火甚属合宜。

四十八、招募水勇、升火并教习升转章程，条目甚属细密，须另拟条陈以备采择。

四十九、海军船上所用文案、支应、书职各项，按中国办法均属未适，必须由学堂学习而出，先当书职，按照资格以次递升至支应、文案。

五十、海军一、二、三等医官，须由医学堂出身，历练有素者按资升转，方能胜任。维理前在北洋海军，深知此项乏人，自当设法罗致培植。

五十一、海军船上应用煤油、绵纱以及各种料件，犹人之于衣食也，事关日用所必需，自为国家筹计所先及，而中国海军向来办法限以银数作为公费名目，归管驾官自行购备，此法万不可行。因各船自备料件多以贱值购劣物，致轮机保守不能如法，易于损伤，国家应特派专员按船只大小定以应用限制，按年筹购给发。于海口建立处所藏储各项至煤油各项之外，有铜铁、因陈、勒勃等，亦须广为购备。

五十二、枪炮、军械并拉火子药等均须向外洋购办，中国自制非格外讲究，必不适用。

五十三、煤炭一项当于屯驻水师各口岸建设大厂藏储，中路口岸尤当多储，切不可临时由商购办。

五十四、屯驻海军各口岸均须设一鱼雷厂，可以拆卸、合栊并较定鱼雷。

五十五、屯驻海军各口岸均须延募洋员管理机器厂、鱼雷厂、鱼雷船等件。

五十六、中国如欲整理海军，亟须先立海部，宜延欧洲品优学粹之同国水师官三四人赞襄其事，其一充为海军参谋，余亦分充海部重大要差。其参谋一员，凡遇关涉海军之事应如何筹办，及各海口如何保守，各坞厂如何创设，均著其责成。一俟履勘沿海口岸择能屯驻水师可以永保无虞之后，即便将以上所陈各节，亟为次第兴办，以期早日成功，毋使半途而废。

五十七、海部中最关重大要差，由海军大臣责成参谋择员分任，海军庶可蒸蒸日上。

整理者简介： 蔡冬雪，中国甲午战争博物院助理馆员。

照片释读

图说威海卫之役

杨　潜

甲午战争中的威海卫之役是中日两国使用陆海军事力量进行的攻防作战，也是一场对双方国运影响深远的关键之战。此役以威海卫海军基地失陷敌手、北洋海军全军覆灭而告结束。尽管当时辽东半岛的战事尚未结束，但清政府迫于军事压力与日本"议和"，于1895年4月17日签订丧权辱国的《马关条约》。

1894年10月24日，日军第二军大规模登陆作战在辽东半岛沿岸展开。11月5日，第一师团乃木部队围攻清军设防严密的金州城，金州虽城池坚固，但清军仅力守一日便弃城而遁，溃军大部逃向大连湾和旅顺口。金州失陷，切断了旅顺要塞清军与奉天之间的陆路联系，使旅顺一带的清军陷于孤立无援的险境。尤为致命的是，金州溃兵动摇了大连湾诸炮台守军的作战意志，日军兵不血刃、未伤一卒便夺取了大连湾诸炮台阵地，获得大量军械、粮秣等物资。11月21日，日军攻占旅顺要塞，将其变成可供日本海军联合舰队停泊、补给的临时基地。

按日本大本营原作战计划，夺取京津门户——旅顺之后，日军即在渤海湾登陆，寻机与清军在直隶平原决战。12月7日，联合舰队司令长官与第二军司令官联名向大本营建议：鉴于渤海湾结冰，不适合登陆作战，应先期实施山东作战，海陆两军合力歼灭北洋舰队。此前伊藤博文首相向大本营提出"应直捣威海卫、攻占台湾"的方略，伊藤不扩大战争的意见和战场实际态势不谋而合，很快获得批准。于是，重新编组部队，任命第二军司令官大山岩为山东战区指挥官，在广岛待命的第二师团和警备九州的第六师团一个旅团担负威海卫作战任务。决定甲午战争最终结局的威海卫保卫战就此打响。有关战役过程，文献档案记录甚详，后人的研究也可谓不计其数，在此不再赘述。本文撷取甲午战争遗存照片略作释读，以补史料之阙如。本文所选老照片出自《明治征清实况写真帖》，现存41帧照片，推断为日本陆军第二师团一名军人的旧藏，很可能是在中日甲午战争结束后，军方发给参战者的纪念册。

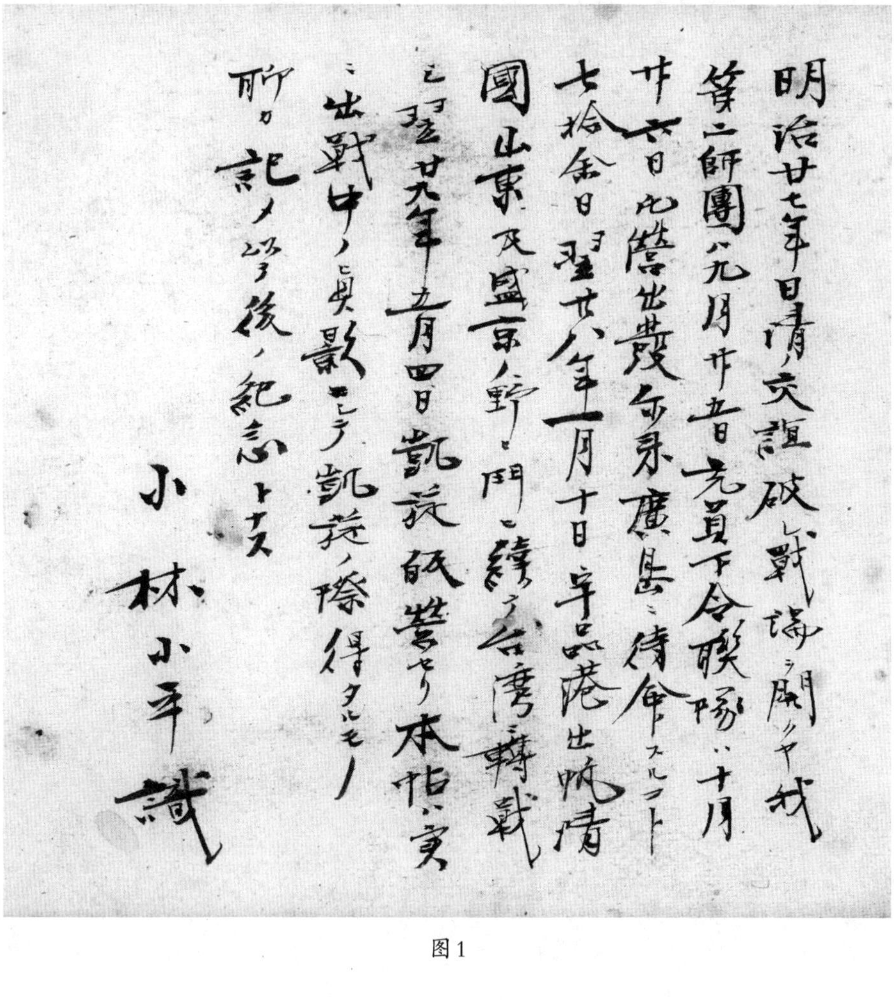

明治廿七年日清交誼破レ戰端ヲ開クヤ我
第二師團ハ九月廿五日充員下令聯隊ハ十月
廿六日九ゟ營出發各永廣島ニ待命スルコト
七拾余日翌廿八年一月十日辛ヲ吕港出帆清
國山東及盛京ノ野ニ闘ニ續テ台灣ニ轉戰
之ヲ翌廿九年五月四日凱旋敍譽セリ本帖實
ニ出戰中ノ奥影ニシテ凱旋ノ際得タルモノ
耶ヶ託ノ㟢ヲ後ノ紀念トナス

小林小平識

図1

　　图1：写真帖内有小林小平亲笔题签："明治廿七年，日清两国邦交破裂，战端开启。我第二师团于九月廿五日奉命开拔。联队在十月廿六日出发前往广岛待命，在此地停留七十余日。第二年的一月十日，从宇品港启航前往清国的山东和盛京一带作战，继而转战台湾，明治廿九年五月四日凯旋回国。本写真帖照片为战时所拍真实影像，凯旋之际以作纪念。"简要记述了日陆军第二师团出征经过。

图2

　　图2：侵华日军第二军及第二师团的高级将领。图片所标注的军衔级别，部分人员为甲午战后晋升的衔级。大山岩是近代日本著名军事家、陆军大将，任第二军司令官，指挥旅顺口、威海卫方面作战。佐久间左马太时为中将，1888年5月任第二师团师团长，攻占威海卫的主将，战后一路升迁，是日本历史上第8位陆军大将。山口素臣时为少将，任第二师团步兵第三旅团旅团长，战后晋升为陆军中将，任第五师团师团长，1900年率部加入八国联军，占领北京期间因强调军纪，后来获颁清廷的双龙宝星勋章，可谓战争史上的奇闻。乃木希典时为少将，任第一师团步兵第一旅团旅团长，主攻金州、旅顺，战后晋升为陆军中将，任第二师团师团长，率部征伐台湾，1896年10月出任第二任台湾总督。中间一人是伏见宫贞爱亲王，甲午战争中出征辽东半岛，指挥金州城攻略战，后率陆军步兵第四旅团参与了侵略台湾的战役。

图 3

影摄军敌据 况实之毁解舰口卒科兵国军后国

图3：宇品港位于日本广岛，是甲午战争期间日本陆军向中国派兵的主要出发地。1889年，日本在宇品地区筑港；1932年以旧宇品港为中心进行扩建，改名为"广岛港"。日本对清宣战一个半月后，便将大本营前移至广岛，明治天皇常驻广岛大本营。

从1895年1月10日起，集结于宇品港的第二师团与门司港的第六师团分乘大型运输船分批出航，1月16日全部到达大连湾。第二师团下辖两个步兵旅团，每个旅团各辖两个步兵联队。另有直属师团的野战炮兵联队、辎重兵大队、工兵大队及野战医院等，兵科齐备。结构简单的舢板将日军及军用物资装上轮船，反映出当时的宇品港尚处于简陋的状态。

图 4

图4：图为由日本本土派出的"山东作战军"，在大连湾与日本联合舰队会合后待命3天。此时，联合舰队对20余艘战舰及鱼雷快艇重新分组，编为本队和4个游击队，并制订《护送陆军登陆荣成湾计划》等作战方案，在完成一系列侦察、佯动、佯攻等行动后，1895年1月19日中午由10余艘战舰护航，运兵船队分3批出发。先头部队于1月20日拂晓抵达荣成湾，随即展开登陆作战。

日本的民用商船在甲午战争中发挥了极大作用，除主要用于作战兵力和军用物资的输送，还将"元山丸"改装为舰艇修理船，便于对受损不重的军舰就近维修。常年运营于日本至上海航线的邮轮"西京丸"也被征用，日本海军在船上装上1门速射炮和2门机关炮，直接用于作战。照片上的"住之江丸"是日本邮船会社的轮船，中日开战前即被征用，排水量1398吨。随着战争规模的扩大，日军征用船只的数量不断增加。据统计，战争前后日军征用的轮船总计有136艘。

图5

图5：图为在登陆点担任警戒的日本海军战舰停泊于荣成湾内。荣成湾位于胶东半岛成山角西南，距威海卫不到70千米，湾口宽阔，湾为泥底，适于受锚。临岸有纵深约千米的沙地，舢板、汽艇均可驶近岸边，龙睡澳登陆点远优于日军在辽东花园口的登陆条件。

日军在荣成湾实施登陆前，"八重山""爱宕""磐城""摩耶"舰先行到达，派遣海军陆战队及电信兵抢滩上岸，与驻防于此的清军交火。在联合舰队炮火打击下，势单力薄的清军未能组织有效抵抗，遂弃械逃散。日军将缴获的4门75毫米克虏伯野战炮安装在"八重山"舰上。1895年1月20日上午，第一批日军登陆，荣成湾日军登陆动作迅速，进展顺利。截至1月25日，分3批到达的34000余名日军（含军夫）登陆完毕。

图 6

图6：1895年1月30日，日军第二师团派出一部，绕至孙家屯、矮山庄、田村，截断清军退路，同时阻击来自烟台方向的清军援兵。

登陆首日，第二师团步兵第四联队进犯荣成县。荣成外围驻扎清军五营，与日军接战一触即溃，使日军轻易进占荣成。照片上的日军官兵尽管配发了防寒军服，但登陆首日天降大雪，军需辎重尚未上岸，也让日军饱受了严寒之苦。1895年1月23日，军司令官大山岩进驻荣成，设指挥部并开设兵站。1月25日，大山岩下达进攻威海卫的命令，完成集结的日军兵分两路：一路为第二师团，称左纵队，由佐久间左马太指挥，沿荣烟大道西进，过虎山绕至威海卫以西，切断清军退路。一路为第六师团，称右纵队，由黑木为桢指挥，沿荣威大道直趋威海卫南帮炮台，对威海卫形成两面夹击之势。

图7

图7：黄海海战后，遭受重创的北洋海军放弃旅顺基地后退守威海卫，希望在保存实力的前提下，待机对日本联合舰队实施有效反击，即所谓"保船制敌"方略。日本海军则在取得黄海制海权的情况下，企图将北洋海军主力诱离威海湾，在远离清军陆路炮台的海面交战。1895年1月29日，西进日军进至百尺崖附近，计划于次日黎明进攻南帮炮台。联合舰队分批派出19艘战舰，于1月30日晨先后抵达威海卫海面，协同陆军作战。威海卫港西口、东口被联合舰队严密封锁。在日军攻取南帮炮台、北帮炮台期间，北洋海军派出舰船炮击已失陷的诸炮台，未能派遣主力战舰出港与联合舰队交战，仅以残留的炮台上的火炮轰击日军。

日本海军舰摄影)，"广丙"号定远炮台舰队之靖海湾(清国北洋舰队)

图 8

图8：日本海军试图正面突破威海卫港防御遭遇挫败后，联合舰队司令长官伊东祐亨采取鱼雷艇偷袭战术，先摸清威海卫港东西两口水雷封锁设置，经过周密部署，于1895年2月5日、6日趁夜暗突入威海卫港内偷袭北洋海军的大型舰船。5日凌晨，"定远"舰被首次执行偷袭任务的鱼雷艇击中而遭到重创。根据中方史料记载，停泊于刘公岛西南侧的"定远"舰受到突入港内的数艘鱼雷艇连番攻击，被抵近至200米处的第九号鱼雷艇击中左舷，造成严重漏水。为避免沉没，"定远"舰驶向刘公岛南岸搁浅，以作为炮台使用。2月9日，丁汝昌下令炸毁"定远"舰，以避免资敌。

此役过后，当时的日本军方却另有说法："定远"舰是被第九号鱼雷艇与第十号鱼雷艇先后击中的。摘录几则以备查考，参与这次行动的第三鱼雷艇队司令今井大尉称："据'定远'舰上的外国人说，'定远'舰被三颗鱼雷命中，一颗命中舰首，一颗命中舰底，一颗命中中央。吹嘘这是第九号艇自己立下的功劳是错误的。"联合舰队司令长官伊东祐亨战后停留广岛期间，曾有访客问及威海卫海战详情，伊东答曰："关于各鱼雷艇的功绩已无须赘言。因为，有的即使没有打中目标，没有达到目的，但是它们已经越过了封锁栅栏，靠近了敌舰，就都是誓死的勇猛将士。"接着，他以某鱼雷艇艇长给他的信中所述，委婉表明了他认可的结论。某艇长认定，第九号艇、第十号艇都击中了"定远"舰。第十号艇艇长中村大尉在给父亲的家信中讲述："本艇立即向大舰（指定远）发射前部鱼雷，但可能是发射管的制动螺栓冻结，妨碍了鱼雷滑出，……接着本艇向左转，再以大舰为目标，以中央旋转发射管发射鱼雷，命中点正好在敌舰横梁的后面。但敌舰似未受到多大的损伤，只是一时敌枪炮火力大减。据在本艇的二等水兵中村阳二报告，确实听到有两根桅樯、两个烟筒的大舰侧后有爆炸声，并掀起了白浪。"桥本海关撰写的《清日战争实记》载："诸舰齐开炮击日艇，十号艇不顾而进，倍其速力以迫清舰下锚处，观大舰如城，……急发射前部水雷，发射管为冰所结，故不爆发。因直旋回其艇，更发射后部水雷，命中清舰，即驰而还。直野大尉率九号艇而进，为清舰队所觉。清艇将来逼，急加速力疾驰，近清舰，陆上灯光先显，观有双樯大舰，直发前部水雷，伤清舰舷头。时清舰猛烈发射铳炮，以防日艇。九号艇不屈，直旋回发射一雷。回观水柱飞腾蔽清舰，艇员曰：是命中也。"日方各种记载表明："定远"舰毁于第九号、第十号鱼雷艇。

甲午战后，日军对这艘损毁的战舰进行打捞、拆解，舰炮及其他舰材作为战利品运回日本国内，将剩余残骸沉于海底。

图 9

图9：1895年2月17日，日本海军联合舰队开进威海港。是日，伊东祐亨司令长官与道员牛昶昞在《降服规约书》上正式签字落印，即日履行交接降舰和港口规约。日军俘获北洋海军军舰10艘，俘虏清军陆海官兵5100人。明治天皇赐书第二军，其中说："威海卫与旅顺相俟，为清国关门。汝等拔旅顺，毁其半扉；今又陷威海卫，全破坏敌关了，朕深嘉赏之。"天皇又赐书伊东祐亨中将，大赏其功。

这帧中日舰队同框的照片，不只是双方胜败的记录，更像是中日两国近代海军发展的历史缩影。百年之后，当后人面对这片海域、面对打捞上来的北洋船舰残骸，不仅需要去孜孜以求破解那些待解之谜，更应以开放的心态、宏大的胸襟，在国家兴衰与民族复兴的视点上反思既往，观照现实和未来。

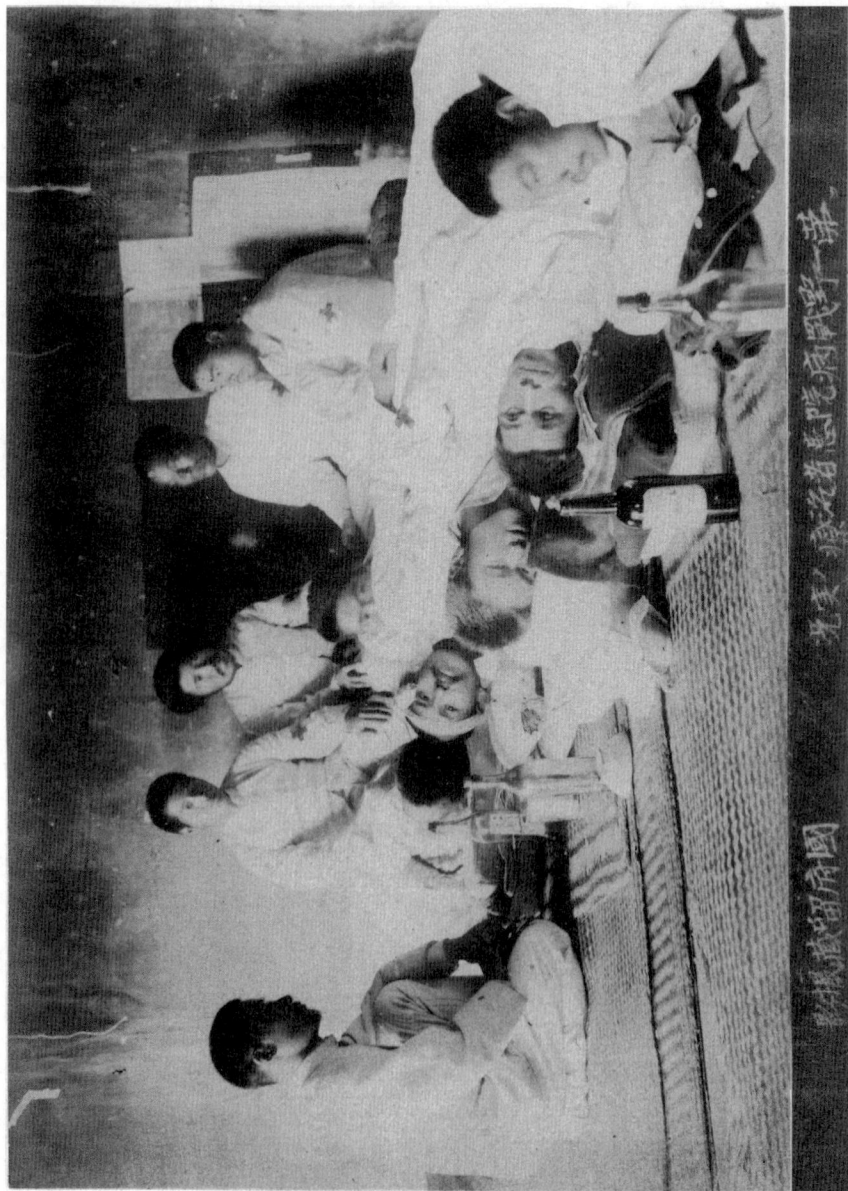

图 10

图10：战地救护作业是日军极为重视的事项，日本军队编制有完善的军队医疗体系，军、师团、兵站均设军医部，第二师团配置两个野战医院。威海卫作战期间，日军面临的是陌生的作战环境，日军亦不惜人力、物力，组织救护、救援等医疗活动。参加威海卫作战的日军伤病员集中在崮山后和刘家台救治待命，南岸作战取得主动权后伤病员在阴山口乘船返回日本。从开战到1895年3月，医疗船陆续增至7艘。反观清军的医疗，则处于涣散的无组织状态，战场正规医疗主要来自西方红十字会的慈善援助。与清军相比，日军战死率低。据战后统计，第二师团战死121人、伤死13人，但病死高达2670人，导致病死的主要原因是霍乱。

（本文图片由云志艺术馆提供）

作者简介：杨潜，《烟台日报》原副总编辑。

征稿启事

《甲午》是中国甲午战争博物院主办的以刊发甲午战争研究文章为主的学术辑录，旨在打造中日甲午战争研究的学术平台，宗旨是"专注专业，瞄准前沿"。所选文章以中日甲午战争和北洋海军研究为核心，涉及中外古代和近现代海军史、海防史、海权史、海洋文明史，以及文化遗产、水下考古、文博事业等领域。《甲午》设有《特稿》《专题研究》《古代海防》《近代海防》《域外视角》《文博专论》《文物阐释》《水下考古》《史料整理》《照片释读》《读史札记》《书评随笔》，以及《重大学术活动综述》等栏目。特别重视观点新颖、视角独特、史料稀见的文章，欢迎赐稿。

一、来稿须为首次公开发表的文章，篇幅2万字以内为宜，重大选题字数不限。

二、本刊采用电子投稿方式，邮件发送至编辑部电子邮箱jiawuar@163.com。发送时请以"姓名＋文章标题"为题，并随文附作者信息，包括姓名、工作单位、职称、通信地址、手机号码、电子邮箱等。配有照片的稿件请将照片一并发送，并注明照片内容。

三、本刊有权对稿件进行适当修改，不同意修改者请来稿时说明。一般来稿在3个月内完成评审。稿件一经采用，编辑部将通过电子邮件发送录用通知，并在刊用后向作者支付稿酬、寄送样刊。逾期未接通知者，可自行处理。

四、凡稿件被本刊录用，即视作者同意授权本刊代理其作品电子出版及互联网传播，包括未来可能被报刊、微信公众号等转载的网络传播权。本刊支付的稿费包括上述各种使用方式的费用。如有特殊要求，请作者在来稿时注明。

五、本刊不收取任何费用。严禁剽窃、抄袭等行为，反对一稿多投，凡因此类行为造成的一切后果由作者自行承担。

六、来稿论文请附中英文标题、摘要（200～300字）、关键词（3～5个）。注释采用脚注，每页单独编号，其格式如下。

1. 一般著作：著者、书名、出版者、出版年份、页码。如：

戚其章:《甲午战争史》，上海人民出版社，2014年，第361页。

2. 期刊：著者、篇名、期刊名、出版年份、期数。如：

戚其章:《中日甲午战争研究四十年》,《历史教学》1991年第2期。

3. 古籍：朝代、著者、书名、卷次、出版者、出版年份、页码。如：

［宋］赵汝适著，冯承钧校注:《诸蕃志校注》卷上，中华书局,1956年，第72页。

［明］何乔远:《镜山全集》，明崇祯十四年序刊本，日本内阁文库藏本，第5页。

4. 外文专著：著者、书名、卷次、出版地、出版者、出版年份、页码。

如：Anthony Reid，*Southeast Asia in the Age of Commerce 1450-1680*，Vol.2，New Haven：Yale University Press，1993，pp.24–28.

5. 外文期刊：著者、篇名、期刊名、卷次、序号、出版年份、页码。如：

Steve Lovett，"Guanxi versus Market：Ethics and Efficiency"，*Journal of International Business Studies*，Vol.30，No.2，1999，pp.231–247.

《甲午》编辑部

联系人：徐淑钰　张笑妍

联系电话：0631–5238617

邮箱：jiawuar@163.com

地址：山东省威海市环翠区少年路2号中国甲午战争博物院学术研究中心

邮编：264200